编著 ◎ 姚瑜洁
顾问 ◎ 孙 红 陈镇虎

扣好人生第一粒扣子
理想信念主题教育 36 课

上海社会科学院出版社

图书在版编目（CIP）数据

扣好人生第一粒扣子：理想信念主题教育36课 / 姚瑜洁编著. —上海：上海社会科学院出版社，2021
 ISBN 978-7-5520-3534-6

Ⅰ.①扣… Ⅱ.①姚… Ⅲ.①品德教育—中国—青少年读物 Ⅳ.① D432.62

中国版本图书馆 CIP 数据核字（2021）第 056833 号

扣好人生第一粒扣子——理想信念主题教育 36 课

编　　著：姚瑜洁
责任编辑：路　晓
封面设计：高静芳
出版发行：上海社会科学院出版社
　　　　　上海顺昌路 622 号　邮编：200025
　　　　　电话总机 021-63315947　销售热线 021-53063735
　　　　　http://www.sassp.cn　　E-mail: sassp@sassp.cn
照　　排：上海碧悦制版有限公司
印　　刷：上海天地海设计印刷有限公司
开　　本：787 毫米 ×1092 毫米　1/16
印　　张：17.75
字　　数：364 千
版　　次：2021 年 7 月第 1 版　2021 年 7 月第 1 次印刷

ISBN 978-7-5520-3534-6/D·617　　　　　　　　定价：69.80 元

版权所有　翻印必究

编委会

主　编◎姚瑜洁
编　委◎祝永华　凌洁敏
　　　　唐华英　谈　冰
　　　　罗丽惠　曹丹红
　　　　陆春华

目录 Contents

序		I
绪论 主题教育课"五气"论	……姚瑜洁	I

理想·中国梦   1

第1课 梦想在我心 我们共前进	祝永华	3
第2课 伲的地图，城的未来	唐华英	11
第3课 小调查 大梦想	杨玲玲	18
第4课 我的梦想	沈晓芬	25
第5课 点燃我的梦 汇成中国梦	朱宇琴	33
第6课 家	富士英	41
第7课 火焰蓝 正青春	朱思敏	50
第8课 我有一个中国梦	谈 冰	57
第9课 梦想飞扬	胡同乐	64
第10课 担当	富士英	71
第11课 火口脱险	瞿晨炜	77
第12课 与节俭同行	王莉娜	85
第13课 非常"留""念""策"	陆丽红	92

信念·价值观   101

第14课 伸出友善手，找到好朋友	孙丽萍	103
第15课 帮助的味道	马怡雯	110
第16课 一场真正的"自由"行	马雯晔	115
第17课 珊瑚"保卫战"	钱黎娜	121
第18课 你好，负面情绪	潘敏艳	130
第19课 和借口 say bye bye	蒋明珠	136

第 20 课 舌尖上的尚德 ……………………………… 李　娟		143
第 21 课 友情树 ………………………………………… 孙丽萍		149
第 22 课 爱护人民币 …………………………………… 赵　灵		155
第 23 课 跟校门口拥堵说"bye bye" ………………… 曹丹红		162
第 24 课 "敬业号"奇妙之旅 ………………………… 杨玲玲		168
第 25 课 播种一颗敬业的种子 ………………………… 王佳丽		177
第 26 课 正正的五色花 ………………………………… 王遥珏		184
第 27 课 小小方升显公正 ……………………………… 季协妮		191
第 28 课 公正在我心 …………………………………… 朱佳珺		197
第 29 课 网络自由，你 get 了吗？ …………………… 黄春华		204
第 30 课 向抄袭大声 say no！ ………………………… 王　彬		211
第 31 课 "吹吹拍"变形计 …………………………… 罗丽惠		219
第 32 课 言必诚，行必信 ……………………………… 邵如洁		230
第 33 课 汉字的魅力 …………………………………… 李维维		236
第 34 课 向"高空抛物"说"不" …………………… 唐艺荣		244
第 35 课 诚于考场　信于人生 ………………………… 张晓晨		251
第 36 课 "双 11"狂欢话富强 ………………………… 曹　培		260

后记 …………………………………………………………… 267

序 Preface

阅读，就是和一本书、和这本书的作者对话的过程。对话的最佳境界莫过于共鸣，阅读的最佳体验莫过于互证。"在书里边发现人生，在人生里发现书，是最快乐的事"，王蒙说的这种快乐就是阅读体验中的"互证"。当我翻阅这本《理想信念主题教育36课》时，唤起了我做班主任时的那些美好回忆，我不由自主地用这本书上的叙述和描写来比照自己的教育经验，同时也用自己的班主任体验去补充这本书。

彼时，我怀着满腔热情和些许惴惴不安，开启我的教育生涯，走进我的班级领地，走上属于我的三尺讲台。虽然满怀激情与理想，但毕竟缺少经验与方法。"教书"且有教材、教参、目标、重难点，依葫芦画瓢从模仿开始；但"育人"则是千人千面，只能在摸索中磕磕绊绊，慢慢积累经验……当时就在想，如果能有一系列的德育课程指引年轻人，该多好啊！后来，我有幸得到了魏书生老师的《班主任漫谈》一书，简直是如获至宝。以至于很长一段时间里，这本书一直是我的案头书、枕边书，帮我解决了很多工作中的困惑与难题。但是，内心还是期待能有更多的德育工作指导书籍，也期待班主任自己也能总结出更好的经验。如今，此书的出版，可以说与我当年心中所想不谋而合。

回到当下，这是一个思潮澎湃的时代，但是无论时代如何变迁，坚定不移跟党走的信念一直是时代的最强音。一个有希望的民族不能没有理想，一个有前途的国家不能没有信念。没有理想的头脑，就像没有蜡烛的灯笼，教师就应该是点灯人、播火者。让我们的学生传承这一份理想、根植这一份信念，是时代交予我们教育工作者的使命，我们责无旁贷。"心有所信，方能行远。面向未来，走好新时代的长征

路,我们更需要坚定理想信念、矢志拼搏奋斗。"习近平总书记如是说,笃志躬行抓思政,正说明了理想信念对于这个时代的重要性。

《理想信念主题教育36课》凝聚了一线班主任和德育工作者的探索和智慧,在"理想·中国梦"和"信念·价值观"两大专题中,36课依托情境体验、交流互动多种形式,深刻诠释"梦想""责任""诚信""友善"等主题,有效提高理想信念教育的吸引力和感染力。本书以立德树人为目标,以根植理想与信念为主线进行组织编写,以年级为梯度,以"实用"为准则,以"适用"为目标,主要体现出如下特色:

一、立足当下,承前启后

思政课怎样才能上好?怎样把严肃的道理讲到学生心里去?怎样把握育人的"火候"?这对许多教育工作者来说是一件挺难的事。

青少年阶段是人生的"拔节孕穗期"。这一时期,青少年的心智逐渐健全,思维愈加活跃,最需要精心引导和栽培。上天入地,谈古论今,每一段史诗都是为他们而准备的,我们的主题教育课就是要搭建好学生探索实践的阵地,给予学生充分了解中国社会的过程。《伲的地图,城的未来》将视角锁定于学生每日生活的家乡泥城,发现、感悟泥城的变化;《爱护人民币》携手学生走入人民币发展的前世今生,将"国"装于心中;《"吹吹拍"变形计》突破传统课堂的窠臼,用戏剧的独特方式演绎"诚信之美";《非常"留""念""策"》《珊瑚"保卫战"》《跟校门口拥堵说"bye bye"》《"双11"狂欢话富强》等用最真实的题材激起了历史长河的朵朵涟漪,在焕发教育活力的同时,也坚定了学生的理想信念……

教育确实需要有一群敢于创新的教师,能读懂学生的心思,把现实生活作为最好的"作料"倾撒于思政的课堂,而伴随学生成长的是通向未来、与时俱进的信念之路。

二、弘扬"大爱",养成"真我"

从大环境对青少年进行理想信念教育,形成良好的国家概念、民族意识,这是一种"大爱"的教育;从小细节对青少年进行文明言行引领，形成良好的性格品质、道德品行，这是一种"真我"的养成。

本书中，智慧的老师们从"爱护人民币""播种一颗敬业的种子""向高空抛物说不"等小切口入手，带着孩子们去发现、去思考、去辨析、去倡议。这些课中既有"大爱"的高度和广度，又有"真我"的深度和温度，从宏观到微观，从信念根植到亲身践行，进行了细腻、细致、细微的对话和辨析，提供了非常有借鉴价值和推广意义的教育样本。

三、根植于心，外化于行

"知行合一"，知是前提、是基础，行是根本、是结果，"行"是对"知"的检验，德行千里团队力求让中小学生在主题教育课中被感染、真触动、受震撼，实现"学、思、用"贯通、"知、信、行"统一，在实境感悟中汲取坚定信仰的力量，将道理内化变成信念，自觉地内化于心、外化于行。

我欣喜地看到，长期以来，浦东班主任积极开展理想信念主题教育，不仅着眼于在课堂中培养学生的高尚情操和坚定信念，也重视课后的延伸和拓展，与家庭、社会有效接轨，巩固学生的认知，提高学生的行为能力，让学生真正做到"知行统一"。这些有效的课后拓展一定能促使理想信念教育的落地，达成由内到外、由理论到实践的不断升华和"学以致用"。

希望本书能有助于广大一线班主任和德育工作者开展主题教育课的研究和实践，也希望有更多志同道合的伙伴，一起携手开展中小学生理想信念教育，让教育更深入、更广泛，更具有持续性和影响力。

培养"有理想、有本领、有担当"的新时代好少年，是我们立德树人的根本任务和坚定目标，愿我们能通过教育给予孩子承担自己一生成长、担当民族复兴大任的信念与力量，给予孩子们逆风向上，翱翔蓝天的勇气。

是为序。

上海市浦东教育发展研究院院长 李百艳

绪论 Introduction

主题教育课"五气"论

上海市浦东教育发展研究院　姚瑜洁

主题教育课是以学生为主体、班主任为主导，围绕某一个德育主题，通过课程形态，有计划、有目的地开展情境化的道德认知教育，引导学生在认知冲突和思想对话中进行道德交往、激发道德反应、获得道德体验、促进道德发展的集体教育活动，有意义的价值引领是活动的核心取向。主题教育课是班主任工作的有效方式之一，在教育学生和班级管理中发挥着十分重要的作用。

主题教育课的设计和实施，对上要识"政策理论的天气"，对下要接"生活实际的地气"，才能更好地聚集人气、增强底气、添加和气。本文谨以理想信念教育为例管中窥豹。

一、识"天气"

识"天气"，就是要看时事、观大势，学懂弄通、领会把握上级文件精神和决策部署。政策文件指导当下工作、左右未来发展，对主题教育课的开展具有重要意义。

1. 理想信念是教育主旋律

爱国主义、集体主义、三观三义、心理健康、行为规范等是教育永恒不变的主旋律，理想信念教育同样如此。只有加强中小学生理想信念教育，树立正确的价值体系，塑造向上的精神信仰，把理想信念构筑于做人做事的基本规范之上，学生才能汲取源源不断的精神之"钙"，熔铸勇往直前的精神之魂。

教育活动的开展是有章可依、有据可查的。作为一名德育工作者，要有教育的敏锐性，及时了解国际国内形势，准确把握国家政策导向，做到思想上适应新形势新变化，行动上紧跟新时代新要求。罗丽惠老师在设计《"吹吹拍"变形计》时这样说：主题设计不仅要基于学校德育整体工作的需要，更要基于对国家、主管部门文件精神的贯彻和实施。罗老师的选题依据源自2015《中小学生守则》第六条的要求"诚实守信有担当"，她分析

班级学生实际，找到教育的落脚点"不说大话，说到做到"，一节课解决一个问题，一个问题一个问题解决，最终可以形成一个系列的教育活动。

2. 理想信念教育的时代更迭

党的几代领导核心毛泽东、邓小平、江泽民、胡锦涛、习近平均十分重视对青少年的理想信念教育。纵观各个年代的政策文件和领导讲话，我们也发现，理想信念教育的内涵随着时代的发展不断更新和深化，以近几年为例：

——2013年5月4日，习近平强调：广大青年一定要坚定理想信念。"功崇惟志，业广惟勤。"理想指引人生方向，信念决定事业成败。没有理想信念，就会导致精神上"缺钙"。中国梦是全国各族人民的共同理想，也是青年一代应该牢固树立的远大理想。中国特色社会主义是我们党带领人民历经千辛万苦找到的实现中国梦的正确道路，也是广大青年应该牢固确立的人生信念。

——党的十九大报告指出：广泛开展理想信念教育，深化中国特色社会主义和中国梦宣传教育，弘扬民族精神和时代精神，加强爱国主义、集体主义、社会主义教育。

——《中华人民共和国国民经济和社会发展第十四个五年规划和2035年远景目标纲要》旗帜鲜明地阐明了培养什么样的青少年，怎么培养青少年这一重大问题。《纲要》提出：完善青少年理想信念教育齐抓共管机制，推动理想信念教育常态化制度化，营造良好社会环境。

理想照亮前方，信念指引未来。不论时代如何变迁，德育工作者都要不断领会上级文件指示，做到"前后连贯、相互衔接、全面系统、科学完整"，将理想信念教育落到实处。

二、接"地气"

接地气是民间谚语，出自《礼记·月令》：孟春三月，"天气下降，地气上腾"。意思是挨着地面才能接收大地之气。在自然界，要遵循自然规律，而不是盲目行事。只有接收大地之气，和天气上下相接，才会迎来春暖花开、生机蓬勃的状态。

主题教育课要贴近学生实际情况、植根校园文化、依托地方特色，将"大的"变成"小的"，把"远的"变成"近的"，使"深的"变成"浅的"，方能"入耳、入脑、入心"。

1. 贴近学生实际

理想信念教育要关注不同阶段学生的年龄特征，遵循学生的认识规律和学习习惯，符合学生长远发展的需要。源于生活实际的教育才能"接地气"，才能走近学生的心灵，帮助学生解决生活中的问题，让学生在学习的过程中拥抱成长。

"班级日志"是三灶学校德育九大教育系列中的一项日常工作，富士英老师在翻阅班级日志时，发现不少同学缺乏责任心，出了问题就找借口推卸责任。学生的问题就是教育的话题，主题教育课《担当》就这样应运而生了。

2. 植根校园文化

一校一特色。每所学校都有自己的历史背景、人文情怀、特色文化，设计主题教育课时，可以充分利用这些优势，并赋予价值创新。

沈晓芬老师将孙桥小学校园里的"网红景点——魔力墙"搬到主题教育课中。学生翻开魔力板，揭开一个个梦想；滚动魔力词，寻找追梦路上的目标……"网红景点——魔力墙"承载起学生的梦想，实现了主题和生活实际的有机结合。"求真知、教真理、做真人"的校训是施湾中学校园文化的核心追求，学生在少代会提案中反映了学校存在高空抛物的不文明现象，唐艺荣老师紧扣身边事，从知情意行出发，实践"真"教育。胡同乐老师依托周浦镇第二小学"阳光教育"的办学理念，帮助学生确定个人梦想，激发学生克服困难的勇气，引导将个人梦想融入国家梦想，将小梦想转化为现实，努力实践"让每一个孩子在阳光下快乐成长"的承诺。

3. 依托地方特色

一方水土养一方人。在长期的历史发展过程中，各个地方独具特色的自然风光、民俗风情、政治经济文化资源，都蕴含着丰富的教育元素，是开展主题教育课的宝贵素材，拓宽了主题教育课的活动空间。

唐华英老师认真学习了2019年国务院印发的《中国（上海）自由贸易试验区临港新片区总体方案》，明确了临港新片区将被打造成更具国际影响力和竞争力的特殊经济功能区的功能定位，她和孩子们也亲眼目睹了临港在短短的十几年间实现了从滩涂到现代化新城的巨大转变。在此基础上，她进一步挖掘学生耳濡目染、可见可感可触可及的本土文化资源，将此转化为适合学生的探究活动，用整合、创新的眼光勾连起历史、当下与未来。

三、聚"人气"

在价值多元化、资讯碎片化、注意力分散化的当今时代，理想信念教育有时难以深入学生内心，课堂上也会出现空洞的理论灌输、口号式的演讲吐槽等现象。浦东德育工作者不断创新活动形式，增强理想信念教育的针对性和实效性，凝聚童心，让学生从"听——信——行"，探索"凝聚人气"的理想信念教育路径。

1. 歌曲助力

歌曲借助旋律的魔力作用于人的情感，引发想象、共鸣，以潜移默化的方式帮助人们接受某种意识观念、道德情操的熏陶渗透。

《火焰蓝　正青春》中，自编自创的"消防员"之歌前后出现了四次，贯穿于课的始终。第一次聆听歌曲，学生对消防员的职业产生了好奇；第二次，学生亲身体验了沉重的消防装备后，学唱这首歌，加深了对消防员的认识；第三次，观看视频，知道了消防员训练艰辛时，学生又哼唱起这首歌，产生了较为强烈的代入感；第四次，学生齐唱歌曲，致敬消防员。每当歌声响起，学生的心灵受到一次又一次的洗礼。

2. 情境贯穿

现代心理学家告诉我们，"轻松、愉快的氛围或情绪能使人产生超强的记忆力，能活跃创造性思维，充分发挥心理潜力。"因此，在活动设计中，应尽可能联系实际，充分运用故事、多媒体等手段创设贴近学生生活的情境，利用情境的感染和移情作用，更好地点燃学生好奇之火，激发学生发现问题的快乐，解决问题的喜悦之情。

《"敬业号"奇妙之旅》整节课的所有情境均发生在"敬业号"航班上，由当下热门电影《中国机长》引入，借助"机长的问候、机票、登机牌、飞机座位、飞行遭遇气流"等元素还原了一次飞行旅途。巧妙的情景创设让学生身临其境，在愉快的旅行中获得敬业体验，有味；以敬业模范事迹多维引领，让学生体会敬业精神，有情。

3. 参与体验

体验，即以身体之、以心验之，是主题内在的知情意行的亲历、体认与验证。"纸上得来终觉浅，绝知此事须躬行，心中悟出始知深。"真正的教育不是"告诉"，有意义的知识无法由教师手把手地教给学生，只能通过学生的参与体验而自主建构。

《我有一个中国梦》中使用了《开学第一课》中的素材，女孩付丽娟实现飞天梦想的故事情节开展教育。为了让学生真切体会付丽娟训练过程中的艰难，老师设计了"30秒体验活动"的环节，学生自由选择"高抬腿跳、挺凳子、静止俯卧撑"中的任意一个动作，掐着秒表完成模拟训练，再来谈谈自己的感受，让气喘吁吁的孩子在参与体验中逐渐领悟了"坚持付出才会有收获"的真谛。

类似的匠心设计不胜枚举，如《梦想在我心　我们共前进》中，设计了"晒个人梦想、玩集体游戏、议班级目标、唱班级梦想、答老师问话"等多种形式，学生在参与活动的过程中收获体验。《小调查　大梦想》通过"小调查、找变化""小考察、寻梦想""小计划、见行动"三个环节的活动，让学生了解机场建设给家乡带来的变化以及"大飞机总装基地"落户浦东带来的美好未来。《爱护人民币》设计了二维码的作业，课后进行拓展和延伸、评价和反馈，使爱国情感在这一张张平面的纸币上变得立体和真实起来。

学生从确立人生理想信念到实现的过程，是一个发展的动态过程。一方面，伴随着学生的成长，他（她）的思想品德在逐步形成和发展，他（她）在不断自我调节人生信念；另一方面，这种人生信念，又不断地受到外在因素的影响。德育工作者借助各种方式，让学生不断品尝因确立理想信念而获得成功的快乐，调动积极性，增强内驱力，获得了克服困难的勇气。

四、增"底气"

"建班育人"的途径不胜枚举，面向全体学生的主题教育课是德育的一个重要载体，是促进班主任自身专业化发展的一项看家本领，能够让班级管理从外部高压趋向内在自省、从枯燥说教走向体验感悟、从主观判断走向理性探究，彰显班主任的专业素养。

三灶学校副校长龚卫华是这样评价富士英老师的：教育的最高境界是无痕，主题教育课不是一种枯燥的责任和义务，不是一种空洞的说教和要求，而是一种智慧的启迪，一种诗意的熏陶。富老师的《担当》设计之巧妙、教育之无痕，足见教育功底之深厚，令人赞叹。富老师带领学生三次做手势翻开班级日志，在形象和趣味中进入情境，体现了三个"妙"。在活动过程中，富老师的幽默与亲和不断打动着学生们表达自我，同时她的"可乐"似的风趣语言也缓解了学生们的紧张情绪，所以，课堂上每个孩子都敢说、乐说、抢着说，高涨的情绪充分体现出学生学习的主动性。尤其是最后的总结陈词，那诗意栖息的韵味让人久久回味。

五、添"和气"

教育是一项多边活动，教师、学生、家长都是这个活动中的主角，在情感互动、交流沟通中"美美与共"。

1. 师生共情

主题教育课拓展了班级教育空间，提供了教师和学生之间对话的机会，没有越俎代庖，没有灌输填鸭，而是摆事实、讲道理、互动交流，自主探究，达到感之于心、发之于情的效果。

《舌尖上的尚德》的课堂上，师生共同回忆三年校园生活，于点滴细节中品味"尚德情怀"：尚德的食堂是最令人怀念的地方、是最爱的暖色调、尚德的阿姨像自家人一样暖心；"流着口水报菜名、来自吃货的祝福"赋予尚德学校一抹浓郁的文化特色。"舌尖上的美味"融入了校园文化、人文情怀等元素，还原出本真的尚德生活。师生恍然大悟：美食不仅是果腹之物，更是文化的传承，以美味为名，爱上尚德与生活！

2. 家班共育

主题教育课还应该成为联系家庭、学校和社区的桥梁，成为多边关系的润滑油。家庭是学校重要的合作伙伴，家长的职业、经历、爱好、特长各不相同，这恰恰是非常有价值的教育资源，可以拓宽学生的视野，激发孩子对周围生活、事物的兴趣和关注，丰富社会生活经验，提高社会交往能力。

东港小学毗邻浦东国际机场，优越的就业环境吸引了来自全国各地的人才，杨玲玲老师班级里的外地学生较多，一大半孩子的家长在浦东机场工作，《小调查 大梦想》一课中，杨老师邀请家长代表沈筠妍爸爸亲临现场，沈爸爸饱含深情地讲述了他从福建到上海的追梦故事。中专毕业的他凭借着对机务的热情，历经几年学习、培训、实践、锻炼，通过了严苛的执照考试，从仓库管理员、机务技术员、持牌技术员，最终成为一位专业的飞机修理师，在场的孩子被沈爸爸筑梦、追梦、圆梦的执着深深打动。

《教育部关于进一步加强班主任工作的意见》中明确要求："班主任要组织好班集体活动。"著名教育家马卡连柯指出："教育了集体，团结了集体，加强了集体，以后集体自身就成为很大的教育力量。"主题教育课是班集体活动中的一种形式，是学生认识世界、塑造价值观的重要途径，有助于学生寻找到从当前状态到可能状态的有效路径。我愿和广大德育工作者一起，识天气、接地气、聚人气、增底气、添和气，实现信息对流、感情融通、心灵共振，将理想信念植入学生心田，培育堂堂正正的中国娃。

理想·中国梦

第❶课　梦想在我心　我们共前进

设计教师：上海市宣桥学校　　　　　　祝永华
指导教师：上海市浦东教育发展研究院　姚瑜洁

【活动对象】
小学三年级学生

【活动背景】
习近平总书记把"中国梦"定义为"实现中华民族伟大复兴，就是中华民族近代以来最伟大的梦想"，并且强调中国梦的实现，依赖于全体中国公民的共同努力，只有实现了祖国的繁荣富强，完成了中华民族的伟大复兴，我们的个人梦才能凸显出更为光辉的意义。中小学教育肩负着为中国特色社会主义建设事业培养建设者和接班人的历史使命。以"中国梦"引领德育工作，以"中国梦"带动少年儿童"从小立志 敢于追梦"是当前中小学德育工作的重要课题。

小学三年级是学生意志情感发展的关键时期，依托"中国梦"对学生进行理想信念教育，激发前进动力，可促进学生树立个人梦想，从而对自己的成长提出更高的目标和要求。在刚升入三年级的学生中，有的缺乏理想和奋斗目标，有的即使有梦想，也缺乏实现梦想的动力、意志，有的缺少集体观念，不愿意为集体争荣誉。于是，我尝试在主题教育课上启发同学们寻找个人梦与集体梦、中国梦的契合点，力求在孩子们的心中播下梦想的种子，通过大家的共同努力来实现个人和集体的梦想。

【活动目标】
知识与技能：
1. 了解中国梦的倡议者及相关内容。
2. 知道自己是班集体中的一员，集体梦想的实现离不开每一位同学的努力。
3. 理解实现个人梦想和集体梦想是爱国的表现。

过程与方法：
1. 互动分享个人梦想。
2. 分析班级现状，民主商议并制定班集体近期目标。

情感态度价值观：
1. 明确梦想可以引领个人走向成功，形成有激励性的个人梦想。
2. 认同班集体梦想，期待班集体梦想的实现，主动将个人梦与集体梦、中国梦的实现

紧密联系。

【活动重点】
知道自己是班集体中的一员，集体梦想的实现离不开每一位同学的努力。

【活动难点】
认同班集体梦想，期待班集体梦想的实现，主动将个人梦与集体梦、中国梦的实现紧密联系。

【活动准备】
1. 视频资料：《爸爸去哪儿》主题曲选段、数字故事《林志颖成长经历》、《梦想实现家》选段、《种太阳》选段及伴奏音乐、习近平总书记简述中国梦。
2. 音频：《课间吵闹》。
3. 照片：林志颖赛车、学生眼操前后对比、眼操公约、学生作业。
4. 准备各式小卡片（每位同学一张）、8张报纸。
5. 板贴："中国梦"、太阳图。

【活动过程】

一、感受梦想力量

1. 师：同学们，听，这是什么歌？

播放视频《爸爸去哪儿》主题曲，出示黑米和林志颖照片：爸比，你会唱《小星星》吗？不会啊！那我教你好了？好啊！Twinkle twinkle little star, how I wonder what you are... 你有跑调哦！我的家里有个人很酷，三头六臂刀枪不入，他的手掌有一点粗，牵着我学会了走路。谢谢你光顾，我的小怪物，你是我写过最美的情书，钮扣住一个家的幸福，爱着你呀风雨无阻。老爸，老爸，我们去哪里呀？有我在就天不怕地不怕。宝贝，宝贝，我是你的大树，一生陪你看日出。

生：《爸爸去哪儿》！

2. 师：对，这是《爸爸去哪儿》的主题曲。其中，可爱的小黑米给我们留下了深刻的印象，有谁了解黑米的爸爸？

生（摇头）：不了解。

3. 师：让我们看一段数字故事来了解黑米爸爸。

播放数字故事《林志颖成长经历》：10岁时参加遥控车比赛获全台湾亚军，并告诉记者自己的梦想是当一名赛车手；15岁依靠自己打工，买下生平第一辆车，并自己动手改装；24岁在一次赛车时出车祸；26岁在珠海赛车场拿到赛车生涯的第一个冠军，连续拿下两次雷诺spider冠军；27岁拿到9座职业车赛奖杯、7座冠军、1座亚军、1座季军；29岁获得国际杰出青年奖，投身于中国职业汽车拉力赛；32岁加盟拉力车队"林志颖车队"；34岁参加新飞泛珠三角超级赛车节，获得春季赛第一回合冠军、第二回合亚军，夏季赛第一回合冠军、第二回合冠军；44岁参加"2018中国原型车耐力系列赛"，以第一、第三名的成绩完赛。

生1：黑米的爸爸是一名赛车手，获得很多次冠军。

生2：他比赛时出过车祸，不过他没有放弃，后面还是继续参加比赛。

生3：他热爱赛车。

生4：他10岁就有了自己的梦想，并一直在努力。

4. 师：黑米爸爸赛车时激动又兴奋的神情，让我们感受到实现自己梦想的喜悦！对于三十多年的赛车梦，林志颖有着自己的体会，想不想听一听？

出示林志颖赛车照片。

生：想！

播放视频《梦想实现家》：追寻我的梦想目标放大，紧握住方向我们现在就出发，痛快的汗水随着勇气蒸发，我就是我自己的梦想实现家。Searching I am searching for love.生命不该有空转，我的热情瞬间在爆发。Fighting I've been fighting so hard。赛车就像人生，掌握自己的方向，知道什么时候该加速，什么时候该减速，只要有一个可能，我就要全力以赴地去实现它，因为人生可以有后悔，但不可以有遗憾……

设计意图： 以学生喜闻乐见的节目主题曲和人物引出主题教育课的关键词，并激发学生在认知冲突中的探究兴趣。从喜欢的人物身上找到闪光点，借助榜样的言行、成就来影响学生，让学生感受梦想的力量，引导学生提升对梦想的认识，提高个人修养，从而离梦想更进一步。

二、开启梦想旅程

1. 师：小黑米的爸爸林志颖在10岁的时候就根据自己的兴趣爱好定下了一生的梦想，并为之努力奋斗，后来取得了骄人的成绩。可见，有梦想才能成功！同学们，你们有自己的梦想吗？

生1：我的梦想是当一名解放军战士，保卫大家。

生2：我的梦想是成为一名英语老师，带领学生学好英语，长大成为国际交流人才。

生3：世界很奇妙，我长大后想走遍世界。

2. 师：那就让我们把梦想写下来鼓励自己，让我们也在梦想的带领下走向成功，好吗？

生：好。

学生拿出卡片，写下梦想。

3. 师：让我们把梦想贴到黑板上来"晒一晒"吧！

学生陆续走到黑板前贴下梦想卡片。

4. 师：看着刚才大家晒梦想时的幸福模样，我想黑米爸爸在诉说梦想的时候（10岁），内心也一定洋溢着憧憬和幸福；看着满满一黑板的"梦想"，让我们向着各自的梦想去努力，梦想就会闪耀光芒！

设计意图：当学生把梦想用笔写在纸上的时候，模糊的想法就会变成清晰的承诺，这样有助于梦想的实现，更能让学生有机会不断明确自己的想法。把目标具象化，描述出梦想最终实现的样子，这个过程能促进学生思考如何去实现，也能引导学生实实在在地付诸行动。

三、共建班级梦想

（一）做游戏，共识团结

1. 师：每个同学都有梦想相伴，还记得我们集体的梦想是什么吗？

   生：成为"三健合一"的班级：健身健脑和健心。

   板书：健身、健脑、健心

2. 师：集体梦想需要合力完成，这就考验班集体是否团结一心了。做个游戏考验一下吧！

出示游戏名称：集体登陆

要求：　第一关　4人一起站在报纸上，坚持十秒；

　　　　第二关　站在对折的报纸上，坚持十秒；

　　　　第三关　站在二次对折的报纸上，坚持十秒。

　　　　能坚持到第三关的小组获胜。

（学生游戏）

3. 师：你们小组获胜了，能和小伙伴们分享一下方法吗？

   生1：我们脚挨着脚，挤在一起，保证大家的脚都能站在报纸上，一定要保持平衡。

   生2：我们互相搀着，谁都不能掉到报纸外面，否则游戏就会输！

   生3：刚才，**没站稳，差点儿摔倒，我们一起拉住了他。

4. 师：团结一心是你们取胜的法宝！（面向同学们）有没有哪个小组向他们挑战？

   生：有！

第一组学生下场，另选一组进行挑战赛。

5. 师：第三关开始的时候站得挺稳的，后来怎么一下子就摔倒了？

   生1：我的脚被踩到了，有点儿疼，后来就没站稳。

   生2：**往边上一斜，我也往边上倒了。

6. 师：有什么经验教训和大家分享？

   生1：开始的时候，就应该确保大家都站好了。

   生2：当发现旁边同学没站稳，我们应该及时拉住他。

   生3：每一个人都要有一样的想法，方法要预先商量好，这样才更容易成功。

7. 师：说得有道理，之前获胜的小组齐心协力，就能收获成功，眼前失利的小组找到了原因，依然斗志昂扬。其他同学能否吸取教训挑战成功？

   生：能！

8. 师：好，让我们集体来一次真正的登陆吧！请同学们慢慢走上前来，试试能否站在这8张报纸上，并坚持到最后一关！

全体学生上场，挑战"集体登陆"。

9.师：集体登陆一起实现集体梦想，再大声喊一遍班集体梦想！

生：成为"三健合一"的班级：健身、健脑和健心！

（学生坐回座位）

> **设计意图**：以学生为主体的活动能激发他们获得道德体验，促使学生提高对团队合作重要性的认识。采访中，学生将真切的体验用语言来总结，是道德认识获得提升的途径，也是将成功经验进行传播的一种方式。前两次"成功"和"失败"的小组体验是集体活动的"热身"，同学们从旁观到参与，是从意识到行动的一次升华，也体现了主题教育课以学生为主体、教师为主导的"双主性"。

（二）析现状，共议目标

1.师：还记得开学初我们一起制定眼保健操班规吗？

出示学生眼操前后对比照片、公约制定照片以及眼操要求：做眼操，坐端正，手按穴位眼闭紧，穴位按得轻又准。

生：记得！做眼操，坐端正，手按穴位眼闭紧，穴位按得轻又准。

2.师：开学以来，老师根据"三健合一"细心观察，发现同学们做眼保健操有不尽如人意的地方，后来大家通过集体商议，制定出了眼保健操的班级公约，以此作为"健身"小目标来执行。请问你们想不想给"健脑""健心"也制定一下小目标？

板书：身体健康

生：想！

3.师：看了这些作业，你有什么感觉？你喜欢什么样的作业？"健脑"就是在学业上有进步，你觉得学习进步的同学的作业应该是怎样的？听，这又是怎样的课间？你有什么感受？"健心"是指文明礼仪，你觉得怎样度过课间十分钟才是文明礼仪的表现？

出示照片《邋遢作业》、播放音频《课间吵闹》。

出示小组讨论要求：选择一个方面讨论；写下班级目标1~2条；派一位同学贴到黑板上。

学生按小组进行讨论。

学生代表上台展示讨论结果。

4.师：现在黑板上已经有了作业与和课间相关的目标，让我们整理一下。

出示整理目标：班级"健脑"小目标 写作业，动作对，一笔一画要端正，写完之后认真查；班级"健心"小目标 下课了，多休息，课本学具准备好，轻言轻语不打扰。

5.师：一起来读一读。

学生齐读。

6.师：大家同意吗？

生：同意！

7.师：大家齐心协力，把班集体梦想化为"学习进步""礼仪文明"小目标，相信通

过努力会很快实现，那么我们就离班集体梦想的实现又近了一步。

板书：学习进步、礼仪文明

> **设计意图：** 班级目标来自班级现状，学生作为班级主体，对于现状是有发言权的。因此，通过小组讨论发挥学生的积极性、主动性和创造性，尊重学生的主体地位，体现学生的主观能动性，让学生解决"自己"的问题。教师的后续整理，是对学生结论进行语序的调整，体现教师的主导性。

（三）唱"梦想"，共同前进

1. 师：那么，班集体梦想和个人梦想的实现有关系吗？

生1：我们是班集体的一分子，实现班集体梦想是我们的责任。

生2：我们实现了集体的梦想，可以强健身体、学习进步、礼貌待人，这对自己梦想的实现是有帮助的。

2. 师：说得对！班集体梦想如果实现了，大家在心灵、身体、学习方面都有了长足的进步，那么离实现自己的个人梦想就更近一步了，所以让我们把班级和自己的梦想放在心上，和班级共同前进吧！

板书：梦想在我心，我们共前进

3. 师：有一个女孩，她种下了小小梦想，让我们来听一听歌曲，感受她身上的阳光力量。

播放视频《种太阳》选段：我有一个美丽的愿望，长大以后能播种太阳。播种一个，一个就够了，会结出许多的许多的太阳。一个送给，送给南极，一个送给，送给北冰洋。一个挂在，挂在冬天，一个挂在，挂在晚上。啦啦啦啦种太阳，啦啦啦啦种太阳，啦啦啦啦啦啦啦，种太阳。到那个时候世界每一个角落，都会变得都会变得温暖又明亮。

4. 师：试着把班集体的梦想也放进歌曲中，一起来唱一唱！

出示改编版《种太阳》：我们有个美丽的愿望，班集体能三"健"合一。第一健身，眼操坐端正，眼闭紧按得轻按得准穴位。第二健脑，写得端正，一笔一画，写完认真查。第三健心，下课休息，课本学具备好，轻声不打扰。啦啦啦啦班集体，啦啦啦啦班集体，啦啦啦啦啦啦啦，班集体。到那个时候集体愿望都实现，都会变得都会变得上进又阳光！

学生齐唱改编版的《种太阳》。

> **设计意图：** 音乐能很好地使学生融入情感，前期的歌曲已让学生感受到小女孩种太阳的积极向上，在班级梦想的改编试唱中，学生的激动、兴奋溢于言表，不仅因为自己成了尝试者，而且因为将刚成形的班级梦想用演唱的方式唱出来，符合学生喜欢新鲜事物勇于尝试的年龄特点。

四、心存远大梦想

1. 师：看，班集体梦想和自己的梦想齐放心中，每一位同学和班级共前进。如果有祖国梦的光芒照耀，会将我们的前进之路照得更亮！让我们了解一下中国梦！

理想·中国梦

板贴：中国梦、太阳图

播放视频《习近平主席述说中国梦》：国家富强、民族振兴、人民幸福，实现中华民族伟大复兴。

2. 师：（点板书）当我们齐心协力实现班集体梦想，就会离自己的梦想又进一步。当每个中国人一起为自己的梦想奋斗拼搏，实现了自己的梦想，那就为中国梦的实现注入了更多的青春能量，可以尽早梦想成真！

3. 师：梦想在我心，我和谁共前进？
   生：梦想在我心，我和班级共前进！

4. 师：梦想在我心，我们和谁共前进？
   生：梦想在我心，我们和祖国共前进！

5. 师：筑梦的路上，齐心协力你我同心，集体有你，集体有我；
   强国的路上，奋勇拼搏携手奋进，中华有你，中华有我；
   进军的号角已吹响，美好的明天在前方，
   满腔的热血已沸腾，让我们共同谱写灿烂的中国梦！
   让我们不忘初心，在实现自己和集体的梦想路上继续前进！

6. 师总结：希望每位同学（手指板书）梦想在我心，我们共前进！

设计意图：通过简单的师生问答，将班级的梦想和祖国的梦想融入自己心中。通过语言进行巩固，进而使之内化于心，牢记心底。

【板书设计】

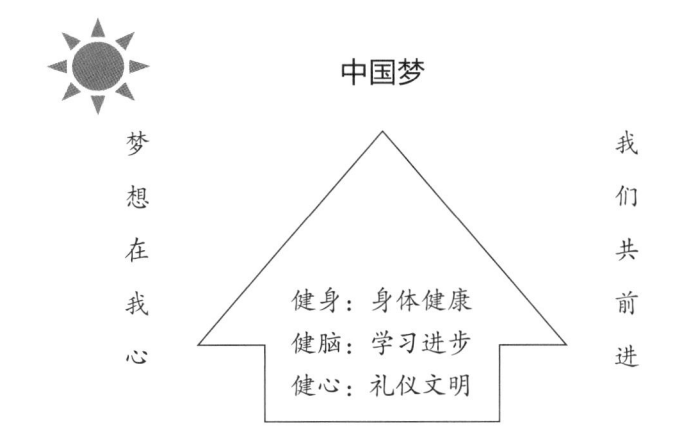

中国梦

梦想在我心　　我们共前进

健身：身体健康
健脑：学习进步
健心：礼仪文明

【点评】
一、学习有层次

以中国梦作为主题词来上一堂主题教育课，祝老师并没有将重点放在和学生讨论抽象的中国梦上，而是智慧地由大到小，选取了国家梦、班级梦、个人梦这三个不同等级的梦想来作为本堂主题教育课的三大板块。依据学生年龄特点和认知水平，从学生的个人梦想谈起，

继而讨论班级梦，并以此为重点展开学习，最后辅以国家梦想，提升主题，深化认识。

二、活动重体验

道德就是现实的人的活动，个体的自主活动既是德育的目的，又是德育的手段。祝老师在各板块中，设计了晒个人梦想、玩集体游戏、议班级目标、唱班级梦想、答老师问话等多种形式，让学生以各种方式参与，学生在活动中，收获道德层面的体验。

三、发展有空间

因为这堂主题教育课结合班集体的实际进行教育，话题来自学生中间，学生也可从中看到自己的影子，看到班集体的现状，因此教育具有针对性。如果在课中再加入一些孩子对于班级的设想规划，如温馨教室的布置、班集体梦想的讨论，就更理想一些了。

上海市三灶学校德育干事　富士英

第❷课 伲的地图，城的未来

设计教师：上海市浦东新区明珠临港小学　　唐华英
指导教师：上海市浦东教育发展研究院　　　姚瑜洁

【活动对象】
小学三年级学生

【活动背景】
党的十九大报告指出："广泛开展理想信念教育，深化中国特色社会主义和中国梦宣传教育，弘扬民族精神和时代精神，加强爱国主义、集体主义、社会主义教育。"让少年儿童感受党和国家的温暖，感知家乡的发展变化，从而深化他们热爱党、热爱祖国、热爱家乡的情怀，是当今德育的重要内容。2019年8月6日，国务院印发《中国（上海）自由贸易试验区临港新片区总体方案》，明确临港新片区参照经济特区管理，打造更具国际市场影响力和竞争力的特殊经济功能区，临港被赋予了特殊的历史使命，未来不可估量。作为临港人，都应该感受到家乡所面临的前所未有的历史机遇。

我所任教的班级共有45名学生，大多地处临港泥城地区，其中有25人在临港开发过程中因老家拆迁而进入居民小区，有12人的父母作为临港引进人才，他们随迁而成为新临港泥城人。通过访问、问卷等调查，我们发现学生们对临港的过去和现在不是很了解，对临港的未来形势也不清楚。让学生们更加深入地了解并热爱临港泥城，是对学生进行爱国爱家乡教育的必修课。

【活动目标】
知识与技能：
了解家乡临港的现状及未来前景，增加学生对家乡的全面认识。

过程与方法：
1. 了解家乡的风景、特产、场所等位置及概况，增强学生的空间感知能力和表达能力。
2. 增强合作能力，能与小伙伴一起查找和整理信息来介绍家乡景点。

情感态度价值观：
了解家乡的新名称，感受未来临港的发展前景。树立今天好好学习，长大建设临港泥城的美好明天的远大志向。

【活动重点】
　　了解临港的现状和未来前景。

【活动难点】
　　小组合作进行临港有声地图的素材整理及展示。

【活动准备】
　　1. 多媒体课件。
　　2. 三组新老照片（农家小屋和现代小区；自行车和小汽车；农田劳动和广场舞）。
　　3. 两幅临港地图。

【活动过程】

一、伲（我们）的地图

（一）听朗诵、看美图，感受美丽家乡

1. 师：今天，唐老师要带大家去一个美丽的地方——

播放PPT：有这样一个地方，它濒临海岸，海风吹拂，芦苇飘摇；有这样一个地方，它桃花妖冶，瓜果清甜，物产丰富；有这样一个地方，它有迷人湖泊，碧波荡漾，风光旖旎；有这样一个地方，它有绵延大桥，气势磅礴，横卧东海；有这样一个地方，它虽然远在上海一角，却有着迷人的风姿，在快速的城市化发展建设中，呈现着越来越精彩的现代化魅力，你知道这是什么地方吗？）

　　生：临港泥城。

2. 师：对了，这个美丽的地方，就是我们的家乡——临港泥城。

> **设计意图：** 柔和的音乐，美丽的画面，加上老师优美的朗诵，带给学生们愉悦的感受，如诗如画的美景就是自己的家乡，既给学生们营造了温馨的课堂氛围，也激发了他们对美丽家乡的自豪感。

（二）说说家乡的美景

1. 师：临港泥城，是一个在开发建设中迅速发展起来的地方。近几年来，它以独特的风姿吸引着海内外游客。它风光独特，有着许多特色景点，你知道哪些是泥城及周边的景点吗？

　　生1：我知道美丽的鲜花港，每年四、五月那里开满了最艳丽的郁金香。
　　生2：我知道东海大桥，跨越东海，连接洋山港。
　　生3：我知道航海博物馆，那里的镇馆之宝是"福船"。
　　生4：我知道海昌海洋公园，那里有人鱼海湾、极地小镇等主题区，有"白鲸之恋"等表演，给我们带来了梦幻般的海洋之旅。

2. 师：这些年，我们一起看过了这么多美丽的风景，我们的家乡可真美啊！

（三）制作家乡美景地图

1. 师：同学们，这是临港的地图，唐老师也为大家准备了一些家乡的景点图标，谁能把这些美丽景点的图标放入地图中的正确位置？

黑板上张贴空的临港地图，老师拿出滴水湖、东海大桥、航海博物馆、海昌海洋公园、滨海森林公园、南汇嘴观海公园、滨海桃源、上海鲜花港等景点图标放在讲台上。

生1：我去过东海大桥，我知道它的位置在东海上。

生2：我去过南汇嘴观海公园，它的位置在临港的东南角。

生3：我去过上海鲜花港，它的位置在临港大道和塘下公路交叉口附近。

设计意图： 让学生自己动手摆放景点图标，锻炼学生空间感知能力，了解地图上北下南的方位呈现方式，让学生熟悉家乡的标志性景点，进一步激发他们对家乡的热爱。

（四）展示临港有声地图

1. 师：同学们，为了展示我们美丽的家乡，唐老师特意筹备制作了一幅现代化的临港有声地图，不过这个地图现在只完成了一小部分，请大家欣赏一下唐老师初步的设计。

出示PPT临港地图，老师分别点击"上海鲜花港"和"滨海森林公园"两个景点，电脑播放关于这两个景点的介绍。

播放音频：上海鲜花港位于美丽的东海之滨，北邻国际航空港，南邻洋山深水港，地理位置得天独厚。自2002年9月至今，上海鲜花港成为花农培训、花卉种植、新品展示、新品研发、种苗出口为主的现代农业示范园区。每年四、五月份的郁金香展成为鲜花港的盛大宴会，吸引全国各地的游客前来欣赏鲜花盛宴。

播放音频：上海滨海森林公园坐落于上海市浦东新区临港新城东面临海处，建造于2006年。融现代科学技术和文化为一体的滨海森林公园，模拟自然森林风光，创造人与自然和谐共处的绿色氛围。游人身临其境与大自然融为一体，最适宜开展各类野游、观赏、休闲、娱乐活动。

2. 师：欣赏完了老师对这两个景点的介绍，你从老师的介绍中得知了这两个景点的什么信息？

生1：我听到老师介绍了这两个景点所在的地方。

生2：我听到老师介绍了这些景点是什么时候建造的。

生3：老师还介绍了这些地方有哪些美丽的风景。

3. 师：对呀，你们说得真好，介绍一个景点，应该说清楚这个景点的位置、建造时间以及它里面的独特景观等相关信息。

设计意图： 从有声地图对景点的介绍词中寻找共性的信息点，培养学生的理解和归纳能力。

（五）收集资料，储备有声地图素材

1. 师：为了制作一幅比较完整的临港景点有声地图，唐老师需要大家的帮助，希望每

一个小组都能从网上搜索一个景点的资料，完成对该景点的介绍。现在向每个小组发放一张任务单，每个小组一个iPad，请小组成员合作，从iPad中寻找资料，完成这张任务单，并进行成果汇报。

出示任务单：（1）小组成员通过iPad搜索景点资料；（2）为小组长提供资料，完成景点介绍，可进行补充完善和个性化介绍；（3）推荐一名组员有感情地进行介绍。

第一组：滴水湖建于_____年，位于_____，湖的形状为_____，它的设计思路是：_____。

第二组：中国航海博物馆建成于_____年，位于_____。馆内共分_____层，有_____等展区。

第三组：南汇嘴观海公园建于_____年，位于_____，标志性建筑是_____。

第一小组汇报：滴水湖建于2003年，位于上海市浦东新区临港新城，湖的形状为圆形。它的设计思路是：一滴来自天上的水滴，落入大海，泛起层层涟漪。沿湖为风景带，不仅环境优美，景色宜人，也可以开展各种亲水、娱乐休闲活动，如沙滩排球、享受日光浴、垂钓等。滴水湖水波浩渺，清澈见底，是一个让人放松心情、享受自然的绝佳旅游胜地。

第二小组汇报：中国航海博物馆建成于2010年，是我国首个经国务院批准设计的国家级航海博物馆，位于上海浦东临港新城，建筑总面积为46000多平方米。馆内展区分为三层，有航海历史馆、船舶馆、海员馆等多个展区。博物馆内运用模型、场景、多媒体、环境模拟等，真实再现了中国航海历史发展过程，生动地传播科学航海知识。

第三小组汇报：南汇嘴观海公园建于2006年，位于临港新城主城区东南面，也是上海陆地的最东南处。整个公园的标志性雕塑是由不锈钢管构成的双层网架结构、总用钢量约120吨的"司南"，寓意是发现、交流和开放。在这里，我们可以看到辽阔的大海，成片飘摇的芦苇，视野极为开阔。

设计意图： 以小组合作的形式，让同学们在iPad上寻找景点信息，选取自己所需要的信息进行收集处理，并请组内表达能力最佳的同学进行讲解。这种任务驱动式的学习方式，让学生学会自主和合作，学会根据任务解决实际问题。

（六）认识家乡的特产及场馆

1. 师：我们美丽的家乡，不仅有怡人的风景，还有着香甜可口的瓜果特产，你知道家乡有哪些特产吗？随着家乡的开发建设，我们这里还涌现了大批现代化建筑，还有一些著名企业、大学的落户等等，你能说说你所了解的地方吗？

生1：南汇水蜜桃是我们这里的特产，它口感酥甜，水分很多。

生2：我最喜欢吃南汇的8424西瓜，轻轻一碰，它就裂开了，水分特别多，也特别甜，是夏季消暑最好的瓜果了。

生3：我知道临港有几所大学，有上海海事大学、上海海洋大学等，它们培养了很多优秀的大学毕业生。

生4：我的叔叔在上海汽车公司里上班，那里生产荣威汽车，车型很漂亮，很多员工都选择购买荣威汽车。

2. 师：各小组发言都非常精彩，下次唐老师要带这些同学进录音室，把你们的精彩介绍录制成声音文件，制作成一幅完整的家乡有声地图。这是属于伲的，我们家乡自己的地图。

板书：伲的地图

设计意图： 除了景点的整理和了解，在这里进行家乡特产和现代化建筑、企业、大学等的信息扩充，让学生对家乡有全面的了解，扩大学生思维的广度。

二、城的未来

（一）新、老照片对比看变化

1. 师：近几年来，随着临港的开发建设，我们身边的变化越来越多，家乡的物产越来越丰富，人民的生活越来越便捷，幸福指数也越来越高。下面是唐老师整理的一组新、老照片对比，请大家欣赏。

2. 师：本来，我家四面是农田，家里简陋，冬天总有风从墙缝中钻来，让人瑟瑟发抖。如今，我家搬进了整齐美丽的小区，无论夏天冬天，都有空调让房间四季如春。

播放PPT，出示农家小屋和居民小区的新、老照片对比图。

师：我家的小宝3岁那年，不肯坐上奶奶的自行车，哭着要坐小汽车。如今，家里已经有了两部汽车，每天接送他上学都是开着车。

播放PPT，出示自行车和小汽车的新、老照片对比图。

3. 师：在你的身边，还有哪些大的变化？

生1：奶奶是农民，几年前，她还天天在农田里劳动，日晒雨淋，皮肤黝黑，每年却没有多少收入。如今，奶奶享受到了小城镇劳保，每月有1000多元的退休金，也注重打扮养生了，白天外出散散步，晚上则跳跳广场舞锻炼身体。

生2：我们家原来住在农村，家里的房子比较破旧，现在拆迁住进了居民小区，家里可漂亮了。

生3：以前买东西不太方便，现在有了大润发超市，购物可方便了，每次逛一下，就可以买齐家里需要的各种东西。我妈妈还下载了一个"大润发优鲜"的手机APP，手机下单，一小时左右，大润发员工就把商品送到家了。

设计意图： 新、老照片的对比，直观感受生活的变化，也为学生提供了思路，让他们发散思维，寻找生活中更多的日新月异。

（二）领略领导人风采，感受"国家梦"

1. 师：下面唐老师要为大家介绍两位重要的人物，大家看看，你们认识他们吗？

生：习大大和彭妈妈。

2. 师：对呀，他们就是我们敬爱的习近平主席和他的夫人彭丽媛。看，习近平主席风

度翩翩，习夫人优雅美丽。近些年来，祖国上下不断发生着新的变化，习近平主席也提出了"最美中国梦"，我们相信祖国会越来越富裕和强盛。

> **设计意图：** 习大大和彭妈妈出访照片的呈现，让孩子们有初步的国家意识，领略了重要人物风采，感受中国梦。

（三）了解临港新政策，感受"家乡梦"

1. 师：同学们，2018年进博会期间，习近平主席提出了要建设自贸区新片区的计划。而2019年8月，国务院正式发布了上海自由贸易区成立新片区的总体方案，你们知道哪里成了举世瞩目的新片区所在地？

生：临港新片区。

2. 师：是呀，临港新片区的正式确立，让我们的家乡遇到了千载难逢的发展机遇，不久的将来，临港就会成为一个闪耀上海、中国，甚至全世界的经济发展特区。

（四）抒发畅想，展望"未来梦"

1. 师：二十年后，唐老师将是一个年近六十的小老太了，但是，也许，到时候科技发达，我用着环保的化妆品，依然年轻美丽，我也许会住上花园别墅，在自家的花园小院里晒着日光浴。而二十年后的你们，将是三十岁的青年，正是事业有成的时候，也恰逢临港泥城经济高速发展的时候，你对二十年后的自己和家乡有什么憧憬呢？

播放PPT，未来家乡地图，讲台上放各类高楼、飞机、汽车等图标。

生1：二十年后，我们将建设一座临港飞机场，我们将是一批神气的飞行员，在临港的飞机场上飞起，飞向世界各地。

生2：二十年后，我们将成立一座临港国际交流中心，吸引世界各地的优秀人才来临港，一起建设更好的家乡。

生3：二十年后，我们要在临港建设一个大型梦幻儿童乐园，里面有各种高科技玩具和人工智能游乐设施，让孩子们在里面充分发扬个性，抒发创意。

2. 师：在我们的家乡话中，"伲"是我们的意思。伲的地图，就是我们的地图。这张地图展示着城市的未来，那是我们家乡临港的美好未来，让我们一起放飞心中的家乡梦，让梦想与现实齐舞，也期盼着每一个你都能为家乡未来的地图增添新的风景。

板书：城的未来

> **设计意图：** 畅想未来，发挥无穷的想象力，也让这样的梦想成为学生们努力的方向。这样的理想教育，可以帮助学生从小立志，并为了志向而努力。

【板书设计】

伲的地图，城的未来

临港有声地图　　　　　　未来家乡地图

室外桃源
鲜花港
海昌公园
泥城社区　南汇嘴
航海博物馆
东海大桥

临港机场
临港七星酒店
国际交流中心
人工智能基地　现代艺术中心
梦幻儿童乐园

【点评】

　　这节课以家乡地图为切入点，围绕家乡临港泥城的变化和展望，对学生们进行爱家乡的教育，让这些"新临港泥城人"更好地了解自己的家乡，激发对家乡的热爱。

　　1. **课的设计巧心思**

　　临港是一片开发的热土，短短的十几年时间就实现了从滩涂到现代化新城的巨大转变。临港泥城也吸引了周边居民以及引进的人才，临港成为他们新的家园，对这些新临港人子女进行爱家乡教育，让他们更有归属感和荣誉感，这是非常有意义的事情。老师从"泥城"的地名引申设计"伲的地图，城的未来"的教育主题，犹如一首藏头诗，让整节课显得意味深长。

　　2. **地图运用有匠心**

　　在地图的设计上，老师非常具有匠心，先让学生们寻找家乡美景和场所，再从直观地图转变为有声地图，在老师的演示下，学生们自己去查找资料、整理修饰、解说……一系列活动锻炼了学生的合作能力、搜索能力、概括能力、表达能力等等，巧心思获得了好成效，学生们的综合能力在这个过程中得以提升，学生们也在这个过程中更加了解家乡临港，激发了学生对家乡的自豪感和热爱之情。

　　3. **梦的引领有层次**

　　在进一步了解家乡的基础上，老师引出了"梦"，从中国梦到家乡梦到学生自己的未来梦，让他们激发内心的动力，憧憬美好的未来，并从小立志：为了家乡更美好的未来，从现在开始就好好学本领，长大后为家乡建设添砖加瓦。这样的理想信念引导水到渠成，没有说教，却把梦想的种子在学生心里悄悄播撒。

　　整节课的设计如行云流水，环环相扣，这是一堂非常有"临港"韵味的接地气的主题教育课。

上海市浦东教育发展研究院　姚瑜洁

第❸课　小调查　大梦想

设计教师：上海市浦东新区东港小学　　杨玲玲
指导教师：上海市浦东教育发展研究院　　姚瑜洁

【活动对象】

小学四年级学生

【活动背景】

习近平总书记在国家博物馆参观《复兴之路》展览时，第一次阐释了中国梦的概念。他把中国梦定义为实现中华民族伟大复兴，是中华民族近代以来最伟大的梦想。作为一名小学教育工作者，我认为有必要让学生初步了解中国梦的内涵，懂得个人梦想与国家梦想紧密相连，积极完善自我，努力实现个人的梦想，为中国梦的实现奠定基石，为中华民族的伟大复兴贡献力量。每一个小小的梦想放汇集在一起，就成了国家的梦想，这就是中国梦。

我们全班一大半孩子的家长工作区域在浦东机场，班级中外地孩子较多，来自全国各地，跟随着父母来到这儿，也是看中浦东国际机场所带来的优越的就业环境。再加上我校濒临浦东国际机场和祝桥航空城，结合我校的航运特色文化，我将梦想聚焦在中国梦系列之一的航空梦，激发学生热爱家乡、立志建设家乡，为我国航空事业做贡献的美好梦想。

【活动目标】

知识与技能：
初步了解大飞机总装基地的有关知识，初步了解我国大飞机研发的现状。
过程与方法：
运用小调查、小故事、小考察等形式，完成梦想计划卡制作。
情感态度价值观：
1. 树立为航空大飞机事业奉献的梦想。
2. 激发学生热爱家乡、立志建设家乡、投身家国建设的热情。

【活动重点】

运用小调查、小故事、小考察等形式，完成梦想卡制作。

【活动难点】

通过调查对比，学生可以感受家乡的变化，激发自己热爱家乡、立志建设家乡的情感。

【活动准备】
1. 问卷调查表。
2. 收集大飞机基地的相关资料，实地拍摄视频。
3. 制作课件。
4. 梦想计划卡。

【活动过程】
一、小调查　找变化
（一）课前调查表反馈
1. 师：昨天老师布置了一项特别的作业，请家里的爷爷奶奶、爸爸妈妈共同完成一张职业问卷调查表。现在我们各小组内进行交流调查，比一比祖辈、父辈的情况有什么变化呢？

板书：小调查　找变化

生1：我们爷爷奶奶大多都是农民或渔民，很少有稳定的收入，靠天吃饭。我的爸爸妈妈有一份稳定的工作。

生2：我们的爷爷奶奶的工作收入很低，才几十块，几百块，现在爸爸妈妈的工资比较高，都是几千块。

2. 师：你们小组发现了两代人收入的变化，这收入的差距可不是一点点，小则几十倍，还有上百倍的。别的组还有新发现吗？

生1：我们小组发现了一部分同学的爷爷奶奶是在外地工作生活的，可我们的爸爸妈妈都是在上海工作生活的。

生2：我们小组还发现了在浦东机场上班的家长真不少。

3. 师：你们还关注到了区域的变化。观察力很强哦！没想到这小小的一张调查表包含了这么多信息：有祖辈到父辈两代人职业的变化、收入的变化，还有工作区域的大变化。

> **设计意图**：以课前问卷调查的形式入手，让学生通过对比爷爷奶奶、爸爸妈妈两代人的情况，得出父辈这一代人的生活水平比祖辈要高，随着时代的发展，父辈的工作区域也在发生相应的变化。

（二）现场小调查
1. 师：在我们的小伙伴中，也有跟随着爸爸妈妈从老家来到上海学习生活的。老师想做一个现场小调查，老家是外地的同学请举手。

学生举手，统计人数。

2. 师：请问你的老家在哪里？
生：我的老家在安徽。
3. 师：你几岁来到上海的呀？
生：我4岁时，跟随着我的爸爸妈妈来到了上海。
4. 师：你来自哪儿？

生：我从四川来的。

5. 师：你在上海生活了好几年，觉得上海怎么样？

生：我觉得上海是一个国际化的大都市，非常繁华，有很多的高楼大厦，有很多地铁，出门非常方便。

6. 师：看来，我们班来自五湖四海的同学可真不少呢！浦东国际机场的建立，使原本一个靠打鱼、种地为生的小镇发生了翻天覆地的变化。不仅本地人的生活得到改善，而且吸引了来自全国各地的人聚集在此，实现他们提高生活质量、改变命运的梦想。

（三）聆听追梦小故事

1. 师：今天就有一位叔叔亲临我们的现场，他从福建到上海来追梦，他就是我们班沈筠妍同学的爸爸！让我们用最热烈的掌声欢迎他，一起来聆听他的追梦故事！

沈筠妍爸爸：老师、同学们下午好。我是沈筠妍的爸爸，很高兴能参加今天的主题教育课。2000年，我中专毕业来到厦门太古飞机工程有限公司，能进入梦寐以求的公司我很高兴。在这家公司的前几年里，我是一名仓库管理员，凭借着对机务的热情和自己心中的梦想，在一次公司内部招聘中成为一名机务技术员。经过几年的学习、培训、实践、锻炼，我通过了严苛的执照考试，最终我成为一位专业的持牌技术员。

2012年，我来到浦东国际机场上海波音公司成为一名飞机修理师！每天跟大飞机打交道，修理维护着各式各样的飞机，我非常有成就感。可令我遗憾的是当时我国没有自主研制的飞机。我一直在想，何时我们能有自己的大飞机呀！

得知祝桥建立大飞机总装基地时，我的心情格外激动。我们国家将要拥有自己的大飞机了。作为一名飞机修理师，我愿意到大飞机总装基地工作，为我国的大飞机事业尽自己的一份力量。我也希望在座的同学们能接过我手中的接力棒，有更多的同学也能加入大飞机总装基地的队伍中来，我们一起努力，一起加油！

2. 师：谢谢沈筠妍爸爸在百忙中参加我们的活动。听了你的故事，我感受到了梦想的力量。

> **设计意图：** 邀请家长代表沈筠妍的爸爸述说他从福建到上海的追梦故事。现场讲述的形式对学生来说既新鲜又亲切，也很有说服力，能引发学生的共鸣。此环节还具有一个穿针引线的作用，自然引入本课下一环节——祝桥大飞机总装基地。

二、小考察 寻梦想

（一）大飞机知识知多少

1. 师：沈叔叔故事中的大飞机总装基地在哪儿？里面到底是干什么的？同学们一定很好奇吧！上周我们特别先锋小组来到大飞机总装基地实地参观了一番，今天让我们一起来揭开大飞机基地神秘的面纱。

播放数字故事《揭秘大飞机C919》：

大飞机是指起飞总质量超过100吨的运输类飞机，包括军用和民用大型运输机，也包括

理想·中国梦

150座以上的干线客机。目前大飞机市场基本上被美国的波音公司和法国的空客公司所垄断。

2007年2月26日，国务院总理温家宝在其主持召开的国务院常务会议上，听取了大型飞机重大专项领导小组关于大型飞机方案论证工作的汇报，批准大型飞机研制重大科技专项正式立项。至此，中国的大飞机项目正式起航。

2009年11月18日，大飞机总装基地正式落户祝桥镇空港工业区。其总建筑面积约115万平方米，包括科研办公区、生产准备区、零件制造区、部件装配和总装区、整机喷漆区、飞机试飞区、辅助配套区以及园区道路、中央绿地、配套绿地和停车场等区域。

我国首型国产大飞机将命名为"C919"。"C"是China的首字母，也是中国商用飞机有限责任公司COMAC英文缩写的首字母。"C919"中第一个"9"的寓意是天长地久，"19"代表的是我国首型大型客机最大载客量为190座。

祝桥大飞机总装基地共分三阶段推进：2010年至2015年，满足C919大飞机的研制；2015年至2020年，实现建设150架C919大飞机的批量生产能力；2020年至2025年，实现研制850座的宽体客机。

目前，大飞机总装基地正在紧锣密鼓的建设当中，飞机设计师、总装工程师、组装师、飞机修理师、飞机测试员、飞机试飞员等几千人正奋战在工作一线，争取2014年年底完成C919的总装工作。让中国的大飞机翱翔蓝天，是我们每一个中国人的梦想。希望中华民族伟大航天梦早日实现！

2. 师：航天梦想真是鼓舞人心啊！大家从刚才的故事中都了解到了哪些知识？

生1：我知道了150人以上的客机被称为大飞机。

生2：看了视频，我了解到我国首型国产大飞机的型号为"C919"。

生3：我知道了大飞机总装基地在我们的祝桥。

生4：我知道了"C919"所代表的含义。

3. 师：大家说得都很好！让我们有请上次去基地参观的同学谈一谈他们的感想吧！

生1：我们看到大飞机总装基地很大很大，有一部分区域正在建设中，我们还来到了总指挥中心，看到了大飞机总装基地的整体规划模型。

生2：参观了大飞机总装基地后，我知道了制造大飞机的成本很高，比买飞机、租飞机的成本还要高。

4. 师：原来大飞机制造的成本这么高啊！那为什么还要制造呢？你们知道吗？

生：工程师伯伯告诉我们，大飞机是一个国家综合国力的象征。我们国家是一个大国，应该有自己研制的大飞机。

5. 师：短短的几分钟介绍，让我们对大飞机有了初步的了解，目前我国大飞机制造处于初步阶段，让大飞机翱翔蓝天，是我们每一个中国人的梦想，尽快造出我国自己的大飞机是刻不容缓的事情。

> **设计意图**：通过实地拍摄视频呈现的方式来介绍大飞机总装基地。让学生对国产C919大飞机有个初步的了解，也知道了我们作为一个泱泱大国没有自己研发的大飞机，从而从情感上激发他们想投身大飞机建设事业的愿望。

（二）基地考察促梦想

1. 师：作为新时代少年，我们可以为大飞机的发展做些什么呢？请结合自己的梦想说一说。

板书：小考察　寻梦想

生1：我想当飞行员。我觉得开飞机很神气、很酷。

生2：我想像沈筠妍的爸爸一样当飞机修理师，修理飞机。我很喜欢摆弄东西，我们家的小闹钟、遥控器坏了都是我修好的。

2. 师：你真是令我们刮目相看！

生1：我想当飞机组装师。我从小就很喜欢拼装乐高拼图，家里也有很多拼装的飞机模型。

生2：我长大后想当空姐，可以穿着漂亮的衣服在飞机上为大家服务，还可以免费坐飞机去很多国家。我很羡慕那些空姐。

3. 师：别说你羡慕了，杨老师小时候也想过要当空姐呢！

生：我想当飞机测试员。

4. 师：其实每一架飞机组装好后，都要经过反复的测试和调试，没有任何问题才能交付使用。所以当测试员需要非常的仔细和负责。老师看好你哦！

生：我长大想当飞机设计师。我喜欢画画，我想以后能设计我国的大飞机，比波音和空客的飞机还要漂亮。

5. 师：有志气。我们期待这一天早日到来。

生：我想当飞机喷漆师。我发现飞机都是白色的，我想给飞机喷上漂亮的颜色。

6. 师：漂亮的飞机飞在天空一定会吸引所有人的目光。听了你们的梦想，老师仿佛看到了一大批未来的建设者正奔赴大飞机总装基地呢，真为你们骄傲！虽然杨老师不能参加大飞机基地的建设，但如果你们好好学习，毕业后投身我国的大飞机建设事业中去，那么我也算是为大飞机事业尽了一份力呢！

> **设计意图：** 在得知我国还没有自己的大飞机后，大家争先恐后、畅所欲言说出自己的梦想。在学生了解我国大飞机研发的现状的基础上，教师应激发学生的民族自豪感，树立为大飞机发展做贡献的决心。

三、小计划　见行动

（一）一笔一画书写梦想

1. 师：同学们的梦想很美，可梦想并不是一句简单口号哦，它需要一步步努力才能实现的。老师为大家准备了一张飞机形状的梦想卡片。请你将你五彩斑斓的梦想计划写在这架"小飞机"上吧。

板书：小计划　见行动

2. 师：老师发现一些平时好动调皮的同学今天格外认真，一笔一画地书写着未来的梦想。看来同学们都很想为大飞机的未来做贡献呢！

设计意图： 让学生懂得光有梦想还不够，还要有计划、有行动，不然就是一句空的口号。一张小小的梦想计划卡，让学生写下梦想的同时，也让他们写了如何实现梦想的计划，要让学生懂得只有脚踏实地，才能更接近梦想。

（二）七嘴八舌分享梦想

1. 师：大家都写好了吧？你一定很好奇别人的梦想是什么？谁想先来分享一下自己的梦想？

生1：我的名字叫杨欣怡。我的梦想是当一名空姐。为了实现我的梦想，我要做到：第一点，认真学习外语；第二点，学会礼貌用语、微笑待人；第三点，认真仔细不马虎。

生2：我的名字叫阳芳权。我的梦想是当一名飞行员。为了实现我的梦想，我要做到：第一点，上课认真听讲，好好学习；第二点，好好做眼保健操，保护视力；第三点，改掉遇到紧急事情就慌张的坏毛病。

生3：我的名字叫赵倩。我的梦想是当一名飞机设计师。为了实现我的梦想，我要努力做到：第一点，上好每一节美术课，打下扎实的绘画基础；第二点，多看有关飞机以及航天方面的书，不断积累知识。

（三）天高海阔放飞梦想

1. 师：听了大家的梦想计划，老师非常欣慰。的确，梦想的实现需要一步一步，脚踏实地地去努力，这中间可能还会碰到很多的挫折和失败，但是只要坚持不懈，就一定能实现你们的梦想。下面，带着你们的梦想，我们一起将它们放飞吧！

学生将写有梦想的飞机卡片陆续贴在黑板上。

播放音频《我要飞得更高》。

就在那片更高的天空：我要飞得更高，飞得更高！狂风一样舞蹈，挣脱怀抱。我要飞得更高，飞得更高……

2. 师：在大家的见证下我们将梦想放飞。从这一刻起，我们怀揣着美好的梦想，并为之努力、奋斗，也许十年、也许二十年，会有越来越多的同学实现最初的梦想，将大飞机总装基地建设得越来越好，我们的家乡也将越来越繁荣。让我们的梦想将与大飞机一起越飞越高。

设计意图： 课的尾声，在汪峰激扬振奋的歌曲《飞得更高》的旋律中，请同学们将写有梦想的小飞机卡片一一展示在黑板上，通过这样一个简单而又庄重的放飞仪式，进一步坚定同学们努力实现梦想的决心。

【板书设计】

小调查　大梦想

小调查　找变化

小考察　寻梦想

小计划　见行动

【点评】

一、有"形"有"神"

"形"是指活动形态，活动是德育的主要形式，本课通过"小调查、找变化""小考察、寻梦想""小计划、见行动"三个环节的活动，让学生了解机场建设给家乡带来的变化以及"大飞机总装基地"落户浦东带来的美好未来。"神"是指活动体现出的价值追求，这节课取材于学校特殊的地理位置——航运文化特色，活动蕴含的"空港梦"必将成为东港师生共同的梦想。

二、有"事"有"情"

"事"是指大飞机总装基地的项目，教师带领学生参观了基地，请家长现场谈自己的奋斗之路，使之成为整节课的重点素材。"情"是指围绕"事"，激发学生为家乡、祖国感到骄傲的情感，整个课堂处处能感受到这份情愫的流动。

三、有"静"有"动"

"静"是指课按照预设有序实施。"动"是指教师在课堂上及时发布最新的变化、最前沿的信息，教育资源鲜活。

本课立足于学校实际、学生需求和区域发展，教育意义深远，如果能够把大飞机基地的内容（如岗位需求）挖得更深一点，家长资源运用得更成熟一点，课堂效果会更好。

上海市浦东教育发展研究院　姚瑜洁

第❹课　我的梦想

设计教师：上海市浦东新区孙桥小学　　沈晓芬
指导教师：上海市浦东教育发展研究院　　姚瑜洁

【活动对象】

小学四年级学生

【活动背景】

几年前，习近平总书记提出了"中国梦"。中国梦是我们每一个中国人的梦，是人民幸福之梦；中国梦是国家富强之梦，是中华民族伟大复兴之梦。个人的梦和国家的梦、民族的梦是一致的、相互关联的。

我校四年级学生大多为独生子女，每天的生活都是沿着父母长辈铺设的轨道展开的。他们是未来建设祖国的生力军，中国梦的实现与他们息息相关，这一份沉甸甸的责任不可推卸。在四年级学生中开展理想信念教育，帮助他们树立正确的世界观，激发他们为实现梦想而努力奋斗的情操显得尤为必要。

【活动目标】

知识与技能：

知道个人梦的实现铸就伟大的"中国梦"。

过程与方法：

1. 借助校园景点——魔力墙，寻找名人梦想，激发拥有梦想的美好愿望。

2. 运用梦想风车的转动，在交流、观看视频等形式下，结合自己的特长写下自己的梦想。

情感态度价值观：

激发学生的创造力和想象力，懂得实现梦想需要不怕困难、持之以恒、快乐合作等精神，激发为实现梦想而努力奋斗的情感。

【活动重点】

1. 通过追寻名人的梦想，激发自己拥有梦想的愿望，并结合自己的特长写下梦想。

2. 通过寻找并理解魔力词，懂得实现梦想需要的各种意志品质。

【活动难点】

通过寻找并理解魔力词，懂得实现梦想需要的各种意志品质。

【活动准备】

制作课件；准备板贴；准备游戏材料；准备一幅绘有蓝天白云、大树草地、河流小船的图画。

【活动过程】

一、启梦——开启寻梦之旅

出示PPT：中国梦

1. 师：同学们，习近平总书记在2012年的11月29日提出了"中国梦"。有谁知道"中国梦"具体指什么？

生1：中国梦就是把我们国家建设得越来越好。

生2：中国梦就是人民的生活更美好，环境变得更美丽。

生3：中国梦就是让中国越变越强大。

2. 师：大家说的"中国梦"都很美好，"中国梦"就是"两个一百年"的目标，即：到2021年中国共产党成立100周年和2049年中华人民共和国成立100周年时，逐步并最终顺利实现中华民族的伟大复兴，具体表现是国家富强、民族振兴、人民幸福。但"中国梦"的实现需要每个人的努力，只有实现了个人梦，才能实现伟大的"中国梦"。今天的主题教育课，我们就来聊聊"我的梦想"。

二、寻梦——揭开他人梦想

（一）魔力墙导入

1. 师：每个人都应该有梦想，有梦想才会有目标，才会有动力。看，今天沈老师把我们校园的哪个景点搬来了课堂？

生：快乐魔力墙。

2. 师：来，读读这个句子。

生：拥有魔力，拥有梦想。

3. 师：可今天的魔力墙跟平时的不一样了，那是因为，在魔力板后面隐藏着一个个魔力梦想，让我们看看，是谁的梦想？他的梦想实现了没有？

（二）A学生随机翻开魔力板

出示PPT：他在1996年获得上海市少年田径锦标赛跨栏冠军。从此，他树立了属于自己的梦想，那就是成为奥运冠军，为祖国争光。2004年8月27日，雅典奥运会男子110米栏决赛上，他以12秒91的成绩夺得了金牌，成为中国田径项目上的第一个男子奥运冠军，创造了中国人在男子110米栏项目上的神话。

理想·中国梦

　　生1：我看到了刘翔的梦想，他想成为世界跨栏冠军，他的梦想实现了。
　1. 师：你最佩服刘翔什么？
　　生1：刘翔获得了奥运冠军，拿到了金牌，为祖国争光了。
　　生2：刘翔的脚受了伤，但为了参加奥运会，每天坚持忍着疼痛训练，让我佩服。
　　生3：我从报纸上看到，刘翔每天都要参加十几个小时的训练，真是了不起。
　2. 师：是呀，就是在坚持不懈的努力下，刘翔的梦想才得以实现。

（三）B学生随机翻开魔力板
出示PPT：刘伟的照片
　1. 师：这位英俊的男孩在一场意外中失去了双臂，他是谁？
　　生：刘伟。
　2. 师：他这样的人还有梦想吗？谁来读读这段话？
出示PPT：当命运让他失去双臂，当别人叹息生命的悲哀时，他依然固执地为梦想插上翅膀，用双脚在琴键上写下：相信自己。他说："我能像正常人一样生活，养活自己。"
　3. 师：你读得真有感情，大家听了有什么感受？
　　生1：他失去双臂，很多事情都做不了，还能为自己的梦想奋斗，让我特别感动。
　　生2：刘伟是一个残疾人，还能像正常人一样生活，还能用脚弹琴，我觉得他特别有毅力。
　4. 师：说得真好，刘伟能够获得达人秀的冠军就足以证明他的成功，让我们祝福他在梦想的路上越走越远。同学们，刘翔和刘伟都付出了努力，才实现了梦想，你们是不是特别佩服他们？那就把响亮的掌声送给他们吧。

（四）老师翻开魔力板
出示PPT：沈老师的照片
　1. 师：这是谁呀？哦，是沈老师，不过我可不是名人，但我也有一个梦想。还记得我在班级QQ群里的网名吗？对呀，我的网名叫"船长"。我希望自己成为一名优秀的船长，带上我的学生，一起在知识的海洋中乘风破浪，看到你们一个个成长了、成功了、成材了，那是我最大的梦想。我的梦想是不是也挺棒的？那就给我点儿掌声吧！

设计意图：魔力墙是学生非常熟悉和喜欢的校园景点，以此作为教育资源，让学生上台翻开魔力板，了解非常熟悉的运动员、达人秀冠军以及班主任老师，揭开一个个魔力梦想，设计这种有趣的形式更容易燃起学生的学习热情。

三、写梦——转动梦想风车

　1. 师：同学们，孙桥小学是一个播种希望的地方，孙桥小学的每一个孩子在这里扬帆起航，在这里放飞梦想。让我们去看看五年级的大哥哥、大姐姐有些什么梦想吧。
　播放采访视频《毕业班学生的梦想》：主持人随机在校园里采访五年级的同学。

生1：我的梦想是当一名警察，为大家伸张正义。

生2：我的梦想是当一名足球运动员，在球场上奔跑，也许还能为国争光呢。

生3：我的梦想是做一名画家，像神笔马良那样画出许许多多美丽的画。

生4：我想当一名发明家，为大家发明更多有用的东西，让生活更美好。

……

2. 师：听了他们的梦想，你是怎么想的？

生1：我觉得大哥哥、大姐姐的梦想都很棒。

生2：我也要跟他们一样，确立自己的梦想。

3. 师：那就让我们心中的梦想风车转动起来，说说自己的梦想吧。老师倒数十个数，开始——十、九、八、七、六、五、四、三、二、一。停！

4. 师：看，老师手里的七彩风车已经迫不及待地想在教室里转动、传递啦！音乐停下时，拿到风车的同学就要站起来跟大家交流自己的梦想，让风车赶快传递起来吧！

生1：我的梦想是当一名服装设计师，给大家带来快乐。因为我看到人们穿上漂亮的衣服都很高兴，我希望大家穿上我设计的服装也能有这样的好心情。

生2：我的梦想是当一名作家，因为我特别喜欢看杨红樱的书，比如《笑猫日记》《非常女生》都写得非常精彩。我想像她一样写出好书，丰富孩子们的生活。

生3：我想当一名点心师。现在外面卖的点心都有很多的添加剂，我做的点心是没有添加剂的，吃了更健康。

生4：我的梦想是当一名综艺节目的主持人。因为每当我不开心的时候，只要看了"快乐大本营"，烦恼就抛到了脑后，所以我希望大家看到我主持的节目也会非常开心。

生5：我的梦想是当一名像黄豆豆一样的舞蹈家。我已经获得了好多好多的证书，我会继续努力，实现自己的梦想。

5. 师：你们的梦想这么美好，千万不要让它一闪而过，就让我们动动笔，在美丽的彩纸上写下你们的梦想吧！

（生伴着音乐书写梦想）

6. 师：是呀，树立信念，放飞梦想，我们都会拥有灿烂的明天。我想把我的梦想贴在校园的大风车上，让它永远不停地转动！你们呢？

（学生交流，将梦想贴到黑板上的大自然图画中）

生1：我想把梦想贴在小船上，让它越漂越远，早一点实现。

生2：我想把我的梦想贴到蓝天上，让它随着风儿越飞越高。

生3：我想把梦想贴到小河里，让它跟流水漂向远方。

生4：我想把梦想贴到小树上，让它跟小树一起快快长大。

生5：我也想把我的梦想贴到风车上，让它跟着风车一起转动，早日实现。

……

7. 师：看，今天我们这群小少年，在校园里放飞自己的梦想，明天，这些梦想将在中国的土地上实现。我们的成功将会带来祖国的强盛，我们会让世界见证，一个更加美丽的中国梦将在我们手中梦想成真！

设计意图： 此环节中的梦想风车也是学校的景点之一，是学生熟悉的，因此，让学生转动心中的梦想风车，说说梦想，这个情景的创设能触动学生内心的情感。我们趁热打铁，让学生写下梦想，可谓水到渠成。

四、追梦——拥抱魔力词语

PPT循环播放魔力词，学生寻找。

（一）快乐合作

1. 师：同学们，现在我们每个人都拥有了一个梦想，那么如何向着梦想前进，早日催开梦想之花呢？让我们再来看看快乐魔力墙。校园的魔力墙会给予我们勇气和力量，请你睁大眼睛，找找追梦路上你需要哪个魔力词的帮助！

　　生：我找到的魔力词是"快乐合作"。如果不跟别人合作的话，有时候一个人的力量是不够的。

板贴：快乐合作

2. 师：是呀，尤其是遇到挫折和困难的时候，当一个人的力量不够的时候，我们要学会与人合作、相互帮助，这样才会走得离梦想更近一步。

3. 师：今天，就让我们学着合作，来完成一项小游戏，名字就叫"表情娃娃一起贴"。

PPT出示要求：请每组队员打开桌上的纸包，取出零件，撕开粘纸，小组合作拼贴成一个表情娃娃。注意：只能用右手，不能用左手，完成后由组长将拼好的"表情娃娃"贴上黑板。完成最快的小组获胜。

（学生合作完成游戏）

4. 师：刚才我们进行了快乐合作，我看见大家我帮你撕，你帮我贴，都完成得很快，所以学会合作很重要，快乐合作很有用。

（二）诚实守信

　　生：我需要的魔力词是"诚实守信"。如果你不守信，别人就不会相信你了。

1. 师：是呀，守信不单单是在追梦的过程中很重要，其实，它在我们每个人的生活中都很重要。当一个守信的人，是最基本的做人品质。来，请你帮老师把这个魔力词贴到黑板上。

板书：诚实守信

（三）持之以恒

　　生：我找到的魔力词是"持之以恒"。如果你做一件事，不能坚持到底，一会儿做，一会儿又放弃，那么这件事就永远做不完。

1. 师：说得真好。实现梦想，需要坚持，如果不坚持，我们的梦想就永远不可能实现。

板书：持之以恒

2. 师：请大家一起来看看小品《白头翁的梦想》，看看它有几个梦想，它的梦想是不

是都实现了？

播放视频小品《白头翁的梦想》：从前，森林里有一只美丽的小鸟，它每天在林子里快乐地飞翔。有一天，小鸟看到黄莺在枝头歌唱，觉得非常动听，就想学唱歌，当歌唱家。可是，学唱歌要练嗓子，它练了几天就觉得太枯燥了，便不再学了。小鸟看见老鹰在高空飞翔，觉得特别帅气，就想学飞翔当飞行员。可是，学飞翔要练翅膀，它练了几天就觉得翅膀太酸了，就不学了。它看见喜鹊搭的窝特别漂亮，就想拜它为师当个森林建筑师。可学造窝需要用嘴衔树枝，它忙了几天就受不了了，又不学了。一天又一天过去了，小鸟头上的羽毛都白了，它还是什么本领都没有学会。它后悔极了，就把一头白发留给了它的后代。

生：白头翁有三个梦想，一个是森林歌唱家，一个是森林画家，还有一个是森林建筑师。但是，因为它没有做到持之以恒，所以什么都学不好，最后这三个梦想都破灭了。

3. 师：说得对！看来，我们都明白梦想的实现不是唾手可得的，我们光有空谈的理想可不行，必须从今天做起，为自己理想的实现而坚持不懈！老师相信，你们可以做到，你们的梦想一定能实现。

（四）不怕困难

生：我找到的魔力词是"不怕困难"。在实现梦想的过程中，我们都会遇到困难，如果我们被困难吓倒了，梦想就不可能实现了。

板书：不怕困难

1. 师：对呀，一路追梦总会遇到这样那样的困难。在地震中失去了双腿的廖智还能跳舞吗，会遇到一些什么困难呢？让我们一起去看看她是如何克服困难的。

PPT播放央视一套"开学第一课"栏目《廖智姐姐讲追梦故事》：当我戴上假肢跌跌撞撞跨出一步，脚还没站稳，人已经倒了下去，头磕在坐便器上，头上鼓起了一个大包，头发也掉进了坐便器水中。我挣扎着站起来看到自己狼狈的样子，觉得心灰意冷，但我不甘心。于是，我开始每天扶着穿衣镜，扶着门把手，不断练习站、走、跑、跳……一年又一年，我不仅学会了游泳，学会了跳舞，甚至还学会了攀岩……

2. 师：廖智姐姐的梦想是什么？为了实现梦想，她付出了什么？

生：廖智姐姐想成为一名舞蹈家。但她失去了双腿，她比正常人有更多的困难，连站起来都不行。可是她没有放弃，克服了一个又一个困难，最终学会了那么多的本领，她真是一个不怕困难的英雄。

3. 师：嗯，老师看见你眼里闪着泪花，被廖智姐姐的故事感动了。

> **设计意图**：PPT上的魔力词还有很多，比如"努力""自信""勇于探索""乐学好问""勇敢""创新"……如有学生提到这些魔力词，只做互动评价，不加以展开。在众多魔力词中，学生自主选择并发表感想，这种开放式的交流汇集的都是学生最真实的心灵触动，令生动容，且无痕渗透着自我教育。

4. 师：现在，请你响亮地告诉我，追梦路上，我们应该做到——
   生：不怕困难！
5. 师：我们可以做到——
   生：快乐合作！
6. 师：我们更应懂得——
   生：持之以恒！
7. 师：当你真正做到这些魔力词，那么你就是一个充满力量的追梦少年，你的梦想一定会实现的。让我们一起来念念这首关于梦想的小诗，感悟其中的道理吧。

出示PPT：诗歌《我们在追梦》

女生：蜗牛缓缓地向着金字塔的顶端爬行，纵然烈日当头，

男生：因为蜗牛相信，我虽然没有鹰的矫健，但毅力是我最大的天赋；

女生：蜘蛛没有翅膀却可以把网结在空中，哪怕风雨来袭，

男生：因为蜘蛛相信，梦想是最好的翅膀；

老师：而我相信，为梦想插上翅膀，就一定可以冲上云霄。

全班：所以，树立信念，放飞梦想，我能随它一起到达美丽的地方。树立信念，放飞梦想，我将拥有一个更加灿烂的明天。

设计意图： 这个环节再次出现魔力墙，在不断跳动的魔力词中让学生各取所需，各有所悟，自己寻找追梦路上的魔力词，同时通过视频观看、游戏活动、小品故事的形式展开，深入理解这些魔力词语的含义，起到了导行的作用。

【板书设计】

我的梦想

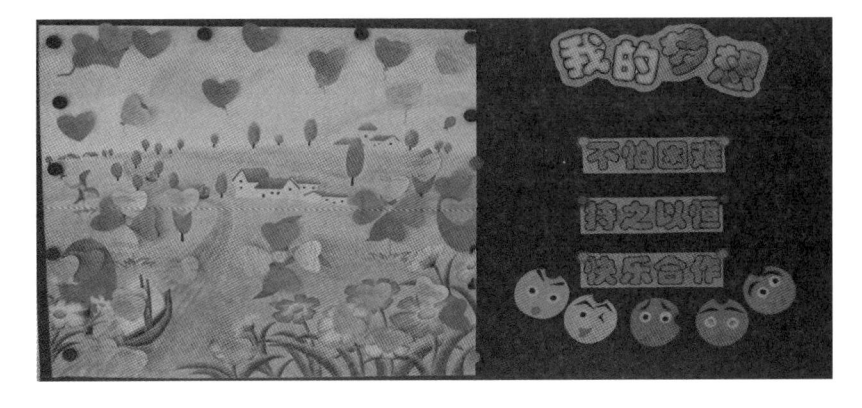

【点评】

沈老师勇于探索、实践，将"中国梦"这一宏大的主题通过自己的设计、自己的理解、自己的融汇，呈现在四年级的小学生面前。这需要我们的老师自己有一定的理解，经过充分的准备才能收到这样的效果。本节课具有以下几个特点。

一、关注生活，活用资源

主题教育课应该关注学生的生活，帮助学生解决生活中的问题。只有从生活实际出发，才能让学生感受到学习的过程就是自己的成长过程。沈老师将校园的景点——魔力墙——设计到自己的主题教育课中，使之成为课堂的重要组成部分。让学生回归课堂，让课堂联系生活，实现了主题内容和生活实际的有机结合。

二、层次分明，技术支撑

这堂课主题鲜明、素材充实、结构完整，以引梦、说梦、写梦、追梦的过程——展开、层层递进，让学生在学习、体验、感悟的过程中丰满"自己的梦想"，理解中国梦的实质就是每一个个人梦的实现。

本节课信息技术的运用十分恰当，精美的图片、优雅的音乐作为第二语言，丰富了学生的感性认识，为本节课起到了很好的辅助作用。

三、主动参与，自我教育

在实施教学的过程中，沈老师始终以学生为主体，引导学生积极参与到教育活动中来，请学生翻开魔力板，揭开一个个梦想，又滚动魔力词，让学生寻找追梦路上的魔力词，设计相当巧妙。同时，她还重视学生的自我感悟，通过不同形式的互动，加深了学生对魔力词的理解。

上海市浦东新区孙桥小学　奚慧娓

第❺课　点燃我的梦　汇成中国梦

设计教师：上海市浦东新区杨园中心小学　朱宇琴
指导教师：上海市浦东教育发展研究院　　姚瑜洁

【活动对象】
小学四年级学生

【活动背景】
　　美国专栏作家托马斯·弗里德曼撰文以《中国需要自己的梦想》为题解读"中国梦"。一时间，"中国梦"成为海内外舆论关注的热点话题。在党的十八大会议上，习近平总书记鲜明地阐述了"中国梦"的含义，对世界做出了鲜明的回应。实现中华民族伟大复兴，就是中华民族近代以来最伟大的梦想。
　　孩子是祖国未来的希望，从小培养孩子们的梦想，对中国未来发展至关重要，每个孩子的梦想聚集起来，就汇成了明天的中国梦。但是，对于四年级的孩子来说，只知道"中国梦"这个词语，并不了解其真正含义。故我们有必要让学生了解什么是"中国梦"，并将"中国梦"的种子植入每个孩子的心中，将"我的梦"与"中国梦"结合起来，树立学生的个人梦想，可以更好地推动青少年学生形成正确的人生观和价值观。

【活动目标】
知识与技能：
知道梦想对个人成长的重要意义，了解梦想是人生奋斗的目标。学会有梦想就要大声说出来。

过程与方法：
通过参与"小小树叶"游戏活动，确立个人梦想，领悟实现梦想需要坚持，需要努力。

情感道德价值观：
懂得个人梦想与国家梦想是紧密相连的，增强作为一个中国人的民族自豪感，培养爱国情怀。

【活动重点】
1. 知道梦想对每个人都很重要，有梦想就有了目标。
2. 梦想要大声说出来，实现梦想需要坚持，需要努力。

【活动难点】

1. 树立正确的个人梦想。
2. 懂得个人梦想与国家梦想是紧密相连的。

【活动准备】

1. 教师：收集相关媒体资料、制作课件、设计活动任务单、准备板书。
2. 学生：完成《寻梦之旅》活动任务单。

【活动过程】

一、阐述梦想

（一）认识航天英雄

1. 师：同学们，你们知道她是谁吗？

出示人物照片。

生：女航天员王亚平。

2. 师：神舟十号宇宙飞船载着三位航天员飞向太空，其中唯一的女航天员就是王亚平。让我们来听一听王亚平的故事。

播放视频《王亚平的航天梦》：王亚平讲述了她在太空的经历以及她从小为了实现自己的梦想而付出的努力，最后她说："十年前，我守在电视机前，激动无比地看着航天英雄杨利伟飞上了太空。十年后，当年那个电视机前小小的观众，也成了飞上太空的中国人，我很骄傲，也很幸福，我很庆幸自己生活在这样一个伟大的时代——一个梦想能被触摸、被实现的时代。同学们，每个人都有自己的梦想，我想告诉大家的是，梦想就像宇宙中的星辰，看似遥不可及，但只要你努力，就一定能够触摸得到，相信不远的将来，你们一定会拥有最美的飞翔。"

3. 师：听王亚平讲了她的故事，你感受到了什么？了解到了什么？

生：我了解到了王亚平阿姨的梦想是飞上蓝天，现在她的梦想实现了。

4. 师：很久以前，王亚平就有了飞上蓝天的梦想，这一次她的梦想终于实现了！

> **设计意图：** 用航天英雄的故事引出"梦想"这个话题，孩子们对此很感兴趣，这样的导入自然而且一下子抓住了学生的注意力。通过视频资料中王亚平的讲述，孩子们初步感受了梦想对成功的重要性。

（二）交流《寻梦之旅》的活动情况

1. 师：前几天，老师发放了《寻梦之旅》的活动任务单，请同学们去收集身边的人都有哪些梦想？你们收集到了吗？

生1：我采访的是我们村的村长，他的梦想是成为一位有成就的村长，希望大家都能支持他。

生2：我采访了我的表哥，他的梦想是长大了当一位赛车手。

理想·中国梦

生3：我采访了校长，他希望每个学生长大都能成为对祖国有贡献的人。

生4：我采访了彩票店的老板，他想多赚点钱，买大房子。

……

2. 师：你们家庭的梦想是什么呢？

生1：全家身体健康、平平安安。

生2：我家的梦想是攒够了钱去欧洲旅游。

……

> **设计意图**：课前我让学生去寻梦，通过走出课堂，走进社会，采访不同的人，了解不同的梦想。学生接触了平时很少接触的人，锻炼了自己的沟通能力。这可以鼓励他们去进行人际交往，去自信表达。

（三）感悟梦想

1. 师：大家收集了很多很多的梦想，从这些梦想中，你们感受到了什么？

生1：每个人都有自己的梦想。

生2：有的人梦想很大、很远，但有的人梦想却很小、很容易实现。

2. 师：通过学习，你对"梦想"有没有更深刻的理解？

生1：我觉得梦想是对自己的一种期望。

生2：我觉得梦想就是对今后生活的一种目标。

3. 师：说得真好！对啊，梦想就是对未来的向往和憧憬。我们每个人有了梦想，就有了明确的奋斗目标。

板书：有梦就有目标

二、了解"中国梦"

（一）当今的"中国梦"

1. 师：我有梦想，你有梦想，他有梦想，每个家庭有梦想，每个班级有梦想，梦想点燃了无数人的幸福生活。同学们，看到过这个词语吗？在哪里看到过？

出示：中国梦。

生1：我在报纸上看到过。

生2：电视上。

生3：我的电脑桌面就是这个。

2. 师："中国梦"可以说是当今非常热门的一个词语，那你眼中的中国梦是什么？

生1：就是中国人的梦。

生2：就是中国的梦想。

3. 师："中国梦"是2012年由习近平总书记提出来的，那么他是怎么理解"中国梦"的呢？让我们来听听这位"大家长"的声音。找找在习近平总书记的讲话中有哪些你特别喜欢的词语。

播放视频《习总书记的经典语录》：习近平总书记说："实现中华民族的伟大复兴，

就是中华民族近代以来最伟大的梦想。生活在我们伟大祖国和伟大时代的中国人民，共同享有人生出彩的机会，共同享有梦想成真的机会，共同享有同祖国和时代一起成长与进步的机会，有梦想、有机会、有奋斗，一切美好的东西都能创造出来！"

4. 师：说说你听到了哪些喜欢的词语？

生1：梦想成真。

生2：人生出彩。

生3：创造、奋斗、机会。

5. 师：大家听了习近平总书记的讲话，找到了喜欢的词语。现在你对"中国梦"是不是有了更深的理解呢？小组讨论、交流一下。

（小组讨论交流）

生1：我觉得中国梦就是全中国的人都生活得很好。

生2：我认为，大家的梦想如果都实现了，中国梦也就实现了。

6. 师：朱老师告诉大家，其实中国梦的内涵就是使国家富强起来，在世界上的地位越来越高，使大家的生活都过得很幸福。

设计意图： 在学生眼里"中国梦"这个词语就像一个口号，他们其实并不理解其中的含义，觉得这是一个很高大上的词语，跟自己没有多大的关系，所以通过观看习近平总书记的讲话视频，学生们可以更加直观地了解"中国梦"究竟是什么。

（二）革命志士的"中国梦"

1. 师：从古到今，有很多人用毕生的努力和追求诠释着他们的中国梦。仔细看看，视频中介绍了哪几个人？他们的梦想分别是什么？

播放视频《名人志士的梦想》：清代陆士谔在百年前就提出一个预言：百年后，上海将举办世博会。1917年，孙中山先生就提出建设三峡工程的设想，激发了中国人民的三峡梦，这是近现代中国水利史上的一件大事。方志敏在监狱中写下《可爱的中国》一书，用革命的激情和浪漫的诗意来叙述他的强国之梦。

生1：陆士谔的世博梦。

生2：孙中山的三峡梦。

生3：方志敏的强国梦。

2. 师：这些先哲和革命志士的梦想各不相同，这些梦想之中有什么共同之处吗？

生：他们都是希望自己的祖国变得越来越好。

3. 师：对，他们都有着浓浓的爱国情。同学们，"少年智则国智，少年强则国强"，我们每个人心中都有梦想，当每一个小小的梦想加在一起，就构成了国家的梦想，这就是"中国梦"。

三、畅谈"我的梦"

（一）有梦就要大声说

1. 师：那么，你的梦想是什么呢？老师为你们每个人准备了一片"梦想树叶"，请你们拿起笔把梦想郑重地写在这片小小的"梦想树叶"上。

（学生在树叶形状的卡片上写自己的梦想，背景音乐响起）

2. 师：来，告诉大家你的梦想是什么？

   生1：我的梦想是成为大力士。

   生2：我的梦想是考上上海的大学。

   生3：我的梦想是当一名发明家。

   ……

3. 师：非常棒。你们发现了吗，刚才朱老师请的都是些比较害羞、没有举手的同学，我为什么要请他们来讲呢？因为朱老师觉得一个人有了梦想就要大声地把梦想说出来！有梦想但是不敢说出来的人，他们的梦想终究只会成为一个空想。而一个有梦想，又能勇敢地表达出来并且为之努力奋斗的人，我想，他的梦想最终肯定会实现！所以，同学们，有梦就要大声说出来！

   板书：有梦就要大声说

4. 师：来，大声地告诉大家你的梦想，老师为你们准备了一个话筒！

（教师随机采访学生）

   生1：我的梦想是成为一名警察。

   生2：我的梦想是长大后成为一名探险家。

   生3：我的梦想是弹琵琶弹到十级，长大以后成为世界闻名的大师。

5. 师：那你现在弹到几级？

   生3：一级还没弹好。（大家笑了）

6. 师：哦，那老师祝愿你早日实现梦想！

   生4：我的梦想是长大做老师。

7. 师：为什么想做老师？

   生4：因为我觉得女孩子做老师挺好，而且我妈妈也是老师。

8. 师：哦，那以后来做朱老师的同事吧，老师等着你哦！

   ……

9. 师：下面请大家在组长的带领下，大声地交流自己的梦想。大家可以走出座位，找同学和老师一起来交流。交流好之后把"梦想叶"贴在象征祖国明天的"梦想树"上。

（黑板上画着"一棵大树"学生走出座位交流梦想，师生互动，背景音乐，贴"梦想树叶"）

10. 师：同学们，有梦就有未来，每一个同学的梦想聚集起来，就汇成了明天的中国梦。梦想就是你们通向未来的动力，有了梦想就好像一架装上了发动机的小飞机，能够朝着自己未来的目标，不断地飞行和前进，让我们再次大声地说出这句话：有梦就要大声说！

> **设计意图**：这个环节的设计是鼓励学生大声地说出自己的梦想，并把梦想写下来贴在梦想树上，这样就有一种仪式感。这个过程旨在提高学生对自己梦想描述的确定性和清晰性，同时也落实了本课的活动目标，培养了他们的自信心。

（二）有梦就要坚持

1. 师：拥有了梦想，只是一个开始，我们还需要为着梦想不断努力。在追梦的过程中，你有没有遇到什么困难？

    生：我在幼儿园的时候，跟同学说我想成为发明家，他们都嘲笑我，认为我这个"小不点"不行，但是我妈妈却一直鼓励我，给我打气。

2. 师：小孙同学在追梦的过程中受到了同学的嘲笑，但得到了妈妈的鼓励。

    生：我的梦想是成为舞蹈老师。幼儿园时我去学跳舞，可是我的同学说我不行，但我不服气，所以现在我就用看电视的时间来练习跳舞，练"一字开"，让那些说我"不行"的人对我刮目相看。

3. 师：看，好多同学在追求梦想的过程中都碰到这样那样的挫折和困难。但是，就是有这样一群人，他们为着自己心中的梦想，不断地努力，用自己的坚持与拼搏，谱写了自己人生的美丽篇章，实现了自己的美丽梦想！让我们一起来走近这位勇敢的追梦人，她就是廖智。

    播放视频《美丽女孩廖智》：在地震中失去双腿的美丽女孩廖智，凭着坚强的毅力，装上假肢，刻苦练习，重新站上舞台，向着她的梦想不断努力。

4. 师：同学们，廖智的梦想是什么？她在追梦的过程中遇到了什么？

    生1：成为舞蹈家，在舞台上翩翩起舞。

    生2：她碰到了一次大地震，两条腿被截肢了。

5. 师：这对于梦想成为舞蹈家的女孩子来说是多么的残酷啊！之后，她是怎么做的？

    生：她忍着疼痛，拉着门把手，不停地练习走路、跳……

6. 师：当时的廖智已经截肢，所以当她练习这些我们看似简单的动作时，是非常痛苦的，还要付出加倍的努力。最后，她的梦想实现了吗？

    生：实现了。

7. 师：对，她又学会了走路、旋转、跳舞、游泳，她又自信地站在了舞台上翩翩起舞，多了不起啊！你有什么感想？

    生1：廖智很勇敢！

    生2：她为了梦想不懈努力。

8. 师：其实，在我们的身边就有很多这样的追梦人，他们就在这间教室里。虽然他们小小年纪，可是胸怀凌云壮志，并且用行动一点一点地接近自己的梦想、努力实现自己的梦想。大家来说说自己的追梦故事吧！

    生：我的梦想是当画家。刚开始学画的时候，我把画好的画给爸爸看，爸爸说我画得很丑，后来我又画，他还是说我画得不好，我就想放弃了，不画了。后来我表哥跟我说，他想当遥控赛车手，可是遥控赛车的技术也不好，可他就是不放弃，一直在练。听他这么一说，我也继续练习画画，后来越画越好。

9. 师：薛同学在实现梦想的道路上也不顺利，开始没得到爸爸的肯定，但他一直坚持着，越画越好。现在，薛同学已经朝着他的梦想迈进一大步了，上个星期小薛的画在美术馆展出了，已经是一个小画家了，他妈妈还在微信上晒出了照片，可神气了！我们祝贺他！

生：我的梦想是弹琵琶弹到十级，成为大师。记得，第一次我去上琵琶兴趣班，回家作业是弹《小蜜蜂》，因为要按弦，所以食指和小指特别痛，而且弹得也不是很连贯，我就没有耐心了。我说："呀，痛死了，我不学了。"那时，妈妈就跟我说："听过一句话吗，'一分耕耘一分收获'，意思就是讲努力就会有努力后的成果。"听了妈妈的话，我就努力练习了一个星期。第二次去琵琶兴趣班的时候，老师说我练得很棒，她说希望我以后练得越来越好，能考到琵琶十级。

10. 师：老师相信你一定行的！照这样认真努力，你的梦想一定会实现！一个小小梦想的实现靠的就是坚持。梦想的实现并非一朝一夕，追求梦想的道路上需要付出努力、坚持、汗水甚至泪水，不抛弃、不放弃，我们要做到，有梦就要坚持！

板书：有梦就要坚持

> **设计意图：** 先看廖智阿姨的榜样故事，感受她为了梦想而付出的艰辛，让学生产生心灵上的共鸣，情感被真正激发起来。继而联系自己在追梦路上遇到的困难，趁热打铁，学生就自然而然有话可说了。

四、总结

1. 师：同学们，今天大家都大声地说出了自己的梦想，非常棒！老师要送给你们一个小礼物——千纸鹤，这个小小的千纸鹤代表了你的梦想。我有个要求，希望有更多的人知道你的梦想，回去找你的家人、朋友，向他们大声说出你的梦想，让他们成为你梦想的见证人。老师也希望你把这个千纸鹤挂在你的书桌前或是床头边，那么当你每天看到它时，就想到自己的梦想，并且时刻提醒自己为着梦想不断地努力和坚持！大家说好不好？

生齐声：好！

2. 师：你的梦，我的梦，点燃我的梦，汇成一个中国梦！一个有梦想的人才有希望，一个有梦想的国家才有未来！

板书课题：点燃我的梦 汇成中国梦

3. 师：请起立，在鲜红的国旗下，在我们的"梦想树"下，让我们以红领巾的名义庄严宣誓——

出示宣誓内容：

有梦就有目标，

有梦就要大声说，

有梦就要坚持！

面对学习中的困难，我从容不迫；

面对生活中的挫折，我勇往直前。

超越自我，用奋斗放飞希望；

永不言弃，用坚持实现梦想。

（学生宣誓）

4. 师：最后，让我们用一句话共勉：当你热爱一件事，甚至把它当成自己一辈子的梦想，并为这个梦想去努力拼搏的时候，你就找到了人生真正的精彩！

> **设计意图：** 鼓励孩子们课后去向他人说出自己的梦想，并且通过一只千纸鹤时刻提醒自己为着梦想不断坚持和努力，这也是课堂的一种延伸。

【板书设计】

【点评】

一、关注热点，精心设计

"中国梦"是当今社会热点话题，朱老师选择这一主题进行教学，紧贴时代脉搏。课前，朱老师进行了充分准备，设计课前任务单、精心选择视频资源，精妙地实施运作，精巧地设置提问，每个问题都有思维的容量，都能促进学生主动思考。

二、互动交流，熏陶感染

朱老师上课时与学生进行互动式的交流，这样的方式非常生动，且易感染人，这是非常好的一种主题教育课形式，课堂上良好的学习氛围，熏陶教育了每一个学生。

三、激发情感，入脑入心

一堂主题教育课的成功与否，关键看学生的情绪反应。这堂课上学生的情感被真正地激发了，因为老师采用了学生实际生活中的真实素材、亮丽感人的故事情节。同时，这节课的亮点是"有梦就要大声说"，这是非常亮丽的一句话，也使学生对自己的目标更加确定更加清晰。通过大声说这个环节，我想孩子们能真正入脑入心，也许一辈子也不会忘记。

上海市浦东新区杨园中心小学德育主任　陶　莉

第❻课　家

设计教师：上海市三灶学校　　　　　　富士英
指导教师：上海市浦东教育发展研究院　姚瑜洁

【活动对象】
小学五年级学生

【活动背景】
　　十九大报告指出，"中国梦"是历史的、现实的，也是未来；是我们这一代的，更是青年一代的。中华民族伟大复兴的中国梦终将在一代代青年的接力奋斗中变为现实。
　　我班有50名学生，大部分是外来随迁子女。他们因为家庭教育缺失等，普遍缺乏自信。随迁子女也是祖国未来的希望，学校注重激发孩子们的梦想，无论是对个人还是对社会发展都至关重要。本次活动以"中国梦"主题教育为契机，以"家"为切入口，旨在激活学生的梦想，鼓励学生要心怀远大梦想，帮助他们树立正确的人生观。

【活动目标】
知识与技能：
1. 初步了解"中国梦"的含义。
2. 懂得家庭、班级、家乡梦想的实现是中国梦实现的基石。

过程与方法：
1. 观察问卷调查的各项数据与内容、尝试运用家长访谈等形式，领悟实现家庭梦想需要勤劳与智慧。
2. 尝试参与体验游戏活动，领悟实现班级梦想需要团结协作。
3. 运用新旧、照片对比，体验实现家乡梦想需要开拓进取。
4. 运用诗歌诵读、放飞梦想等活动，领悟实现"中国梦"离不开每个人的努力。

情感态度价值观：
1. 认同梦想对每个人成长的重要意义，确立个人梦想，建立自信心。
2. 树立健康向上的积极态度去实现创新进取的人生。

【活动重点】
运用不同活动形式领悟家庭梦想、班级梦想、家乡梦想、国家梦想的含义。

【活动难点】

懂得家庭梦想、班级梦想、家乡梦想的实现与"中国梦"之间的内在联系。

【活动准备】

1. 设计调查问卷。
2. 制作多媒体课件。
3. 准备学具。

【活动过程】

一、家班访谈，导入"家庭梦想"

1. 师：（随机抽取几位学生）你的家乡在哪里？

生1：我的老家在阜阳，是安徽的。

生2：我是重庆的。

生3：我们家是江苏徐州的。

生4：我老家很远，在黑龙江伊春。

生5：我是福建三明的。

2. 师：瞧，我们班的"新上海人"可真不少。前两天，老师做了一个小调查，让我们来看看统计情况。同桌也可以小声讨论，一会儿说说你的发现。

出示统计情况表：

随迁子女教育调查问卷统计情况（部分）

您有几个孩子	您的学历	您的收入	希望孩子达到何种学历
A. 1个　15人	A. 小学　2人	A. 没有固定收入　5人	A. 初中　0
B. 2个　28人	B. 初中　20人	B. 3000元以下　15人	B. 高中　5人
C. 3个　5人	C. 高中　20人	C. 3000~4000元　18人	C. 大专　5人
D. 4个　2人	D. 大专　5人	D. 4000~5000元　7人	D. 本科　38人
E. 5个及以上　0人	E. 本科　3人	E. 5000元以上　5人	E. 硕士及以上　2人

生1：我发现我们班有15个独生子女，28个同学家有二宝，家里有3个以上孩子的比较少。

生2：我看到爸爸妈妈都希望我们能上大学。

生3：有2个家长的期望很高，希望我们能读上研究生，我感觉可能性不大，他们可能会失望的。

生4：我发现我们班的家长学历不高，最高的是本科学历，也只有3个人。

生5：我发现爸爸妈妈的收入也不高。

生6：我妈妈是在超市里工作的，她的工资是3000元，就是18个家长里的一个。

生7：我感觉尽管家长自己的学历不高、收入不高，但是对我们的希望还是很高的。

……

3. 师：同学们都观察得很仔细！那家长们又是怎么想的呢？让我们一起走进"家长会客厅"，今天我们很荣幸地邀请到一位家长，掌声欢迎陈真同学和他的妈妈陈爱芳女士。

访谈内容：

富老师	陈妈妈	陈真
陈真妈妈您好！欢迎您来会客厅跟我们一起交流。	富老师您好！同学们好！	
陈妈妈，您老家是哪里的？	我们是安徽宿州的。	
宿州离上海远吗？	挺远的，大概有六百多公里，开车的话要七个多小时，高铁也要三个多小时。	
还真是挺远的啊！当时您为什么要离开家乡来上海呢？	我们老家很穷，收入很低，我当时就想到上海来打工赚钱。	
也就是说提高收入、改善生活质量是您当时的梦想。	对，就是这样想的。	
您还记得刚来上海时的第一份工作吗？	当然记得啊，因为我学历低，又没有什么一技之长，当时只能在一家很小的服装厂里工作。	
能描述一下当时的工作状况吗？	非常辛苦。没有固定的工作时间，当时为了多赚点钱，经常没日没夜地加班，有时是通宵工作。	
非常辛苦！	是的。我的腰就是那时候落下的病根。	
后来换工作了吗？	后来换了好几份工作，但是都很辛苦。	
当时您成家了吗？	没有，那时候我还很年轻，就想着多赚点钱，我不想让我的孩子以后也这么辛苦。	
我知道您现在是自己开店创业了，是更辛苦还是轻松些？	怎么说呢？收入比以前是增加了不少，现在主要是担心生意不好。	
有这样勤劳的母亲，陈真真幸福。我们接下来来采访下陈同学。爸爸妈妈开店辛苦吗？		很辛苦的。我妈妈要看店的，晚上很晚才关门的。
你能具体描述一下妈妈的辛苦吗？		我妈妈早上要洗衣做饭，有时候半夜要去进货，白天她看店，放学来接我，晚上做饭给我和爸爸吃，帮我检查作业，还要抽空做家务什么的，总之我妈妈是全家最辛苦的人了。

（续表）

富老师	陈妈妈	陈真
所以你也是一个特别懂事的孩子，自己写作业、自己做饭、自己睡觉，从来不让父母操心。我现在特别想知道你们的家庭梦想是什么？	我希望全家人都健康平安，生意兴隆，孩子能健康成长。	我希望爸爸妈妈身体健康，我们全家都和和美美的。
实现这个家庭梦想要靠什么呢？请陈妈妈和陈同学用一个关键词概括，写在黑板上吧！	努力！	爱心！

4. 师：同学们有补充吗？请你写在黑板上！

生1：勤奋！

生2：付出！

生3：奉献！

……

5. 师：天底下所有的父母都一样，依靠勤奋努力，一家人平安幸福就是他们最大的家庭梦想。

设计意图：以本班实际情况入手，用大数据说话，并以"家长会客厅"这一访谈情境导入活动主题，贴近学生生活，符合学生的年龄和认知特点，更容易激发他们的参与热情。

二、参与游戏，体验"班级梦想"

1. 师：当我们渐渐长大，走进学校，班级成了我们另一个家，你爱这个家吗？爱这个家里的兄弟姐妹吗？你是否了解他们呢？你们是否心有灵犀呢？用小游戏来测试一下吧！

出示课件"心有灵犀"游戏规则：（1）拿出一张纸、一支笔。（2）找一个你最好的朋友。（3）两人背对背，不能交流或讨论。（4）将问题的答案写在纸上。（5）其他同学不能提醒。

问题内容：（1）你好朋友的生日是哪天？（2）他最大的爱好是什么？（3）当他失败的时候，你是否安慰过他？（4）当他成功的时候，你是否祝贺过他？

（学生进行游戏活动）

2. 师：赶紧找好朋友验证一下。全部答对的同学，给你的好朋友一个热情的拥抱；答错的同学，相互握握手吧！老师看到拥抱的同学特别多，（随机指定）你怎么那么了解他啊？靠的是什么，请用一个关键词来表达。

生1：默契！

生2：关心！

……

3. 师：刚才的游戏，考验的是好朋友之间的默契，那小组之间是否默契，老师也准备了考验的游戏。让我们瞧瞧，哪个组合作得最默契。先看看游戏规则，试玩一次，第二次正式比赛。

出示课件："穿针引线"游戏规则：（1）每位小组成员，手拉手围成圈站立。（2）每个小组有一个呼啦圈，套在两个队员的手中，游戏开始请大家快速地穿过呼啦圈。这时呼啦圈就像一个针眼，同学们就像一条线。（3）要求每个队员要用身体穿过呼啦圈，在穿的过程中，小组成员的手不能松开，不能用手指去勾呼啦圈，违反的小组重来。（4）先完成的小组获胜，反之为失败方。

（以小组为单位，学生进行游戏活动）

4. 师：恭喜你们组赢得胜利，秘诀是什么呢？能透露个关键词吗！

生1：团结！

生2：齐心协力！

……

5. 师：班级是我们共同的家，在这个温暖的家中，我们实现过一个又一个班级梦想。

播放视频：班级荣誉证书和奖状照片等等。

6. 师：瞧，多了不起啊，给自己一点掌声！你们还有别的班级梦想吗？

生1：我希望这次艺术节我们能拿到合唱比赛第一名。

生2：我希望我们班能在校运会上拿到冠军。

生3：我希望同学们都能健康快乐！

……

7. 师：今天，你们用尊重、友爱、团结、合作，圆了一个又一个班级梦想；明天，你们一定会把家乡建得越来越美！

设计意图： 活泼有趣的游戏形式，体现双主性原则，教师是主导，关注全体学生；学生是主体，参与面广；师生之间、生生之间融合性、互动性强，关系融洽；也体现体验性原则，注重学生的学习、生活的实践体验和内心感悟。

三、观看新旧照片，畅谈"家乡梦想"

1. 师：接下来，请大家观看一组照片。

播放视频《新旧照片》：一组三灶地区新旧对比照片

2. 师：上面这一排是以前的三灶，下面这一排是现在的三灶，拍摄的时间不同，怎么会有翻天覆地的变化？

生1：因为三灶遇上了大开发，到处都在搞建设，所以三灶越来越漂亮了。

生2：我觉得主要还是机遇好，比如野生动物园的建设，就让很多人有了工作。

生3：我常常听我爸爸妈妈说是政策好，我们才能过上好日子。

……

3. 师：你们身为三灶人，自豪吗？骄傲吗？家乡梦的阶段性实现，靠的又是什么呢？你能找个关键词吗？

生1：奋斗！

生2：脚踏实地！

生3：艰苦奋斗！

生4：实干！

生5：埋头苦干！

4. 师：三灶是我们共同的家乡，三灶腾飞的梦想需要我们一代代人承前启后，你们有没有信心？

生：有！

设计意图：一组新旧对比照片，内容丰富翔实，捕捉利用身边的教育资源，启发学生，展开教育引导。因为来源于学生生活环境，学生对此比较熟悉，因此有话想说、有情可发。

四、梦想启航，展望"中国梦"

1. 师：从你们充满自信的回答中，我看到了实现梦想的起点就在你们这群少年身上。一百多年前，著名学者梁启超就热情洋溢地写下了《少年中国说》，一起来念念吧！

出示课件《少年中国说》：少年智则国智，少年富则国富；少年强则国强，少年独立则国独立；少年自由则国自由，少年进步则国进步；少年胜于欧洲则国胜于欧洲，少年雄于地球则国雄于地球。美哉我少年中国，与天不老！壮哉我中国少年，与国无疆！美哉我少年中国，与天不老！壮哉，我中国少年，与国无疆！

（学生集体朗诵诗歌《少年中国说》）

2. 师：梦想的号角已经吹响，折折纸飞机，书写我梦想，搭上"梦想号"启航吧！

（学生在"梦想号"纸飞机上写下梦想）

3. 师：谁愿意跟我们分享你的"梦想号"？

生1：我的梦想是成为一名科考队员，将来去北极参加科考活动。

生2：我希望我的家人每一天都健康快乐。

生3：我希望我妈妈能给我生个小妹妹，这样我就能当哥哥了，我会帮妈妈一起照顾小妹妹。

生4：我的梦想是当宇航员，将来飞到月球上去看看到底有没有嫦娥。

生5：我想当老师，天天和学生在一起挺快乐的。

……

设计意图：在纸飞机上写下梦想，学生积极投入，热情高涨，引发了情感共鸣。

五、总结话题，拓展意义

1. 师：想知道老师的梦想吗？在我的心中，小家、班级、家乡、国家都是我的家。

板书：家

2. 师：作为一名家庭成员，我希望全家人健康幸福；作为班主任，我希望你们每个人都能健康成长；作为一个三灶人，我更希望我的家乡，风景这边独好！我们依靠勤奋努力圆一个个家庭梦想，我们依靠团结友爱圆一个个班级梦想，我们依靠开拓创新圆一个个家乡梦想。这些小家的梦想都圆了，那么习近平总书记提出的"中国梦"一定会圆！来，让我们向着"中国梦"，启航吧！

板书：将家庭梦想画圆　将班级梦想画圆　将家乡梦想画圆

【板书设计】

家庭梦想：努力　爱心　勤奋　付出　奉献

班级梦想：有爱　关心　团结　默契　齐心协力

家乡梦想：奋斗　脚踏实地　实干　艰苦奋斗　埋头苦干

家

附　　　　　　　　　　随迁子女教育调查问卷（家长卷）

本调查问卷仅供课题研究用，您不必填写自己的姓名。

做题方法：在您认为最符合事实的选项上打"√"。为了保证资料的准确性，请根据自己的情况如实答题，我们会对所有数据严格保密，谢谢您的配合！

（一）家庭情况

1. 您是孩子的：
   A. 父亲　　B. 母亲　　C. 其他亲属
2. 您有几个孩子：
   A. 1个　　B. 2个　　C. 3个　　D. 4个　　E. 5个及以上
3. 您的学历：
   A. 小学　　B. 初中　　C. 高中　　D. 大专　　E. 本科　　F. 硕士及以上

4. 您目前的居住环境是：
   A. 租农民自建房　　B. 一室一厅　　C. 两室一厅　　D. 三室一厅
   E. 更大面积　　F. 已买房
5. 您的收入：
   A. 没有固定收入　　B. 3000元以下　　C. 3000～4000元　　D. 4000～5000元
   E. 5000元以上

（二）孩子教育情况

1. 您的孩子曾在以下哪类学校上过学：
   A. 民工子弟学校　　B. 公办学校　　C. 民办学校　　D. 都没有
2. 您有未在本地上学的孩子吗？如有，原因是什么：
   A. 认为农村教育环境好　　B. 认为城市教育环境好，但经济条件不允许
   C. 城市入学手续太复杂　　D. 打工地点常变，怕影响孩子上学　　E. 其他
3. 每学期孩子的学习费用您能否支撑？
   A. 能　　B. 不能
4. 您是否满意孩子就读的学校？
   A. 满意　　B. 不满意　　C. 不好说
5. 您希望让您的孩子上到：
   A. 小学　　B. 初中　　C. 高中　　D. 中专　　E. 大学　　F. 研究生

（三）自己教育子女情况

1. 您一般通过什么方式与孩子沟通？
   A. 很少沟通　　B. 管教式　　C. 谈心式　　D. 其他
2. 您经常辅导孩子吗？
   A. 从不　　B. 很少　　C. 只要有空　　D. 经常　　E. 每天
   如很少或从不，原因是？
   A. 太忙　　B. 知识不够
3. 如果您的孩子说他受到别人的歧视，您怎么教育他？
   A. 骂他们出气　　B. 对着孩子自责　　C. 教他不要在乎
   D. 教他在学习上努力，自己多争气
4. 你认为孩子的将来取决于：
   A. 命中注定　　B. 教育　　C. 生活环境　　D. 父母影响　　E. 自身奋斗　　F. 其他
5. 您对孩子的最大期望是什么？
   A. 孩子的学习成绩好　　B. 思想品德好　　C. 身体健康　　D. 有一技之长　　E. 其他
6. 你认为孩子的教育问题应该是：
   A. 学校的事情，家长不需要管　　B. 学校管学习，家长管生活
   C. 老师和家长共同协作　　D. 其他

7. 您希望您的孩子达到何种学历：
   A. 初中   B. 高中   C. 大专   D. 本科   E. 硕士及以上
8. 如果您目前有一大笔钱，将如何使用：
   A. 在城市里买房   B. 当孩子的教育费用   C. 回家乡去盖新房子   D. 买车
   E. 出去旅游   F. 还债   G. 其他
9. 您目前的梦想是：
   A. 收入增加   B. 身体健康   C. 买房   D. 孩子能在上海参加考试
   E. 办理上海户口   F. 解决医疗问题   G. 其他

【点评】

富士英老师在课前做了大量的准备工作，主题教育课《家》体现了以下特点：

1. **选题巧**。"家"这个主题很动情，能触动孩子内心最柔软的情感，让孩子有话可讲。

2. **形式新**。家长访谈这种活动形式很新颖，邀请家长参与课堂，调动了家长的参与热情，强化了家校的联系。新旧照片的对比强烈地冲击着孩子们的视觉，心灵感受到强烈的震撼。

3. **板书实**。板书均是由学生交流后自行书写的，真实反映了学生的情感认知，教师在最后的总结中阐述了"圆"的意义，很巧妙。

4. **游戏活**。两个课堂游戏很有特色："心有灵犀"考验了两个好朋友之间的默契程度；"穿针引线"强调了一个小组同学之间的配合。游戏从点到面，调动了孩子们参与的积极性，我们能看到每个孩子都积极参与其中，不亦乐乎。

上海市三灶学校副校长兼德育主任　龚　华

第❼课　火焰蓝　正青春

设计教师：上海市浦东新区向阳小学　　朱思敏
指导教师：上海市浦东教育发展研究院　　姚瑜洁

【活动对象】

小学四年级学生

【活动背景】

消防员——政府或民间团体的灭火救灾成员，是一种高危职业。据统计，我国现役消防人员大约12万人。据不完全统计，中国消防员伤亡比例大概达到1∶20，每年有近30名消防员在救火中牺牲，近300名消防员受伤甚至致残。

就四年级学生而言，他们对消防员这一职业还不够了解，没有参观过消防中队。对于消防员的装备、出警情况、流程安排、日常训练等也是一无所知，因此无法去体会消防员的艰辛。此外，由于消防安全知识的欠缺，一旦遇上火灾，学生们也缺乏应对的措施和能力。

【活动目标】

知识与技能：

1. 认识消防员的基本装备。
2. 了解消防员的工作流程。
3. 知道消防员日常训练的艰辛，消防工作具有危险性。

过程与方法：

1. 尝试探究消防设备的作用。
2. 学会火灾发生时的消防应急知识。

情感态度价值观：

1. 感悟消防员的无私奉献，激发对消防员的崇敬之情。
2. 关爱消防员，激发爱国热情。

【活动重点】

学会发生火灾时的消防应急知识。

【活动难点】

关爱消防员，激发爱国热情。

【活动准备】

1. 课前搜集、编辑与消防员相关的视频。
2. 歌曲《消防员》。
3. 与消防装备相同重量的实物。

【活动过程】

一、游戏引入激兴趣

1. 师：小朋友们，大家一定都很喜欢玩游戏吧！今天，让我们先来锻炼一下眼力，玩个小游戏，看看你认识这些职业吗？

出示剪影图片：警察、老师、护士、环卫工人、厨师、消防员。

生1：有警察叔叔。

生2：这位是老师，还有打针的护士。

生3：这是我们城市的美容师——环卫工人。那个是会做饭的厨师。

生4：这个是消防员。

板贴：消防员

2. 师：大家都有一双亮晶晶的眼睛，你们真棒！让我们一起来听首歌，了解一下消防员这个职业吧！

播放歌曲《消防员》：消防员　消防员/蓝色制服身上穿/开消防车去救火/不怕危险冲在前　消防员　消防员/蓝色制服身上穿/我背水枪和工具/解救危难人人赞

3. 师：同学们，你们从歌声中听到了哪些信息？

生1：消防员身穿蓝色制服，背着水枪和工具，开着消防车去救火。

4. 师：就像歌曲中唱的那样，如今消防员叔叔们穿上了崭新的蓝色制服。这种制服就叫——火焰蓝。

出示图片：身穿蓝色制服的消防员。

板贴：火焰蓝

5. 师："火焰蓝"是消防员的特殊制服。消防员们肩负责任，开启征程！从消防兵到消防员，身份变了，但职责未变。他们——正青春！

板贴：正青春

生齐读：火焰蓝　正青春。

> **设计意图**：导入环节中，首先采用游戏猜职业的形式，引起学生的兴趣。然后，聚焦到消防员这一职业，播放《消防员》之歌，让学生通过歌词了解消防员的身份特点和工作性质，初步建立对消防员的认识。同时，将这首歌曲贯穿整个课堂，成为主旋律。

二、"火焰蓝"之初体验

（一）了解装备区

1. 师：今天，有幸请到了消防中队的李队长，让我们跟随他一起去参观一下消防中队

吧！这是一次难得的机会，小眼睛可要仔细看哦！

出示李队长图片，播放录音：小朋友们，大家好，我是消防中队的李队长，非常欢迎大家的到来！

播放消防队视频：镜头从消防队大门开始，首先映入眼帘的是红色的大门和高高的训练塔，进入室内，一辆辆干净整齐的消防车有序停放，打开消防车，里面陈列的是各式装备，主要有安全头盔、防护服、正压式空气呼吸器、耐火救生绳、腰带、防爆灯、太平斧、消防胶靴等。另外，要是接到火警报警电话，还有消防员出警专用的滑杆。

2. 师：让我们开启记忆库，回忆一下，李队长刚才向我们介绍了哪些消防装备呢？

生1：我看到了消防叔叔用的头盔、消防胶靴。

生2：我看到了腰带和防爆灯。

生3：我还看到了救生绳。

生4：还有空气呼吸器和太平斧。

出示相应装备：腰带。

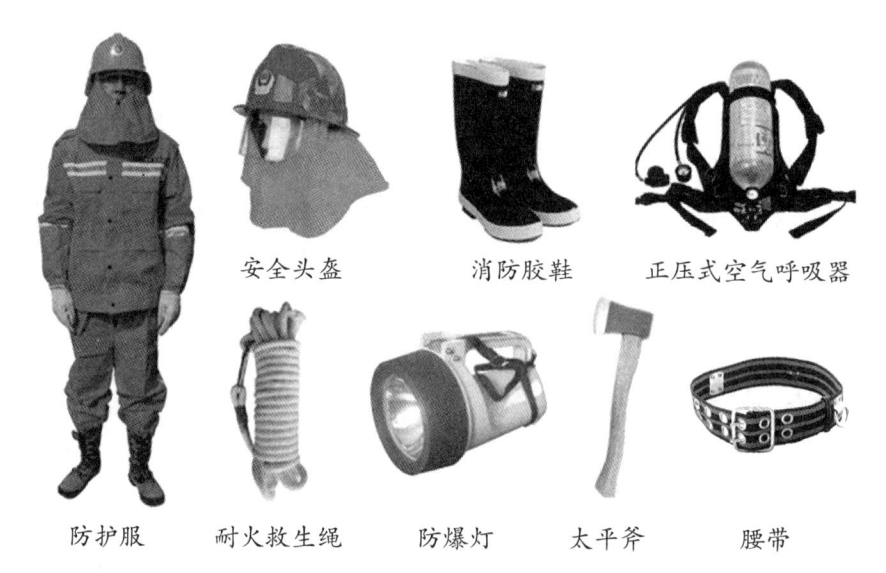

安全头盔　　消防胶鞋　　正压式空气呼吸器

防护服　　耐火救生绳　　防爆灯　　太平斧　　腰带

3. 师：大家不仅看得仔细，而且说得正确！这么多装备，你对哪种最感兴趣呢？让我们在音乐声中进行小组合作并研究研究吧！

出示规则：①阅读资料，进行讨论。②音乐一停，停止讨论。③推选同学上台交流。

4. 师：时间到了，热烈的讨论也该结束啦！请大家介绍一下你们的研究结果吧！看看哪组可以获得最佳交流星。

生1：我要介绍的是防护服，那是消防员在灭火时穿着的作业服。

生2：我介绍的是正压式空气呼吸器，它是消防员在恶劣环境中佩戴的呼吸保护器具。

生3：我来介绍腰带，它采用前拉式收紧，白钢材质，结实耐用。

生4：我知道耐火救生绳是消防员携带的一种自救或救人工具。

生5：我要介绍的是太平斧，消防员用来砍除障碍物的斧头。

生6：我知道安全头盔主要用来保护消防员的头部免受掉落物砸击。

生7：我想说消防胶靴是用来保护消防员脚和下肢的。

生8：我知道防爆灯在有可燃性气体的危险场所能达到防爆要求。

（二）感受装备轻重

1. 师：看来，大家了解的消防设备还真不少，它们各有各的用途，让我们增长了知识。那么，这些装备有多重呢？我为大家准备了消防员用的正压式空气呼吸器，你可以用提一提、抱一抱的方式，也可以用举一举的方式，感受一下装备的轻重。

出示正压式空气呼吸器实物。

生1：我觉得它有10斤。

生2：我觉得它很重，应该有50斤。

生3：我也觉得挺重的，差不多25斤左右。

2. 师：其实，正压式空气呼吸器在装满气体的时候，足足有12公斤，也就是24斤重呢！谁愿意来背一背？

3. 师：让我来采访一下，背在身上感觉怎么样？

生：感觉挺重的。

4. 师：一种消防设备就这么重，何况消防员还要携带其他的设备，他们的消防装备真重啊！

板贴：装备重

播放李队长录音：小朋友们，你们的表现真棒！让我们再来听听《消防员》这首歌吧！

5. 师：当我们对消防员的工作有所了解，再听到这首歌，相信大家的心情就大不一样了，让我们一起跟着唱起来吧！

播放歌曲《消防员》：消防员 消防员/蓝色制服身上穿/开消防车去救火/不怕危险冲在前 消防员 消防员/蓝色制服身上穿/身背水枪和工具/解救危难人人赞

设计意图： 通过阅读文字资料，同学们对消防员的装备进行探究，进一步了解消防装备的作用和构造，学生进行自主学习，体现其主体性。利用正压式空气呼吸器实物，让学生真切感受到消防装备的质量，体验消防员工作的不易，增强感性认识。

三、"火焰蓝"之再体验

（一）实战训练区

1. 师：大家都知道，一分钟是非常短暂的。让我们来和时间赛跑，给你一分钟时间，你能做什么呢？

生1：我能踢100个毽子！

生2：我能从一楼走到三楼。

生3：我应该可以做一道数学题。

……

2. 师：对于消防员来说，一分钟的时间是非常宝贵的。从他们接到报警电话，到整理

检查设备，最后出发，这一过程白天仅用45秒，夜晚才刚到1分钟。他们用时间和速度与灾情赛跑，让我们把掌声送给他们。

板贴：出警快

3. 师：身背这么重的装备，却能如此迅速。这当然不是与生俱来的，这一切都要靠——

生：平时的训练得来的。

板贴：训练苦

4. 师：台上一分钟，台下十年功，消防员叔叔也是如此，他们是怎样训练的呢？我们一起去看看李叔叔他们的日常训练吧！

播放视频《消防队员的日常训练》：消防员无论刮风下雨，都要坚持日常训练，接水管、爬高楼、快速换装、灭火设施的使用、负重跑等等，训练十分刻苦与艰辛。

5. 师：坚持是一件很难的事，看完他们的训练，你有什么感受？

生1：消防员叔叔的训练的确很辛苦。

生2：好难呀，这些都不是我们一般人能做到的！

6. 师：这就是火焰蓝！消防员叔叔不怕艰苦地训练，因为他们敬重自己的岗位，热爱自己的祖国，居安思危，不惜一切抢救国家财产和人民生命安全，让我们再次为他们鼓掌吧！

7. 师：听，熟悉的声音又在耳畔响起，我们为有这样的消防员而感到无比的骄傲和自豪，让我们一起唱响《消防员》之歌！

播放歌曲《消防员》：消防员 消防员/蓝色制服身上穿/开消防车去救火/不怕危险冲在前 消防员 消防员/蓝色制服身上穿/身背水枪和工具/解救危难人人赞

设计意图： 引导学生感悟一分钟的宝贵，体会消防员出警速度快。通过视频，学生可以感受消防员日常训练的艰辛，体会消防员爱岗敬业的精神。再次唱响《消防员》之歌，激发学生对消防员的敬佩之情。

（二）出警实录区

1. 师：哪里有火灾，哪里就有火焰蓝，我们国家每年有许多火灾发生，尤其是一些重大火灾，严重威胁着消防员的生命安全。

出示凉山大火图片，播放四川凉山大火视频：3月30日17时，四川省凉山州木里县境内发生森林火灾。3月31日下午，扑火行动中，因风力风向突变，突发林火爆燃，30名扑火人员失联。4月1日晚，经全力搜救，30名失联扑火人员已全部找到，27名森林消防队员和3名地方干部群众牺牲。

2. 师：我发现，好多同学的泪水已经在眼眶中打转，相信大家深有感触，你有什么想说的吗？

生1：消防员叔叔真伟大，是他们让我们有了这样安全的生活环境。

生2：他们的工作真的好危险，一不小心就危及生命。

生3：我们国家的灾情险情可真多！

板贴：险情多

3. 师：面对这无情的大火，消防员叔叔为了保护国家财产和人民的生命安全而牺牲自己宝贵的生命。此时此刻，让我们一起默哀1分钟，缅怀这些英雄们。

设计意图： 以图片、视频的形式让学生感受火灾的无情，具有直观性。"四川凉山的森林大火"中30名消防官兵和地方人员的牺牲，使学生的心灵受到震撼，让他们体会到消防员工作的危险性，是消防员们用生命换来了我们如今的平安与幸福。消防员们心中装着祖国和人民，他们是当之无愧的英雄。

（三）模拟场景区

1. 师：虽然我们不能像消防员叔叔那样冲到前线灭火救人，但是我们可以做一些力所能及的事情，让火灾少一点，再少一点。你们有什么好办法预防火灾的发生吗？

生1：无论是在家里还是在外面，都不要玩火。

生2：在家使用煤气以后，一定要注意将阀门关闭。

生3：如果家里有人吸烟，应该提醒家人，不能乱扔烟头。

生4：不能将插座、电器等带电体放于床上。

生5：离开家时，务必检查并关闭电器设备的电源。

2. 师：防火防灾，从我做起，大家的防火意识都很强！生活中，如果每个人都能这样做，那么火灾发生的概率一定会大大降低。

设计意图： 模拟场景旨在引导学生树立防火防灾的意识，从身边的小事做起，减少消防安全隐患，不给消防员添麻烦，保护自己和身边人的安全，做"消防安全小卫士"。

四、真心致敬"火焰蓝"

1. 师：今天，我们的足迹遍布消防中队的角角落落，认识了许多消防装备，看到了消防员叔叔们平时辛苦的训练，救火时的出警速度，在祖国需要他们的时候挺身而出，他们真正诠释了——

生：时间就是生命的口号。

板贴：时间就是生命

2. 师：让我们再次唱响《消防员》之歌，向消防员叔叔们致敬！向可爱的英雄们致敬！向祖国的守护者致敬！

设计意图：《消防员》之歌贯穿整个课堂，歌声中包含了学生对消防员这一职业的全方位认识，也包含了对消防员群体的理解和尊敬。通过课堂学习，学生发自内心树立起对消防员的崇敬之情，也真正懂得了要尊重和关爱消防员。这些学生情感上的升华，体现了主题课的价值和魅力。

【板书设计】

火焰蓝　正青春

装备重　出警快

训练苦　险情多

时间就是生命

【点评】

1. **小资源大能量**。课堂中选用了贴切的《消防员》之歌，前后出现了四次，贯穿始终。最初让学生聆听歌曲，对消防员这一职业有初步了解；然后，在了解消防员装备沉重的环节，再次学唱这首歌；在体会了消防员训练的艰辛时，学生又哼唱这首歌；最后，感悟消防员工作的危险性，向他们致敬，学生齐唱这首歌。每当这首歌响起，都赋予现场不同的气氛，彰显层次强，使学生的心灵受到一次又一次的洗礼。

2. **小体验大感受**。课堂上采用小组合作的形式，探究消防员个人装备的特殊性。利用实物让学生背一背、试一下，了解消防装备的沉重度，从而感受消防工作的艰辛。

3. **小切入大内涵**。消防看似一个小话题，但是背后给予学生的教育能量却是强大的。从消防员日常的训练、消防员在救灾中牺牲自我的精神等方面，激发学生对消防员的崇敬之情，也体会到了消防员的敬业精神和他们的爱国热情，让孩子们感受到了强大的精神力量。

上海市浦东新区向阳小学德育主任　陈　红

第❽课　我有一个中国梦

设计教师：上海市浦东新区晨阳小学　　谈　冰
指导教师：上海市浦东教育发展研究院　姚瑜洁

【活动对象】

小学五年级学生

【活动背景】

习近平总书记在党的十八大中指出："中国梦"就是"实现中华民族伟大复兴"。的确，中国梦是国家的梦、民族的梦，也是每一个中华儿女的梦。实现中国梦，就要凝聚每一个人的力量和每一份梦想。

对于五年级的学生而言，他们初步有了梦想的概念。通过调查，本班学生都有梦想，大部分是对未来生活、工作的构想。但他们的梦想只停留于表面，缺乏思考和实践。另外，随着困难的出现，他们容易放弃梦想，出现畏难情绪，缺乏坚持不懈的勇气和毅力。

【活动目标】

知识与技能：
1. 了解自己的梦想，并明确梦想产生的原因。
2. 知道个人梦想和中国梦之间的关系。

过程与方法：
1. 尝试三种训练动作，感受梦想的苦与乐。
2. 设计梦想卡片，写出自己的梦想，为实现梦想助力。

情感态度价值观：
1. 树立坚持不放弃、不怕困难才能实现梦想的意识。
2. 体会自己的未来也是祖国的未来，个人梦想与国家的发展息息相关。

【活动重点】

1. 知道个人梦想和中国梦之间的关系。
2. 尝试三种训练动作，感受梦想的苦与乐。

【活动难点】

体会自己的未来也是祖国的未来，个人梦想与国家的发展息息相关。

【活动准备】

1. 裁剪心形彩纸。
2. 制作中国地图。
3. 绘制梦想之路。

【活动过程】

篇章一：有梦大声说出来

一、猜一猜，引出梦想话题

1. 师：同学们，今天有一位神秘嘉宾来到我们的课堂上，他会是谁呢？让我们一起来认识一下吧！

播放录音：嗨，大家好！我是你们的新伙伴，大家都叫我足球小子，我热爱运动，喜欢踢足球。赶快和我来热热身，一起做个游戏吧！游戏的名字叫"猜猜他是谁？"

2. 师：准备好了吗？Let's go！

出示PPT：他是奥运冠军，110米栏飞人。

生：他是刘翔。

出示PPT：她是中国第一位登上太空的女宇航员。

生：她是刘洋。

出示PPT：他能飞舞十指，弹奏的曲子享誉世界。

生：他是钢琴家郎朗。

出示PPT：她是一位普通的教师，默默耕耘，现在是五（2）班班主任。

生：她就是谈冰老师。

出示PPT：他身残志坚，在达人秀上用十个脚趾弹出了美妙的音符。

生：他是刘伟。

3. 师：同学们都非常有眼力。这些人的成功，除了从小拥有梦想，还因为他们付出努力，不断尝试。看来，梦想是我们前进的动力，今天就让我们来聊聊梦想这个话题。

板贴：我有一个_____梦

二、说一说，揭示梦想主题

1. 师：听说足球小子也有梦想，我们来听一听吧！

播放录音：我的梦想是成为足球明星，到时候就能代表中国队去比赛啦！

2. 师：同学们，你们有梦想吗？

生：有。

3. 师：愿意把你的梦想告诉大家吗？

生1：我的梦想是当警察。

生2：我的梦想是做医生。

生3：我的梦想是坐上宇宙飞船，到太空去看看。
……

三、看一看，感受梦想美好

1. 师：你们都是有梦想的孩子，我要为你们点赞。那么，和大家同龄的小朋友会有怎样的梦想呢？

播放视频：《同龄人的梦想》

我的梦想是做一位救死扶伤的医生，我看到了很多人因为贫穷无法治病；我的梦想是当一名老师，很多和我一样的小朋友还没法上学；我的梦想是做一位科学家，我想发明能自动走路的双脚，帮助走路不方便的残疾人。

2. 师：同龄的小伙伴们不但说出了自己的梦想，而且讲清了原因。同学们，你们为什么会有现在的梦想呢？

生：我想做医生，是因为我奶奶的身体不好，一直躺在床上，我想把她的病治好。

3. 师：你的梦想是能让家人健康生活，真不错！

生：我想当老师，是因为我从小就很崇拜老师，能教小朋友学习知识和本领。

4. 师：原来你想做知识的传播者，以后我们可能是同行哦！

5. 师：同学们，我们不但要做有梦想的人，更要清楚自己为什么会有这样的梦想，有了明确的方向，才能不断付出努力实现它。

设计意图： 结合我校足球学校的特色，将动画人物"足球小子"引入课堂吸引学生的兴趣，通过"猜猜我是谁"的游戏活动，引导学生主动参与教育过程；并通过观看同龄人的梦想视频，进一步感受拥有梦想是一件非常美好的事情；从别人的叙述中得到启发，明确自己有梦想的原因。

篇章二：有梦坚持勇实现

一、悟一悟，体会梦想不易。

1. 师：足球小子想成为足球明星，为此他不断尝试着。可是，他现在碰到了困难，不知道该怎么办，我们一起来帮帮他吧！

播放录音：我的梦想就是成为足球明星，可是，怎样才能实现自己的梦想呢？

2. 师：别急，足球小子，一起来看一个小女孩的故事，看看她在梦想之路上是怎么做的，也许就能找到答案了。

板贴：梦想之路

（一）梦想的快乐

1. 师：这个女孩名叫付丽娟，一个普普通通的农村孩子。

出示付丽娟的照片。

2. 师：这样一个普通的孩子，她的梦想会是什么呢？

播放视频《付丽娟的梦想》：

我的梦想是成为一名飞行员，看到小鸟在蓝天自由自在地飞翔，我就非常羡慕。如果有一天，我能实现梦想，驾驶着飞机在蓝天翱翔，那一定是一件非常快乐的事情。

生：她的梦想是成为一名飞行员。

3. 师：你们觉得拥有梦想的付丽娟快乐吗？你是从哪里看出来的？

生1：我觉得她很快乐，她的脸上都是微笑。

生2：她很快乐，因为她很喜欢飞行。

4. 师：是啊，拥有梦想的确是一件让人快乐的事情。

板贴：乐

（二）梦想的艰辛

1. 师：为了实现梦想，付丽娟在训练中又会经历些什么呢？

播放视频《付丽娟的训练》：

付丽娟早上6点不到就要起床，进行晨跑训练，一跑就是10多圈。对她来说，难度最大的就是高抬腿跳、挺凳子和静止俯卧撑。这些动作对身体要求极高，她一练就是好几个小时，手上、腿上、腰部都是伤，绷带就成了她经常带在身边的东西。

生1：她的训练非常艰苦。

生2：她很辛苦，手上、腿上有很多伤。

生3：她每天要做高抬腿跳、挺凳子、静止俯卧撑三个动作，非常累。

2. 师：的确，小小年纪的付丽娟忍受着训练的艰辛和伤病，真是太不容易了！训练中的高抬腿跳、挺凳子、静止俯卧撑究竟该怎样完成，谁愿意为大家讲解一下？

生1：挺凳子的动作就是搬一把椅子，然后趴在椅子上，用肚子支撑住，手和脚都要伸直，不能落地。

生2：高抬腿跳就是要两只脚同时离地往上跳，越高越好，中间不能停下来，时间到了才能停。

生3：静止俯卧撑就是在地上做好俯卧撑的动作，但不要做俯卧撑，只能用双手和双脚撑住。

3. 师：现在，让我们也进行一次体验活动，尝试做一做这三个训练动作，先来了解一下规则。

出示体验规则：自由选择场地，选择做一个动作，计时30秒，时间结束才能停止。

（生自由选择场地）

4. 师：准备好了吗？预备，开始！

（生选择一个动作完成体验）

5. 师：好，时间到！现在我想做一个小采访，说说你们刚才的感受。

生1：我觉得很累，腿都抬不起来了。

生2：我感觉心跳加速，都流汗了。

生3：我刚才在挺凳子的时候肚子都疼了。

生4：我的手在不停地发抖。

6. 师：别看这简单的训练动作，做起来是很不容易的。尤其是"挺凳子"的动作，付丽娟每次训练长达20分钟。每天各种训练加起来，她要坚持6个多小时，也就是相当于我们来学校上课的时间。你觉得付丽娟在实现梦想的道路上付出了什么？

生1：她付出了汗水。

生2：她付出了辛苦。

生3：她还受了伤。

7. 师：是啊，梦想之路不是一帆风顺的，有苦有泪，有伤有汗水！

板贴：苦、累、汗、伤……

（三）梦想的坚持

1. 师：既然实现梦想的道路这么苦，这么累，付丽娟为什么还要坚持呢？

生：坚持下去才会实现梦想。

板书：坚持

2. 师：在实现梦想的道路上，她受伤受累。到底是什么在支撑着她呢？让我们一起来看视频。

播放视频《付丽娟如是说》：

训练过程真的非常艰苦，有时候想到和自己差不多的小伙伴能快乐地玩耍，自己也想和他们那样。但是，只要想到自己的飞天梦想，能和小鸟那样自由自在地在天空中飞，我就充满了力量，任何困难都不再害怕。

生1：她在坚持训练的时候体会到了成功，得到了认可。

生2：她坚持训练，离梦想更近了。

3. 师：你们有没有收获过梦想道路上的小成功、小快乐呢？

生1：我刻苦练琴，取得了钢琴8级证书，我很快乐。

生2：我练习跳绳，参加了跳绳比赛，获得第一名。

……

4. 师：同学们，梦想的道路上会有很多困难，要忍受很多痛苦。但是，只有拿出毅力、勇气、力量，并坚持不放弃，才能换来成功。

板贴：毅力、勇气、鼓励……

设计意图：都说"光说不练假把式"，的确如此，单凭简单地观看视频，学生是无法感同身受地体会到付丽娟在实现梦想的道路上所碰到的困难的。通过"30秒体验活动"，学生们也学着付丽娟的动作坚持30秒，他们就能深切体会到坚持梦想的不易，情感的体验一触即发。当学生的认知、情感达到统一的时候，他们就自然为视频中的主人公——付丽娟——坚持自己梦想不放弃的坚强品格所打动，懂得自己的梦想也要坚持，付出努力才能实现。

二、品一品，坚信梦想成真。

1.师：看完了付丽娟的故事，足球小子有话要说，让我们来听一听。

播放录音：我现在终于明白了，光有梦想还不行，一定要坚持努力才能成功，我会用自己的实际行动去实现梦想的。同学们，你们在梦想的道路上又做了些什么呢？

生1：我刻苦训练，提高跑步速度。

生2：我到图书馆多查阅资料。

……

设计意图： 当体会到同龄人付丽娟在实现梦想的道路上所付出的努力和艰辛后，学生结合自己的实际谈梦想道路上付出的努力，从明理到践行，具有可操作性。

篇章三：有梦快乐齐放飞

一、写一写，让梦齐飞扬

1.师：作为追梦人的足球小子做了许多准备，他已经设计了自己的梦想卡片，我们一起来看看。

出示足球小子的梦想卡：

> 梦想，是我前进的动力。
> 今后，我会每天练习长跑，训练我的体能。
> 我也要提高足球技术，带球过障碍。
> 我还要进行射门训练，做一名出色的前锋。

2.师：让我们行动起来，也来设计一张梦想卡，写在心形卡纸上。

出示规则：每人一张心形卡纸，写完贴在小组内的卡纸板块上，再由组长将板块贴到黑板上。

播放背景音乐。

（生设计梦想卡）

二、贴一贴，汇集中国梦

1.师：现在请每组的组长上台，把你们手中的地图板块贴在一起。

（各组长贴好板块）

2. 师：谢谢四位组长。让我们看看，当他们把板块贴在一起后，变成了什么呢？

生（齐声）：中国地图。

3. 师：对，这就是中国地图。我们的中国是个大国，拥有近14亿人口。当我们每个人都实现了自己的小梦想时，也就实现了我们国家的大梦想，这就是习近平总书记所说的中国梦。

补全课题，板贴：中国

4. 师：同学们，请大家牢记自己的梦想，牢记中国梦。我们个人的努力，就能汇集成强大力量实现中国梦。

> **设计意图：** 每一个中国人的小梦想汇集起来，往一个方向努力，就能实现我们的中国梦。因此，设计分小组写梦想卡，并拼好中国地图的板块，让学生明白，自己的小小梦想会为中国梦添上浓重的一笔，为自己拥有梦想而自豪，为拥有中国梦而骄傲！

【板书设计】

我有一个中国梦

毅力 勇气 鼓励 ……

坚持 梦想 苦 累 乐 汗 伤 ……

【点评】

1. **点亮梦想的方向。** 梦想是一种力量，能激人奋进。五年级的学生对梦想有自己的理解，谈老师在课堂上能巧妙运用视频，通过观看同龄人的梦想，进一步让学生明确自己梦想产生的原因，不但要拥有梦想，更要有明确的方向。

2. **体验梦想的实践。** 梦想如何才能实现？这对于学生来说可能是一个模糊的概念。在课堂上，谈老师结合《开学第一课》中一个叫付丽娟的女孩实现飞天梦想的故事情节对学生开展教育。通过观看付丽娟在训练过程中的艰难，采用"30秒体验活动"，在课堂上让学生亲身实践"高抬腿跳、挺凳子、静止俯卧撑"三个动作，从而感受在实现梦想过程中的艰辛，也进一步懂得自己在实现梦想中所要付出的努力。

3. **展望梦想的实现。** 为了让学生体会个人梦和中国梦之间的关系，谈老师设计了填写梦想卡的环节，并把梦想卡贴在中国地图的板块上，最后拼合成中国地图，从而让学生形象地感受到：实现中国梦，就是要凝聚每一个人的力量和每一份梦想。

上海市浦东教育发展研究院德研员　姚瑜洁

第❾课　梦想飞扬

设计教师：上海市浦东新区周浦第二小学　胡同乐
指导教师：上海市浦东教育发展研究院　　姚瑜洁

【活动背景】
　　2012年，习近平总书记在参观"复兴之路"展览时首次提出"中国梦"。他强调说："每个人都有理想和追求，都有自己的梦想。"国家之梦，化为国民之梦；个人之梦，铸就民族之梦。每个人都有自己的梦。如果说个人的梦是小梦，那么中国梦就是大梦，个人梦想与国家梦想密切相关，无数的小梦构筑成了大梦。
　　我校在"阳光教育"办学理念的引领下，努力"让每一个孩子在阳光下自由成长"旨在培养有理想、有担当的阳光少年。我所带的小学五年级的学生，虽处于小学毕业阶段，但是大多数学生缺少明晰的个人梦想，对于自己的未来缺乏明确的规划。我希望借助此次活动帮助学生初步确定梦想、增加他们在实现个人梦想中克服困难的勇气，明白唯有将个人梦想融入国家梦想，才能将小梦想转化为现实，从而离"中国梦"更近一步。

【活动对象】
　　小学五年级学生

【活动目标】
　　知识与技能：
　　知道在追寻梦想的过程中会遇到各种困难，只有不断地克服困难，勇敢前行，才能实现梦想。
　　过程与方法：
　　探寻解决困难的各种方法，为实现梦想做准备。
　　情感态度价值观：
　　激发自身内心对梦想的渴望，增加实现个人梦想的信心。

【活动重点】
　　知道在实现梦想的过程中会遇到各种困难。

【活动难点】
　　探寻克服困难的各种方法，增加实现梦想的勇气和信心。

【活动准备】

1. 视频：影片《极速蜗牛》片段、《感动中国2011：刘伟》
2. 音频：歌曲《蜗牛》、背景音乐《隐形的翅膀》、刘翔事迹材料录音
3. 文字材料：梦想卡、梦想墙、刘翔事迹材料文本

【活动过程】

一、寻觅小梦想

1. 师：你们听过周杰伦的《蜗牛》吗？一起来听，会唱的同学可以跟着一起唱。你最喜欢其中的哪一句歌词？

播放歌曲《蜗牛》：

歌词内容：该不该搁下重重的壳，寻找到底哪里有蓝天？
　　　　　随着轻轻的风轻轻地飘，历经的伤都不感觉疼。
　　　　　我要一步一步往上爬，等待阳光静静看着它的脸。
　　　　　小小的天有大大的梦想，重重的壳裹着轻轻的仰望。
　　　　　我要一步一步往上爬，在最高点乘着叶片往前飞。
　　　　　让风吹干流过的泪和汗，总有一天我有属于我的天。
　　　　　……

2. 师：歌词中有一句"小小的天有着大大的梦想"，那么蜗牛的梦想是什么呢？
   生：蜗牛的梦想是一步一步往上爬，拥有属于自己的天。

板书：梦想

3. 师：那你们有自己的梦想吗？是什么？把它记录在梦想卡上，一会儿来交流。
   生1：我的梦想是成为一位老师。
   生2：我的梦想是长大后，做一名光荣的人民警察。
   生3：我的梦想是周游世界。
   ……

4. 师：每位同学都写下了自己的小梦想，有梦想的人最幸福，因为有梦想就有未来。

设计意图：从周杰伦的歌曲《蜗牛》引出自己的梦想，每一个人都有对梦想的渴望，中国梦从我的梦开始，学生在交流自己梦想的过程中，让没有梦想的学生有所触动，让原本模糊的梦想变得更加清晰，让原本有梦想的学生更加坚定自己的梦想，感悟梦想的激励作用。

二、踏上追梦之旅

（一）遇到困难——来自他人

1. 师：梦想虽美，但是要实现它却会遇到各种各样的困难。看，我们的小蜗牛朝着自己的梦想之路出发了，这条路会一帆风顺吗？

播放《极速蜗牛》电影片断1——"同伴嘲笑"：

一只名叫Turbo的小蜗牛抱有一个赛车手梦想，但是这个梦想却让它经常遭到同伴们的嘲笑，它们都认为这是一个不可能实现的梦想。

2. 师：小蜗牛在实现梦想的过程中遇到了什么困难？

生：别人嘲笑它："想要成为一个赛车手，这是不可能实现的梦想"。

3. 师：你自己在追寻梦想的过程中，是否也遇到过这样的情况呢？

生1：我刚上小学的时候，还没学会跳绳，同学们嘲笑我是体育白痴。

生2：当我感到紧张时，说话会有些结巴，小朋友们会笑我："连话都说不清，还想主持小小讲新闻呢。"

4. 师：我们在追求梦想的过程中可能会遭受别人的嘲笑、怀疑甚至歧视，这些困难都来自他人。

板书：他人

（二）遇到困难——来自自己

1. 师：小蜗牛在实现梦想的过程中，除了遇到来自他人的困难，还会遭遇什么呢？让我们继续看！

播放《极速蜗牛》电影片断2——"天生条件限制"：

小蜗牛Turbo的哥哥来开导它，劝它放弃做赛车手的梦想，可是小蜗牛告诉哥哥："这是天生的，我忍不住。"但是哥哥劝诫它："有些事情我们是做不到的，蜗牛的命运就是无聊、悲惨的。"哥哥并希望它能接受这个事实。

生：小蜗牛自身的条件有所不足。

2. 师："尺有所短，寸有所长"，世间万事万物都有自身的不足，像小蜗牛这样的就是自身条件限制，这样的困难来自我们自己。

板书：自己

3. 师：你觉得自己有哪些不足吗？有勇气正视自身不足的孩子在哪里？

生1：我是近视眼，看来以后不能做飞行员啦！

生2：我的乐感不好，五音不全，唱歌不好听。

生3：我生来就比较矮小，真希望我能长得和别人一样高大。

……

（三）克服困难

1. 师：小蜗牛为了能参加赛车比赛，虽然遇到了各种困难，但它全力以赴。它是怎么做的呢？

播放《极速蜗牛》电影片断3——"17分钟爬完全程"：

小蜗牛Turbo平时刻苦训练，甚至经常会在夜深人静，大家都在休息的时候，开始练习。这一次它用17分钟爬完了全程，是它训练以来的最好成绩。

2. 师：当赛场上发生意外事件时，它放弃了吗？

播放《极速蜗牛》电影片断4——"完成比赛"：

理想·中国梦

　　蜗牛Turbo在比赛中发生了意外事故，受伤严重，一时失去信心，但是哥哥鼓励的话语让它重新鼓起勇气，它爬起来艰难地向终点线爬行着，在后面对手强劲的追击下，以一壳的优势赢得了比赛的胜利，完成了赛车手的梦想。

　　3. 师：面对来自自己和外界的困难，小蜗牛是怎么做的？小组讨论一下，一会儿来交流。

　　生1：小蜗牛在遇到困难时，没有放弃，始终相信自己能够取得成功。

　　生2：实现梦想需要充分的自信，任何时候不管遇到任何困难，都要对自己充满信心。

　　4. 师：你提到了实现梦想的一个秘诀——自信。自信是什么？自信就是相信自己。自信给人力量、给人希望。

板书：自信

　　5. 师：让我们一起来做"自信体操"，激发我们的自信心。

教师演示：自信操

规则：大声喊出"我自信，我成功，我行，我一定行。"（带动作）

　　6. 师：除了自信，结合小蜗牛和自己，你认为实现梦想还有哪些秘诀呢？

　　生：遭遇困难时，除了自信，还要经过努力，才能取得成功。

　　7. 师：说得真好！

努力是什么，努力就是用尽你全部的力量去做你认为有意义的事。

板书：努力

　　8. 师：你有没有努力去做过一件事情呢？

　　生1：我是学校踢跳队的队员，每次参加日常训练时，我都能努力保持最佳状态，跳出最好的成绩。

　　生2：当我看到我的同龄人都学会了骑自行车时，我也努力练习，不久我也能熟练地骑自行车啦！

　　生3：我每天都在努力，争取做到今天的我比昨天的我更优秀。

　　……

　　9. 师：你们听说过刘伟这个名字吗？他是感动中国的人物之一哦！让我们一起来了解这个用双脚努力弹钢琴的人。

播放视频《感动中国2011——刘伟》。

刘伟：用灵魂演奏生命音符

颁奖词：当命运的绳索无情地缚住双臂，当别人的目光叹息生命的悲哀，他依然固执地为梦想插上翅膀，用双脚在琴键上写下：相信自己。那变幻的旋律，正是他努力飞翔的轨迹。

刘伟简介：　刘伟出生在北京一个普通人家，10岁时因一场可怕的事故而被截去双臂。14岁时，他在全国残疾人游泳锦标赛上夺得两枚金牌；19岁时，他学习钢琴，一年后就达到专业7级水平。23岁时，他登上了维也纳金色大厅舞台，让世界见证了中国男孩的奇迹。

　　生：我认为是他自己的努力让他做到了别人认为不可能做到的事情。

10. 师：是的，他的努力和坚持换来了人们眼中的奇迹。当你觉得前路是如此艰难时，请咬紧牙关，坚持不放，努力再向前迈一步，因为前面就是海阔天空。

板书：坚持

11. 师：你知道奥运冠军刘翔吗？刘翔在通往世界冠军的道路上也遇到了重重困难，是放弃还是坚持？相信你们一定会在跨栏王的文章中找到答案。

播放音频《成功就是翻越远方的大山》。

成功就是翻越远方的大山
作者：刘翔

很早就知道阿兰·约翰逊的名字了。在110米栏20个快于13秒的成绩中，有9个是他创造的。他是当之无愧的"跨栏王"！必须承认，他是我的一个偶像，在我看来，他就是一座远方的大山，我到山脚下的那一天都遥不可期，更别提要逾越这座大山了。

2002年，我参加了在希腊雅典举行的国际室内田径锦标赛。那是我第一次和约翰逊肩并肩地站在跑道上，是我和他第一次同场竞技。但真的是很遗憾，那一次比赛，我在跨第二个栏的时候，摔倒了，根本没有完成比赛，我所能看到的，只是约翰逊的背影。

随着我的成绩渐渐地提高，我和约翰逊面对面"过招"的次数也越来越多。有时候，回首那段历史，我自己也禁不住有些气馁，整个2003年，和约翰逊大大小小比了近10次，我全都败北，没有一场胜绩。但可以看到的是，我的成绩，从原来徘徊在第四、五名慢慢进步到了前三名，更多的时候，我一直拿第二名，而约翰逊一直是第一名。

毫无疑问，那个时候，约翰逊仍然像一座山那样横在我的面前，但我隐隐约约地感觉到，这座大山已经远不像当初那样遥不可及了，我甚至觉得我已经站在了山脚下，接下来要做的，就是翻越它！

2004年5月8日，日本，大阪，国际田联大奖赛。我等的那一天，终于到来了。

我跑了13秒06，而约翰逊的成绩是13秒13。我第一次面对面地战胜了约翰逊。

但在数万观众的呐喊声中，我还是有点儿迷糊：我打败了约翰逊？是真的吗？

是约翰逊让我认识到，这是真的。比赛完，他第一个走向我，同样是那个友好的微笑，他拍拍我的肩膀，说了一句："干得漂亮，祝贺你！"那一刹那，我才回过神来，这一切都是真的，我击败了世界"跨栏王"！

生：刘翔面对一次又一次的失败，他没有放弃，终于战胜了对手，赢得了成功，实现了梦想。

12. 师：克服困难、实现梦想的秘诀远不止这三点，还有什么？谁来说说。

生：在实现梦想的过程中，机遇也是非常重要的。

设计意图：《极速蜗牛》是一部非常励志的动画片，以小蜗牛想当赛车手的梦想故事为启迪，看到小蜗牛在追梦之路上的遭遇，学生们想到自己在追寻梦想的过程中可能也会遇到各种困难。通过小蜗牛克服困难，实现梦想的故事，学生们学会了克服困难的各种方法，从而实现了自己的梦想。其间，我们还穿插了刘翔、刘伟的故事，用榜样的力量来激励学生。

（四）联系自身

1. 师：确实，每个人在追求梦想的过程中都会遇到或多或少的困难，每个人都不例外，看看身边的同学是怎么克服的？

生1：我的同桌是一个非常勤奋的人，他参加了学校篮球队，从来没有缺席过。

生2：我的姐姐为了提高她的英语水平，坚持每天清晨朗读一篇英语文章，多年以来从不间断。

……

2. 师：听了这么多榜样的故事，令人动容。那么你呢？在你的追梦途中，你将如何面对困难？把你的想法记录在梦想卡上。

生1：我要成为钢琴家，我每天坚持练习弹钢琴。

生2：我的英语表达能力不是很好，我努力加强这方面的训练，争取早日担任英文播报员。

……

设计意图：在他人的故事里有所收获，知道追梦之路的艰难，并能联系自身，说说自己是如何克服困难，实现梦想的。

三、共筑梦想飞扬

1. 师：人因梦想而伟大，再小的梦想，只要我们去努力、去追逐，都会闪闪发光的。请拿起你们的"梦想卡"，让我们来共筑"梦想墙"吧！

播放背景音乐《隐形的翅膀》：

（学生依次在"梦想墙"上，贴上自己的"梦想卡"……）

2. 师：三十六个同学，三十六个梦想，每一个孩子的梦想聚集起来，就汇成了明天的"中国梦"。你们的梦想美好，我们的中国梦才美好；你们的梦想灿烂，我们的中国梦才灿烂，愿所有的同学在不断的追求中成长，让我们"梦想飞扬"。

点题，补充板书：飞扬

设计意图：通过前面一系列的活动，学生已经明确了自己的梦想，并且也知道为了实现梦想应该怎么去努力，设计了书写"梦想卡"来装扮"梦想墙"这一环节，让他们把这些都写下来，以此激励自己，同时增强活动效果。

【板书设计】

梦想飞扬

面对困难　解决办法
　　他人　　自信
　　自己　　努力
　　　　　　坚持
　　　　　　……

【点评】

　　一、**紧扣时代脉搏**。习近平总书记首次提出了"中国梦"的理念，之后又在国内、国外多个重要场合提到"中国梦"。本次活动以"梦想"为切入点，激发出学生的理想与追求，感召学生为自己的梦想而努力奋斗，极具时代感。个人梦铸就中国梦，在少年儿童的心灵深处埋下为中华民族伟大复兴的中国梦而砥砺前行的初心和使命。

　　二、**契合学生实际**。鉴于小学生的年龄特点，好奇心强，喜欢形象、生动的事物，胡老师课堂上选取的素材来自一部学生极为喜爱的动画电影《极速蜗牛》，吸引学生兴趣，激发学生欲望。从小蜗牛Turbo追求赛车手的梦想之路上，似乎也能感受自身在追求梦想之路上所遇到的困难，从而寻求出克服困难的方法，再一次坚定为梦想而付出努力的信心和勇气，并付诸行动。

　　三、**渗透丰富游戏**。小学生天性好动又活泼，课堂教学中有机渗透游戏环节，能使他们在动身子的同时动动脑，并且享受成功的乐趣。学生在进行"自信操"游戏时，口中喊出自信的话语，手上做出自信的动作，脑中形成自信的理念，还有最后"书写梦想卡，共绘梦想墙"的游戏，本次主题教育课"水到渠成"，进入一个高潮，伴着背景音乐，学生们的这些梦想将扬帆远航。

上海市浦东新区周浦第二小学　高　慧

第 ❿ 课　担当

设计教师：上海市三灶学校　　　　　富士英
指导教师：上海市浦东教育发展研究院　姚瑜洁

【活动对象】
小学五年级学生

【活动背景】
　　一个人要想立足必须具有强烈的责任心和勇于担当的精神是。担当，简而言之就是遇事要承担并负起责任，当人们的职责和角色需要的时候，挺身而出、全力履行自己的义务，它是一种责任、境界和修养。敢于担当，就是要有强烈的责任意识，做到日常工作能尽责、难题面前敢负责、出现过失敢担责。
　　"班级日志"是我校德育九大教育系列中的一项日常工作，近期翻阅班级日志，我发现不少同学都严重缺乏责任心。许多同学出了问题，就找借口推卸责任，娇生惯养使他们普遍责任感差。因此如何培养他们敢于担当的良好品质，是我班学生当前需要解决的问题。

【活动目标】
知识与技能：
阅读班级日志，发现存在的问题，理解担当的含义。
过程与方法：
通过听故事、翻日志、看小品、小组讨论等活动方法，领悟在实际生活中，不同层面的人物有不同的担当和责任。
情感态度价值观：
树立责任意识，在社会、学校、家庭中做一个有担当、有责任心的人。

【活动重点】
翻阅班级日志，理解担当在不同层次的群体中的不同含义。

【活动难点】
领悟在实际生活中，不同层面的人物有不同的担当和责任。

【活动准备】

搜集班级日志相关事例。

【活动过程】

一、出示班级日志，引入话题

1. 师：同学们好，刚才我翻看班级日志时，里面提到了土生土长的浦东姑娘钟天使，先来看视频吧！

播放视频《钟天使、宫金杰里约夺冠》：里约奥运会上，钟天使和搭档宫金杰组成的中国队在场地自行车女子团体竞速赛中夺冠，实现了中国自行车奥运金牌零的突破。

2. 师：浦东姑娘里约夺金，让家乡父老倍感欣喜。我们再来看看这段视频，在不同人眼中，钟天使是一个怎样的人？

播放视频《我们的"天使"》：王海利教练："有一次训练，我印象非常深，上公路课，她到最后还在拼尽最后一丝力量在冲，快摔跤了，她的意志品质非常非常坚强。"海线副院长："她特别的爱学习，完成了训练和比赛，她回到房间，房间里有很多很多的书，她喜欢看书，而且她通英语，还通法语，很自律的一个孩子。"夏兰兰师妹："天使姐姐很自信的，她就是为了这枚金牌而去的，身为她的师妹，有这么好一个榜样，我们都应该向她学习！"

生1：她的教练说她的意志品质非常非常坚强。

生2：副院长夸她特别爱学习，很自律。

生3：她的师妹说她非常自信。

3. 师：天使就这样展翅高飞了！来，伸出你的手，我们一起来翻看下一页日志。

（生伸出右手，模拟演示翻书动作）

4. 师：这一页日志中记录了一首诗歌，谁来为我们诵读？

播放数字故事《蜕变》：蝉的蜕变是痛苦的，然而痛苦背后却是美丽的双翼和广阔的天和地；贝壳孕育珍珠是痛苦的，但却意味着令人唏嘘不已的耀眼的晶莹；老鹰再生式的蜕变是痛苦的，但却意味着它将在更长时间内、更高天空的主宰。

设计意图：以"诗音画"的背景形式，让学生在优美的画面、和谐的音乐中朗诵班级日志中记录的诗歌。学生的情感在特定的情境中得到熏陶，对意志品质的认识得到升华。

二、释义"担当"，初步理解"担当"（爱国层面）

1. 师：自信、自律、坚强都是钟天使身上的闪光点，这位奥运冠军又是如何实现梦想的呢？她的成功秘诀是什么，四人一组，讨论一下。

生1：在奥运赛场上想要夺得金牌，背后辛苦的训练肯定是少不了的。

生2：嗯，训练时的伤痛肯定也很多。

生3：我之前看过一个视频，受伤流血对他们来说就是家常便饭。

生4：如果是我，肯定会动放弃的念头。

生5：那是什么一直支撑着她，让她默默付出，直至成功呢？

……

2. 师：没错，正是对事业的高度负责，对祖国的极度热爱，天使姐姐心甘情愿地付出，无私地奉献着自己的一切。大家都说她是一位勇于担当的天使！

板贴：担当

3. 师："担当"是接受并负起责任，可分两层意思来理解：一是接受，哪怕结果不完美；二是负责，也就是承担应当承担的任务，完成应当完成的使命，做好该做的工作。你认为钟天使的担当是什么？

生1：钟天使是一个有担当的人！她接受了奥运会的任务，然后努力拼搏，最后拿到了金牌，我觉得她就是一个有担当的人！

生2：那对于钟天使来说，她的担当体现在她接受了训练中的一次失败，但不气馁，坚持完成了自己的训练任务，并在里约奥运会上展翅高飞！

……

设计意图：通过这个环节，学生们形象地感受到了"担当"这一话题来自社会生活实际，贴近自己的生活，激发了学生的学习兴趣。同时引导学生思考：什么是担当？如何担当？为后续学生理解担当奠定了情感基础。

三、阅读故事，提升理解"担当"（爱校层面）

1. 师：那我们怎样才能像钟天使一样成为一个有担当的人呢？来，伸出手，翻翻班级日志吧！

（生伸出右手，模拟演示翻书动作）

2. 师：这一页的班级日志，会引发我们的思考，先请一位同学为我们介绍一下情况。

播放视频《可怕的"诺如病毒"事件》：班级里好多同学都出现腹泻、呕吐等症状，大家都不知道怎么回事。而且这一周越来越多的同学都生病了。后来，卫生室老师说，我们班的同学是感染"诺如病毒"了。这是怎么原因呀？原来，班上的小曹同学星期一就感染"诺如病毒"了。可他竟然还天天来学校上课。他的家长也没有向老师汇报情况，偷偷隐瞒病情。真不知道他们一家人是怎么想的。太自私了！好消息！好消息！好消息！重要的消息说三遍！所有感染病毒的同学们都自觉隔离，回家休息去了。昨天开始班级没有发现新增的"诺如病毒"感染者了，病情已经得到有效控制，没有造成严重后果。

3. 师：听完这个故事，同学们对于什么是担当，如何担当，有没有新的感悟呢？

生1：对于感染病毒的同学来说，主动汇报、自觉隔离就是担当。

生2：我觉得在学校里，自觉遵守校纪校规就是担当。

……

设计意图：这个环节是对上一环节的进一步提升，帮助学生理解"担当"与对学校负责的关系。此过程先是借助课件展示一组"诺如病毒"数据，接着请学生翻开班级日志介绍故事背景，最后在学生的交流讨论中总结担当需要自律。整个故事以"诺如病毒"事件为主线，循序渐进地引领学生理解和感悟对学校负责的含义，各环节推进自然，旨在唤醒学生的担当意识、责任意识，为平安和谐的校园担一份责。

四、观看小品，进一步理解"担当"（爱班层面）

1.师：来，伸出你的手，我们来继续翻看班级日志。

（生伸出右手，模拟演示翻书动作）

2.师：这一页日志记录了班级图书角的故事，我们一起来看看。

播放视频《图书角的故事》：

场景一：（旁白）学校图书角成立了！正在招聘图书管理员呢！图书管理员的责任可大啦！要把撕破的书粘好，要把图书角整理好，还要做登记本呢！

CHERRY："ROSE，我们去当图书管理员吧！"

ROSE："我不要，管理图书太麻烦了！"

CHERRY："APPLE，我们去当图书管理员吧！"

APPLE："我也不愿意，我要抓紧时间写作业，不然，我妈妈可要骂我的呐！"

CHERRY："EVI担当，我们去当图书管理员吧！"

EVIA："我更不愿意了！课间要抓紧时间玩一会，回家可没人陪我玩！"

CHERRY："PAUL，我们去当图书管理员吧！"

PAUL："我觉得当图书管理员挺光荣的，能为班级服务，我来试试吧！"

CHERRY："那我们去报名吧！"

PAUL："走！"

场景二：

CHERRY："啊，PAUL管得蛮好的嘛！"

ROSE："这里还有借书的登记本呢！"

EVIA："哼，有什么了不起的？过不了几天，他就不干了！等着瞧吧！管—理—图—书—，有什么用啊？反正也考不到一百分！"

场景三：

CHERRY："时间过得真快呀！转眼间一个月又过去了！啊，图书角好整齐啊！一排排都像排队似的！"

ROSE："快看快看，PAUL把撕破的书都粘好了！"

EVIA："PAUL真是一个负责任的人啊！"

3.师：你认为，在这个故事中谁是有担当的人？为什么？

　　生：PAUL！

4.师：理由是什么呢？

生：PAUL勇于担当，主动报名成为班级的"图书管理员"，并且认真负责，出色地完成了工作，特别有担当！

设计意图： 小品中的故事都是班级里学生之间发生的场景，主要内容是围绕着管理班级图书角展开的。这个故事让我们看到班级中有勇于担当的同学，同时也看到了班级中的一些不和谐的现象。因此，我安排学生对小品"议一议"，在各抒己见中将话题过渡到讨论"谁是有担当的人？为什么？"这个进一步引发学生思考的问题中来。在这个故事中，哪些是有担当的行为？哪些是不负责任的行为？通过正、反两方面的讨论来深化学生对担当的理解，树立起做一个爱岗敬业、热爱班级的好学生的良好意愿。

五、结合自身，夸夸身边有担当的人（社会层面）

1. 师：通过班级日志中三个故事的学习，我们了解到了担当的含义及可贵。那在你们身边，有没有这样的人呢？

生1：爸爸妈妈很有担当，努力挣钱，照顾着我们。

生2：学校的保安叔叔很有担当，保护着校园的安全，不让陌生人随意出入。

生3：学校的保洁员阿姨也是啊，还有老师们，都很有担当，在自己的岗位上认真工作，他们都是有担当的人。

2. 师：同学们的担当体现在哪里呢？你是一个有担当的人吗？

生1：我觉得我是一个有担当的人。我每天都能按时到学校上课，从来不迟到。

生2：作为一个学生，我们的担当就是好好学习。

生3：除了好好学习，我们还要孝敬父母，尊敬长辈，不让他们为我们操心。

生4：有一次，班级的同学摔倒了，我把他扶了起来，送他到医务室，保健老师说我是一个有担当的人。

生5：我每天早上自己来上学，放学后自己回家，不用父母接送，我觉得我是一个有担当的人！

生6：我每天都会把家里的垃圾分类整理后扔到小区的垃圾箱里，我也是一个有担当的人。

……

设计意图： 不同的人物角色有不同的担当，如父母承担着照顾家庭的责任；学校保安承担着保护校园安全的责任；学校保洁员承担着维护校园环境的责任；教师承担着教书育人的责任；等等。担当的责任是多重性的，一个人有时有多种担当，就学生而言，在家庭中，他（她）是子女，他（她）的担当是尊敬长辈、孝敬父母、承担家务、照顾弟妹等等；在学校里，他（她）是学生，他（她）的担当是尊敬老师、团结同学、努力学习、热爱班集体等等；在社会上，他（她）是公民，他（她）的担当是遵纪守法、以良好行为创造美好的社会等等。通过学生自述的事例充分感受担当体现在平时点滴小事之中，引导学生从身边小事做起，从自身做起，从现在做起，做一个有责任心、有担当的人。

六、总结话题，提升认识

师：同学们，今天我们通过分享班级日志，一起探讨了如何成为一个有担当的人。其实，对我们小学生来说，担当不一定要像奥运冠军那样轰轰烈烈，而是从日常生活中的每一件小事做起，只要你做到了（根据板书随机指定），你就是一个有担当的人！

【板书设计】

担当

自律　　爱学习
勇气　　负责任
自觉　　自信

【点评】

教育的最高境界是无痕，主题教育课不是一种枯燥的责任和义务，不是一种空洞的说教和要求，而是一种智慧的启迪，一种诗意的熏陶。富老师的这堂《担当》设计之巧妙、教育之无痕，足见教育功底之深厚，令人赞叹。富老师带领学生三次做手势翻开班级日志，在形象和趣味中进入情境，体现了三个"妙"：

一是素材甄选用得妙。一本《班级日志》拉开活动的序幕，成了整堂课的教学线索，学生跟着富老师一起"翻阅"日志，走近一个个案例素材，进而产生情感上的共鸣，以及道德意识上的启迪。无论是从大处着眼，还是从小处做起，富老师都把每个素材用得淋漓尽致，紧扣"担当"的意义——接受，并负起责任，深挖开去，有榜样的典型"钟天使事例"，有发人深思的"诺如病毒"，也有值得赞许的"图书管理员"的那份坚持。

二是标签设计贴得妙。在每一个活动环节，当学生们表达了自己的想法后，富老师引导学生将自己表述中的关键词，如"自信""爱学习""有责任心"等亲自板书，这种标签式的交流点评，既易于学生抓故事或案例的核心，也易于学生进一步解读"担当"的意义。教学最后，富老师以一本书的简笔画方式将这些标签重整为一本给予学生人生启示的，具有生命厚度的"书本"，引领着学生在自己的生命历程中用"担当"的高尚品质不断增加自己生命的厚度。

三是教学语言说得妙。在活动过程中，富老师的幽默与亲和不断打动着学生们表达自我，同时她的"可乐"似的风趣语言也缓解了学生们的紧张情绪，所以课堂上每个孩子都敢说、乐说、抢着说，高涨的情绪彰显着学生学习的主动性。尤其是最后的总结陈词，那番诗意栖息的韵味让人久久回味。

上海市三灶学校副校长兼德育主任　龚　华

第 11 课 火口脱险

设计教师：上海市浦东新区老港小学　　瞿晨炜
指导教师：上海市浦东教育发展研究院　姚瑜洁
　　　　　上海市浦东新区荡湾小学　　黄春华

【活动对象】

小学五年级学生

【活动背景】

近年来，全国各地火灾事故频发。为了加强中小学青少年消防安全教育，不少地方都成立了相应的组织，开展了一系列的教育活动，在一定范围内起到了较好的教育效果，在校青少年的消防安全意识和自防自救能力有所提高。但从整体上来看，这项工作的广度和深度都还远远不够，仍存在着很多不足之处。

我所带教的班级，虽然已是五年级了，但在日常的工作中，我发现学生的防火安全意识较淡薄，缺乏消防常识，逃生自救互救能力低下，一旦发生火情，极易酿成伤害，后果不堪设想。因此，在班里开展消防安全教育不仅是保护学生人身安全的需要，更是我们教育工作者开展生命教育义不容辞的责任。

【活动目标】

知识与技能：

1. 初步了解消防安全知识。
2. 知晓预防火灾事故发生的注意事项。
3. 识别有关消防安全警示标志。
4. 辨析生活中消防安全行为的正误。

过程与方法：

1. 掌握拨打119火警电话的要领，学会正确拨打火警电话。
2. 参与模拟逃生演练，学会在不同的情况下，运用科学的方法进行自救逃生。
3. 运用参与游戏、观看现场视频等方式，掌握一些简单的消防安全知识，学会解决日常生活中处理火险的简易方法。

情感态度价值观：

1. 树立消防安全意识，提高防范意识，珍爱生命。
2. 正确认识火灾危害，冷静处理险情，增强责任感。

【活动重点】

认识火灾危害，懂得正确自救逃生方法。

【活动难点】

学会自救、逃生方法。

【活动准备】

收集有关媒体资料、制作课件、准备板书。

【活动过程】

一、观看录像，了解火灾危害

（一）凉山事件，大火无情

播放视频《无情的森林火灾》：2019年3月30日18时许，四川省凉山州木里县雅砻江镇立尔村发生森林火灾，当地迅速组织力量赶赴火场扑救。着火点海拔为3800米左右，火场平均海拔为4000米，多个火点位于悬崖峭壁上，这场火灾由雷击引起。3月31日下午，受瞬间风力风向突变影响，山火爆燃，扑火人员在转场途中，27名森林消防指战员和3名地方扑火人员失联。4月1日18时30分，搜救人员找到了30名在扑火中遇难人员遗体：27名森林消防人员和3名地方干部群众牺牲。4月2日，整个火场明火全部被扑灭，火场得到全面控制，已转入清理余火和探搜火场阶段。

师：看完视频，请大家谈谈自己的感受。

生1：火灾的火势凶猛，蔓延速度很快。

生2：消防部门动用了很多人力物力，但山火扑救困难比较大，消防员扑救了几天，火势才得到控制。

生3：火灾造成了巨大的经济损失。

（二）2018，触目惊心

1.师：让我们看看2018年全国火灾统计分析报告。

播放视频《触目惊心的火灾》：2018年全国共接报火灾23.7万起，亡1407人，伤798人，已统计直接财产损失达36.75亿元。农村地区火灾防控基础薄弱，留守老人、儿童比例高，火灾发生概率大，共发生火灾11万起，亡728人，伤338人，直接财产损失达18.7亿元，分别占总数的46.4%、51.7%、42.4%和50.9%，其中火灾起数、亡人和损失比重均高于城市，占总数的79.7%。

2.师：看到这些数字，你是怎么想的？

生1：火灾给人们带来很多危害，有些是致命的。

生2：在火灾来临时，要是能掌握一些自救技能，说不定能挽救我们自己的性命。

……

3. 师：今天这节课，我们就一起来学习体验"火口脱险"。

板书：火口脱险

设计意图：观看火灾视频，感受火灾中人们惊慌逃离、家破零落、消防员牺牲等触目惊心的画面，通过2018年一组组数据统计，触动学生的心灵，激发学生学习正确逃生技能的欲望。

二、模拟演练，掌握自救技能

（一）学会呼救

1. 师：假如你住在十楼，有一天深夜，你在睡梦中惊醒，发现被大火团团围住。这时，你该怎么办？

生1：我要逃。

生2：打电话报警。

2. 师：如果是我，第一个念头就是我要逃，接着我就和小朋友说的一样，打电话报警。那怎么报警呢？

板书：拨打119

播放视频《报警》：一个孩子独自在家，发现卧室着火，马上拨打119：你好，叔叔，我叫***。我一个人在家，卧室窗帘起火了，我家住在**小区**路**号**室，快来救我。

3. 师：报警时，需要把哪些情况讲清楚？

生1：他打的是火警电话119，并报了自己的姓名。

生2：他讲清了出事地点的详细地址。

生3：火灾现场情况也要说清楚。

板书：详细地址 火场情况 报警人姓名

4. 师：接下来，我们同伴之间试试，模拟学打火警电话119，好吗？

（生模拟拨打火警电话119）

设计意图：让学生处在一定的生活情境中体验、判断、选择、感悟，多样的活动方式不仅能使学生获得正确的消防认知，还能形成灵敏的消防意识。

（二）学会自救

1. 师：打了火警电话，可火还在继续燃烧着，这时的你害怕吗？我们需要保持清醒的头脑，冷静思考，才能快速地找出逃生自救方法。

板书：逃生自救

2. 师：让我们跟随这个小男孩，帮助他离开火灾现场，好吗？

播放PPT《火口脱险》：明明家住在10楼，今天他独自一人在家，选择项是白天或者黑夜；突然烧水壶火星四溅，点燃了旁边的窗帘，此时选择项是高声呼喊还是报火警电话；打完电话，选择项是用水灭火还是断电；火势渐大，是窗口跳楼、结绳自救还是门口逃生；逃

出家门，直接走还是拿湿毛巾捂住口鼻匍匐前进；逃出门口，是选择电梯还是楼梯。

老师示范演练火口脱险游戏，边演练边板书：

高声呼救（白天）　报火警（黑夜）　结绳自救（低层）
湿巾捂鼻（高层）　安全出口　匍匐前行

3. 师：同学们，谁来做勇敢者，来挑战？

（一位同学到讲台上操作教师电脑，进入火口脱险游戏界面，其余同学认真观看，边看边思）

> **设计意图：** 电脑游戏是学生最喜爱的活动，能很快地激起学生的兴趣。在游戏中，教师始终参与学生的活动，并及时地给予支持，引导并帮助这个环节的开展。学生的体验是深刻的，从而能够做到灵活应对火情，掌握火灾逃生的常用方法，继而提高自救能力。

4. 师：那让我们一起总结一下火口脱险的几个关键点，请看黑板，一起读一读。

（学生在老师指导下读板书）

5. 师：当我们走出家门，来到通道，会有一些消防标志，看懂这些消防标志，能帮助我们更快速、更有效地逃生自救。你能看懂哪个标志？

水泵接合器	消防梯	灭火设备方向	灭火设备方向	发声警报器
火警电话	灭火设备	灭火器	消防水带	地下消火栓
地上消火栓	手动启动器	推开	拉开	尽疏散通道方向
疏散通道方向	紧急出口	紧急出口	滑动开门	滑动开门

生1：这个标志上写着"119"，我知道就是火警的报警电话号码。

生2：这个标志上画了两个人，告诉我们从哪个方向逃生才最安全。

生3：第二个标志上画的是消防梯子。

生4：这个标志告诉我们地面上有消防栓，发生火灾就可以直接使用灭火。

生5：粗的单个箭头的那个标志是告诉我们发生火灾时疏散通道的方向。

生6：两个和门在一起的小箭头的标志，它们代表着逃生门是推开还是拉开。

生7：还有的箭头告诉我们灭火设备摆放的方向。

……

6. 师：学会了基本逃生方法，了解了消防标志，接下来，我们来进行一场消防知识竞赛。

出示竞赛内容：

1. 我国的火警电话号码是（　　　）。

　　A．999　　　　　　B．119　　　　　　C．911

2. 进入公共场所，一定要注意观察（　　　）。

　　A．安全指示标志　　B．疏散方向　　C．疏散通道位置

3. 你住在14楼上，有一天晚上突然醒来，发现自己家里着火了，你怎么办？（　　）

　　A．把床单，窗帘等结成绳子，爬下来

　　B．马上乘电梯下楼

　　C．先打119，再打开窗户呼救

4. 身上着火怎么办？（　　　）。

　　A．就地打滚或往身上泼水　　B．尽快撕脱衣服　　C．用手扑打

5. 学校发生火灾应注意的是（　　　）。

　　A．听从老师的安排，有组织地疏散　　B．迅速跳楼　　C．四处乱跑，寻找出口

（三）学会救护

1. 师：接下来，让我们进入"逃生训练营"，面对各种情况，看看你们能应对自如吗？每个小组前面都有一台电脑，老师安装了火灾逃生的冲关小游戏，你们可以试试，选用不同的方法，会有什么样的结果呢？

出示游戏：

首先选定一个人物，进入第一关：三楼居民楼着火。人物说："我该怎么办？"出示两种选择：1.给一根长绳；2.给一根打结的长绳。选择1就惨叫摔死，选择2自救成功。

进入第二关：卡拉OK着火。人物说："着火了怎么办？"出示选项：1.冲出去。2.捂着湿毛巾爬出去。选择1烧死；选择2自救成功。

进入第三关：高层居民楼着火。出示选项：1.冲上顶楼；2.直接跳楼；3.躲进卫生间呼救。

选择3进入第四关：高层办公楼着火。出示选项：1.给领导打电话；2.打119说清地址；3.先报警然后进行逃生。进入第五关，来到楼梯口。出示选项：1.楼梯；2.电梯；3.消防员到来，成功解救，顺利冲关。

把孩子们分成6个组，每个组6个学生，每一组放一台电脑，把火灾逃生的游戏安装好，组内一起讨论，进行冲关。

生1：在卡拉OK选择冲出去，被烧死了。

生2：我也是，还没到第三关就被大火烧死了。

生3：我在第三关，看到火太大了，只好跳楼了。

生4：我在办公楼给领导打电话，电话还没接通，火就把我包围了。

……

2. 师：为什么有些方法行不通呢？因为烟雾窒息也是造成死亡的一大原因。通过今天的学习，你们都有所收获。接下来，请大家一起看看消防员叔叔送来的礼物！

播放视频《消防安全小知识》：

第一板块：《怎样灭火》。1.遇到火灾首先拨打119。2.如果火势不大，可用家用灭火器。3.油锅着火，不要用水泼，可以直接把锅盖盖上。4.煤气罐起火，应立即用浸湿的被褥捂盖灭火。5.家电及线路起火，应先切断电源，再用灭火器灭火，不要直接泼水灭火。6.在救火时不要贸然打开门窗，以免空气对流加速火势蔓延。7.发现煤气泄漏，应迅速关闭阀门开窗通风。

第二板块：《怎样逃生》。1.当火灾袭来时，必须迅速逃生，不要贪恋财物。2.披上浸湿的衣物向安全出口方向冲出。3.穿过浓烟逃生时，要使身体挨着地面。4.身上着火，不要乱跑，可以用厚衣服压灭。5.室外着火时，应先用冷水。

三、激发小公民意识，承担宣传义务

1. 师：大家都知道我们班***小朋友的爸爸是消防员，我们现场接通视频，看看他有什么话要告诉我们。

播放视频：消防员爸爸提醒孩子们注意以下防火事项：1.不乱丢烟头，不躺在床上吸烟。2.不用铜丝代替保险丝，不乱接乱拉电线电路。3.不在炉灶附近放易燃物。4.不要用明火照明找东西。5.不用电暖气来烘烤衣服。6.不随意倾倒液化气残液。7.不在家中存放大量汽油及酒精。8.不在走廊楼梯乱放物品。9.不在禁放区放烟花爆竹。

2. 师：同学们，了解防火知识后，我们可以做些什么呢？你们都了解了吗？互相讨论一下！

出示PPT：预防火灾，我们在行动！

生1：电器要及时关闭，不能停在待机模式。

生2：冬天天气干燥，我们要特别注意防范火灾。

生3：用完液化煤气，一定要第一时间关闭煤气阀门，不然很容易引起火灾。

生4：提醒爸爸不能在床上抽烟，更不能随地乱扔烟头！

……

3. 师：你们想得很具体，说得很有理。让我们从小事做起，预防火灾的发生。

板书：预防，从小事做起开始！

4. 师：现在，我倡议：让我们从现在起做一个小小安全宣传员。

板书：宣传，从我们做起

5. 师：一首好听又实用的《消防安全拍手歌》送给你们！

播放视频《消防安全拍手歌》：你拍一，我拍一，火灾发生莫迟疑。你拍二，我拍二，逃离火场要赶快。你拍三，我拍三，现场通道要疏散。你拍四，我拍四，浸湿衣服裹身体。你拍五，我拍五，切莫贪恋钱和物。你拍六，我拍六，穿过浓烟要低头。你拍七，我拍七，浸湿毛巾捂口鼻。你拍八，我拍八，赶快报警不要怕。你拍九，我拍九，火警电话119。你拍十，我拍十，消防队救火真及时。

设计意图： 生活是源泉，联系实际提出问题讨论，形成合作学习机制，学生在讨论中形成统一认识：火灾预防，要从小细节、小事做起。

6. 师：同学们，生命像是一根丝线，一端系着昨天，一端系着明天。站在两端之间，我们才知道拥有生命，才会拥有今天，拥有今天，我们的生命才得以延续。可生活中总有一些突发事件，这些突发事件并不可怕，可怕的是没有自救互救的意识和解决问题的能力。今天的课便是培养大家的防火意识和逃生能力，在紧急时刻能用自己的知识、经验去保护自己和他人的生命。希望你们将消防知识传递给身边的人，让更多的人远离火灾，珍爱生命。

【板书设计】

火口脱险

拨打119	逃生自救
详细地址	高声呼救
火场情况	结绳
报警人姓名	湿巾捂鼻
	安全出口
	匍匐前行
预防，从小事做起！	宣传，从我们开始！

【点评】

一、主题鲜明、立意新颖，具有较强的实效性

消防演练是小学主题教育的重要内容。"火口脱险"切入点小，且生动形象，内容具体而不空洞。课堂上一开始就以凉山火灾引入，直观的视频画面给予学生强烈的视觉冲击，火灾造成的巨大危害一下子引起学生自我学习的强烈愿望，激发了学生的学习兴趣。教学重点突出，设计了学生易于接受的119电话报警实录，网上逃生小实验等事例说明问题，言之有物，言之有理，言之有效。

二、教学互动、环环紧扣，体现教学的双主性

本课设计从学生出发，以发生火灾后如何求救、寻找逃生最佳路径为主要内容。以火灾引出119火警电话，结合火警明确报警要素、关键点，学生再实况演练，感受真实情境，做出适切选择。学生通过游戏闯关，巩固所学，充分体现了老师的主导性和学生的主体性。

三、准备充分、素材新鲜，学生学习兴趣浓厚

教学准备工作充分，素材选用2019年3月的凉山特大火灾视频，给学生最直观的冲击和感受；游戏突破常规，让学生选装备、选路径，一旦选择错误游戏主角直接"死掉"，游戏结束，富有挑战性；课件出示各种情境，检验学习的运用能力，大家发言积极，效果很好；最后倡议大家做安全宣传员，学生能学以致用，做小小安全员的自豪感油然而生。

上海市浦东新区荡湾小学 德育一级教师　黄春华

第12课　与节俭同行

设计教师：上海市三灶学校　王莉娜
指导教师：上海市三灶学校　龚　华

【活动背景】

　　节俭是中华民族的传统美德，是提升个人修养和道德素质的重要方面。习近平主席关于"厉行勤俭节约，反对铺张浪费"的讲话在社会各界引起强烈的反响。随着社会的不断发展，人民生活水平日益提高，物质日渐丰裕，但浪费现象的严重性发人深思。教育部发文倡导中小学、幼儿园应加强勤俭节约教育。

　　预备班的学生正处于从儿童到青少年的关键成长期，是养成良好习惯的重要时期。经观察，发现我班学生的节俭意识有待提升，如：午餐时，出现大量的剩饭剩菜；平时乱花零用钱；随意浪费饮用水；不爱惜学习用品等。作为学生成长过程中的引路人，教师应利用这一重要时期，帮助学生养成节俭的好习惯，并落在实处。

【活动对象】

　　初中六年级学生

【活动目标】

知识与技能：
知道节俭就是适度消费、节约资源。

过程与方法：
通过小品欣赏、小小辩论会、头脑风暴、家风家训学习、纠查陋习等活动来理解节俭的意义。

情感态度价值观：
1. 懂得节俭要从现在做起，从自身做起，从平时的一点一滴做起。
2. 养成节约资源、爱护环境的习惯。

【活动重点】

　　通过小品欣赏、小小辩论会、头脑风暴、家风家训学习、纠查陋习等活动来理解节俭的意义。

【活动准备】

1. 收集、拍摄相关资料，制作课件。
2. 学生收集关于节俭的名言警句。

【活动过程】

一、看小品，谈一谈

1. 师：同学们，最近小丁同学遇到了小麻烦，怎么回事呢？一起来看看！

播放视频《小丁的烦恼》：今天是社会实践的日子，大家都兴高采烈的样子，每个人都带了许多好吃的、好玩的，我们的小丁同学也是心情美美的。午餐时间，小丁拿出了妈妈准备的三明治，正要吃时，一旁的小钱和几个同学叫道，"走，我们去那家店里吃吧！"小丁说道："我不去了，我有吃的。"小钱说道："走吧，又不会花你的钱。"小丁觉得拒绝他们不太好，于是跟他们一起去了店里。但小丁并没有买东西，而是吃妈妈做的三明治。小钱和几个同学你一句我一句地说道："这么小气，买点儿吃的都不愿意。""真是个土包子。"可是小丁心里想：我有中饭，为什么非要花钱去买呢？这不是浪费吗？老师不是一直教导我们要学会节俭吗？难道我做错了吗？

2. 师：看了小品，谁有话要说？

生1：我觉得小钱请小丁去是对的，大家一起更热闹。

生2：我支持小丁，不要浪费妈妈做的爱心便当。

生3：我觉得小丁做得也不妥当，他可以将买的跟同学们一起吃，把妈妈做的便当留着。

生4：我觉得小丁没有错，小钱他们不应该取笑他，不必要的消费就是浪费。小丁不是小气和老土，那是节俭，我们应该表扬他。

设计意图： 以虚拟人物——小丁同学——遇到的困惑为情境，贴合学生生活实际，更容易引起学生的关注和共鸣，为下一环节的小辩论做好铺垫。

二、聚话题，辩一辩

1. 师：那么，随着生活水平不断提高，物质日渐富裕，我们还需不需要节俭呢？让我们在小小辩论会中畅所欲言吧！

板书：节俭

出示课件：

（1）学生根据自己的观点分成A、B两组。A组的观点是不需要节俭，B组的观点是需要节俭。

（2）先发表观点，再说明理由。

A组生1：我们认为现在不需要节俭，因为节俭会显得小气，不利于同学之间的相处。

B组生1：我们认为需要节俭。同学之间的友谊，不是靠物质来体现的，我们应该要节俭。

A组生2：现在生活水平都提高了，没必要太节俭，让自己过得那么辛苦。

B组生2：节俭不等于辛苦！那是合理利用我们的有限资源。虽然大家的生活水平提高了，但是资源是有限的，我们不能浪费，更何况我们国家还有很多贫穷落后的地方呢！

A组生3：我们认为现在不需要节俭。我妈妈说，家里就我一个孩子，吃的和用的都要最好的，那才有利于我的健康，所以妈妈常说："不要买便宜的。"

B组生3：我们认为现在还是需要节俭，你妈妈说的"不要买便宜的"，不代表就要浪费。买了好的，更要好好爱惜，而不是重复买一些自己不用的，所以换个角度讲，你妈妈的话也可以理解成：不要买没用的东西。这就是节俭！不然，终有一天会坐吃山空的。

……

三、做游戏，算一算

1. 师：看来大家辩论得很热烈，一时间谁也无法说服对方。我们不妨先来一场"头脑风暴"，当一回速算小能手吧！

出示课件"头脑风暴"：

1. 一粒米的质量约0.02克，100粒米的重量是多少？
2. 我每天节约100粒米，一天能节约多少克？
3. 我们班有50位同学，每人每天节约1粒米，每天可以节约多少？
4. 2019年上海市常住人口约2410万，每人每天节约1粒米，每天可以节约多少？
5. 我国约有人口13亿，每人每天节约1粒米，每天可以节约多少？
6. 如果每人每年吃130千克大米，13亿人一天节约的大米，可以供多少人食用一年？

生：我已经算出来了。分别是2克，2克，1克，482千克，26吨，200人。没想到我们一天节约的一粒米居然可以供200人一年的使用！

2. 师：计算出来的数据是不是很意外？刚才同学们也说到了"资源有限""坐吃山空"，这不，小丁同学有话要说！

播放视频《小丁有话说》：同学们，你可别小瞧这小小的0.02克啊，13亿人一天节约的大米，就可以供200人吃一整年啊！这里说的仅仅是大米，还有其他资源我们没提到呢！如果每人每天节约一滴水，全世界每天就会节约60亿滴水。一滴水可能微不足道，60亿滴水却能办成大事。同学们，你们知道吗？生产1吨纸需要木材0.875吨、煤0.5吨，水375吨，而我国又是一个资源并不丰富的国家，造纸需要大量的木材，我国人均占有森林面积居世界第119位，与国际平均水平相距甚远，为此不得不大量依赖进口。1度电能派什么用场呢？它能让25瓦的灯泡点亮40个小时，家用冰箱能运行一天，电风扇运行15小时，电视机开10小时，烧开水8千克，使用吸尘器打扫房间5遍，电动自行车跑上80公里，用电炒锅烧两个美味的菜，用电热水器洗个澡。13亿是个巨大的乘数，任何微小的数位乘上它，都会变得巨大。节约或者浪费，得失之间都是一笔笔巨大的财富啊！

3. 师：看来，这个时代的我们还是需要节俭！节俭还是浪费，一出一进，相差巨大

啊！所以，老师希望大家在日常生活中还是与节俭同行！跟浪费说"再见"！

板书：与　　同行

四、学家风，赞一赞

1. 师：同学们，其实我们的祖先早就意识到节俭的重要性，他们把这一美德都列入家风家训之中，以此来告诫子孙后代。小丁同学都帮大家整理好了，四人组成一个小组，赶快来学一学吧！

出示课件《家风家训》：

① 一粥一饭，当思来之不易；半丝半缕，恒念物力维艰。——《朱子家训》
② 由俭入奢易，由奢入俭难。——《训俭示康》
③ 治家舍节俭，别无可经营。——《家诫要言》
④ 饮食约而精，园蔬愈珍馐。——《朱子家训》
⑤ 以俭立名，以侈自败。——《训俭示康》

2. 师：这些家风家训读起来那么朗朗上口，它们包含了什么含义值得我们去学一学、赞一赞呢？

生1：我们小组学习了"一粥一饭，当思来之不易；半丝半缕，恒念物力维艰"。这句家训的意思是说：一碗粥一碗饭，应当考虑它们是来之不易的。衣服上的每一缕丝线，一定要想它们生产出来是很艰难的。我们要赞一赞这种节俭的意识，之前我们都没有想过食物和衣服来之不易。

生2：我们小组学习了"由俭入奢易，由奢入俭难"。这句家训的意思是说：由节俭转入奢侈是容易的，由奢侈转入节俭就很难了。我们也要赞一赞这句家训，奢侈一旦成为习惯，要想纠正就很困难了。它告诉我们不能有奢侈的习惯。

生3：我们小组学习了"治家舍节俭，别无可经营"。这句家训的意思是说：治家除去节俭，别无法子好想。我们也要赞一赞这句家训，虽然简短，但内容明确，治家只有俭这条道路可走！

生4：我们小组学习了"饮食约而精，园蔬愈珍馐"。这句家训的意思是说：饮食应该是简单朴素的，又是讲究精细、精美的；如果是这样，那么园蔬也可胜过山珍海味。我们小组要赞一赞这句家训，它告诉我们，我们的饮食不需要奇珍异宝，应该是简简单单，健康就好。

生5：我们小组学习了"以俭立名，以侈自败"。这句家训的意思是说：因为节俭而立下好名声，因为奢侈而自招失败。我们也要赞一赞这句家训，它告诉我们，想要功成名就必须有节俭的好品质。

3. 师：你家有没有关于节俭的家风家训呢？

生1：我很小的时候，妈妈就教我背古诗《悯农》。让我知道我们的粮食来之不易，要节约粮食。

生2：妈妈说"成由勤俭破由奢"，一个国家的兴衰是这样，一个家庭的成败也是

理想·中国梦

这样。

生3：爷爷常说"俭开福源，奢起贫兆"，勤俭打开幸福的源头，奢侈引起贫困的先兆。爸爸妈妈和我都要学会节俭，不要浪费。

4. 师：老师要把掌声送给大家，你们说得真是太棒啦！你们的家风家训也值得我们学习！

五、查陋习，纠一纠

1. 师：大家都说了许多关于节俭的家风家训，但是在我们身边还是有一些人的节约意识淡薄，存在着很多浪费现象，让我们一起来找一找吧！

生1：有些同学比较挑食，学校的饭菜不合胃口，就直接倒掉了。

生2：我一双运动鞋没穿多久，就要妈妈到网上去买最新款的，这样日积月累，家里堆了许多我不穿的鞋子。

生3：每天晚上，奶奶会烧许多菜，吃不掉就扔了。

生4：洗澡时，我会用许多沐浴露，弄出很多泡泡，然后又要花好多水。

……

2. 师：大家结合自己所见，都说了许多浪费陋习，老师也拍摄了一些视频，一起看一下。

播放视频《那些不知不觉的"浪费"》：食堂里同学们排队倒掉的剩饭剩菜，饮水机旁滴落的饮用水，厕所里忘关的水龙头，垃圾桶里各种橡皮和水笔……

3. 师：这些浪费现象触目惊心，我们没有权力这样浪费！我们应该怎么做？

生1：节约粮食，尽量吃完饭菜。如果有不能吃的食物或者觉得饭太多，可以吃之前到食堂阿姨那里更换和减量。

生2：建议家里的爸爸妈妈或者爷爷奶奶，少烧点菜，减少浪费。

生3：要爱护学校里的图书，循环使用。

生4：不要喜新厌旧，要少买衣服和鞋子，适度消费。

生5：要进行垃圾分类，减少生活垃圾，也是节俭的表现。

……

板书：节能减排、合理饮食、循环使用、适度消费、垃圾分类……

4. 师：同学们说得很好，老师也通过板书进行小结。瞧，小丁同学还特意在网上找了一些关于节俭的生活方式。

播放视频《日本当下流行的生活方式》：日本当下流行极简的生活方式，他们把节俭看成一种时尚。日本人对于节俭的态度非常认真，从孩子一出生就开始教育孩子该如何节俭地生活。日本小孩子吃饭是从来不能剩饭的，他们每一次吃饭的时候会有意少盛一些，不够再添一点点，以免造成浪费。他们还会尽量清空家里不用的东西，更别说买多余的东西。在日本，很多房子门口，都会有一个"不问自取"的篮子。里面放的并不是垃圾，而是保存完好，但是目前主人不需要的东西，希望有需要的人把他们取走。这些东西的种类，可谓是应有尽有。大到家里不用的电器，小到衣架、本子等。日常生活也很节俭，比如泡完澡的水还会用来洗衣服或者浇花；不管是老板还是职员，日常上班都坐电车。

5. 师：看来，推崇节俭，非但不显得小气和老土，而且是一种时尚的生活方式呢！小丁同学提议，我们一起出一份倡议书，怎么样？

生：讨论、记录汇总。

班长宣读倡议书：

节约用水，适量使用；节约用电，随手关灯；节约粮食，合理饮食；适度消费，精打细算；爱护图书，循环使用；资源再生，随手环保；减少垃圾，分类存放；互相督促，形成风气。

让我们同心协力，从现在开始，从我做起，从每一天做起，从一点一滴做起，让节俭成为习惯，传遍校园、家庭、社会的每一个角落。

6. 师：今天我们不仅帮助小丁解决了他的困惑，同时我们还播下了一颗节俭的种子，我们用"节能减排"去灌溉，用"合理饮食"去培育，用"垃圾分类"去呵护，用"循环使用"去修剪……它一定会陪伴着我们一起成长，长成一棵参天大树。

板书：简笔画树

7. 师：同学们，让我们把节俭的美德撒遍生活的每个角落，共创节约型社会。带着这节课的收获，让我们走出教室，走向家庭，走向社会，做一名节俭的小使者，带上我们的倡议书开始行动吧！

> **设计意图**："查漏习，纠一纠"这个环节的目的是将"节俭"落到实处，同学们能想到的节俭的方式可能会有局限性，也有可能只是停留在表面，难以落实到行动中去。通过展示真实的日常生活中的浪费现象以及日本人日常节俭的生活方式，可以更直观地让学生知道节俭的一些具体方法，具有可操作性。

【板书设计】

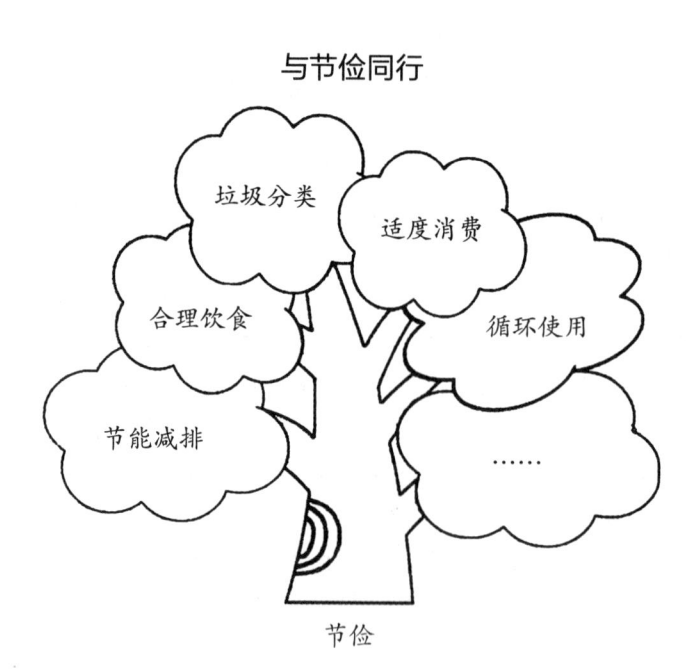

与节俭同行

垃圾分类　适度消费　合理饮食　循环使用　节能减排　……

节俭

【点评】

王老师的这堂课，教育目标明晰，旨在引导学生养成节俭的良好品质和生活习惯。整堂课设计巧妙，可圈可点，主要体现在以下几个方面：

1. 选题来自生活，贴合学生实际

王老师从虚拟人物小丁同学入手，创设同学们熟悉的情境，一下子就调动了他们的积极性，点燃了他们参与的热情，为整堂课的完整呈现提供了良好的开端。

2. 环节设计巧妙，形式丰富多样

从活动形式上来看，王老师非常注重学生创新合作能力的培养，活动设计始终遵循"以学生生活为基础"的原则，力求充分体现学生的主体地位，每个环节都有学生的所思所悟，教师适当加以引导，帮助学生形成清晰的认知。整个过程力求生生互动、师生互动，体现了生本教育理念，从而达到从小做起、从自我做起、珍惜资源的教育目标。

3. 关注课堂细节，提升教育实效

王老师在细节方面的处理也很抢眼。她通过实施观察、引导、鼓励等教育方法，非常关注学生的课堂表现。尤其是在游戏过程中，环环相扣，由浅入深，从而将整节课推向了高潮，学生忘情投入，表现精彩。我相信通过本堂主题教育课，每位同学都会有所收获，在平常生活中自觉成为一名节俭的好孩子。

上海市三灶学校副校长兼德育主任　龚　华

第13课　非常"留""念""策"

设计教师：上海市傅雷中学　　　　　　　陆丽红
指导教师：上海市浦东教育发展研究院　　姚瑜洁

【活动对象】

初中九年级学生

【活动背景】

《中小学德育工作指南》指出：要对学生"开展认识自我、尊重生命、学会学习、人际交往、情绪调适、升学择业、人生规划以及适应社会生活等方面教育，引导学生增强调控心理、自主自助、应对挫折、适应环境的能力，培养学生健全的人格、积极的心态和良好的个性心理品质。"

初三阶段是学生成长的重要时期。在这一过程中，学生往往或多或少受到离愁别绪等因素干扰，一定程度上影响学习状态。在此阶段，如何坚定理想、成长自我，对于学生的发展影响深远。

【活动目标】

知识与技能：

通过系列活动，引领学生追忆美好的初中生活并深入理解成长的意义。

方法与过程：

以"留""念""策"为突破口，引导学生坚定理想、成长自我，凝聚班级向心力。

情感态度价值观：

创设感人氛围，激发学生感恩之心、憧憬之情，并坚定学生为之奋斗的信念。

【活动重点】

围绕"留""念""策"主题，通过各环节活动，引导学生追忆感悟初中生活的美好，深入理解成长的意义。

【活动难点】

通过活动激发学生感恩之心、憧憬之情，并坚定学生为之奋斗的信念。

理想·中国梦

【活动准备】

制订方案、收集相关资料、制作课件和视频、准备N次贴等用具。

【活动过程】

一、序言

1. 师：同学们，2020年夏天的脚步已渐渐临近，我们的初中生涯即将进入倒计时阶段。一方面，我们投入紧张的复习，另一方面，总有一种情绪在心头萦绕——曾经翘首期盼的时刻真正到来，然而这一刻，我们忽又希望它慢点到来。在疾驰而逝的光阴里，我们很想抓住些什么。于是，"毕业册""留念册""同学录"之类的小本子应时而生并广泛"流传"，成为同学间心照不宣的"小秘密"。今天，我们一起来现场制作一本《非常"留""念""策"》，好不好？

2. 生：好。

板书：非常"留""念""策"

> **设计意图：**教师从中考话题荡开去，明确本课主题。切合心意的话题和新颖的组织形式能激发学生的活动兴趣，奠定整堂课的情感基调。

二、往事"留"痕——忆华年

1. 师：《非常"留""念""策"》，"留"字当头，尽诉心中难舍之意。四年初中生活，寒来暑往，1000多个日日夜夜里，我们以美丽的校园为背景，主演了令人无限留恋的青春电影。我们先观赏一段小视频，跟随光阴的脚步，重温我们成长的历程，捡拾那些美丽的片段。

播放视频《时间都去哪儿了》：教师预先收集学生们初中阶段具有成长代表性的照片，以时间先后为序，配以音乐，缓缓叙述，最后定格六张照片。2016年8月26日，入学队列训练；2017年5月18日，年级合唱比赛；2017年10月18日，学校运动会接力赛时班级同学奋力冲向终点的情景；2018年3月8日，班级同学食堂午餐情景；2019年9月29日，最后一次秋游班级集体照；2020年2月16日，学生在家里在线学习的情景。

2. 师：这些照片是我们初中生活的缩影，每一帧照片背后都有着动人的故事。是不是感觉记忆闸门一下子被打开，各种成长的瞬间都在脑海里浮动呢？透过这些照片，初中生活里，你印象最深刻的情景有哪些呢？

出示PPT：各类班级活动照片。

生1：第一张照片是我们刚进初中进行队列训练时的抓拍瞬间。那时的我们一脸婴儿肥稚气未脱，煞有介事的模样真可爱。新环境、新同学、新班主任，这一切让我们充满新奇。

生2：我们参加学校合唱比赛，因为是班级首次集体亮相，大家都很认真。为了获得好名次，我们反复操练，还统一购买了表演服装。比赛当天，大家都紧张得手心出汗，拔

出嗓门唱。老师说我们不是唱歌，而是吼歌。

生3：我对那张食堂用餐的照片特别有感觉。大食堂里人声鼎沸，用餐环境或许谈不上好，饭菜也未必合心意。但紧张了一上午的我们，边吃边聊，很享受这段短暂的惬意时光。这些年一起吃饭的兄弟，我想往后岁月里我一直都会记得。

生4：运动会是我们最盼望的事情。照片中的同学手拿接力棒，正冲向终点线。脸上的表情因奋力而略显"狰狞"，旁边的同学们千姿百态，有呐喊的，有握拳的，有陪跑的，感觉比运动员更累。老师们此刻成了"粉丝"，不停拍照，上前搀扶。那一刻，班级一体的感受非常强烈。

生5：新冠病毒席卷全国，寒假变成暑假，大家各自隔离。身为初三毕业生，我感觉很迷茫。停课不停学，网课时代提前到来。我在家里进行网上学习，这种学习方式非常奇特，是我们这届毕业生值得留念的"专属"经历。

生6：那是我们秋游时拍的一张"全家福"。对比于先前的照片，每个人都长高了，成熟了。因为它是初中阶段最后一次秋游，大家的笑容里多了一种惜别之意。

3. 师：这四年里，我们的面貌、性格和才干都发生了显著变化。成长中的我们，可能稚气十足，也许莽撞率性，但都是那么美好。一声"同学"勾起多少温热的回忆，泛起多少青春的涟漪。时光难"留"，而记忆长"留"。美丽的校园，青涩的往事和真诚的友情是"留"在我们心底最美的风景。

板书：往事留痕忆华年

设计意图： 此环节旨在引领学生回忆初中生活，讲述照片背后的故事，重温成长历程，酝酿感动氛围。作为留念册的第一部分内容，用温情拥抱学生激发勇气，为下面环节的展开做铺垫。

三、"念"念不忘——师长情

（一）经典语录连连看

1. 师：记得某位学生曾在作文中写道：一个人的成长背后，站着一群人。诚然如此！我们的成长离不开老师的教诲。平凡而伟大的老师是引路人，真挚而美好的师生情是我们"念念不忘"的所在。我们的《"留""念""策"》里特别收录了老师们的经典语录。请看大屏幕。

出示PPT：各种老师经典"语录"

这是一道送分题，ok？

整栋楼就数你们最吵！

我再讲两分钟。

接下来就是见证奇迹的时刻！

现在我马上就要变了，看好！

你们是我教过的最差的班级！

叫你家长来一下。

理想·中国梦

学生逐一阅读，并将经典语录与老师"连线"。
（1）这是一道送分题，ok?　　　　　　　　　　语文学科老师
（2）整栋楼就数你们最吵!　　　　　　　　　　英语学科老师
（3）我再讲两分钟。　　　　　　　　　　　　　物理学科老师
（4）接下来就是见证奇迹的时刻!　　　　　　　小学科老师
（5）现在我马上就要变了，看好!　　　　　　　数学学科老师
（6）你们是我教过的最差的班级!　　　　　　　班主任老师
（7）叫你家长来一下。　　　　　　　　　　　　化学学科老师

2. 师：四年朝夕相处，我们和老师之间的默契度越来越高。所谓"言为心声"，大家是否理解这些经典语录的真正含义呢？我们来进行一个小游戏：经典语录连连看。

出示PPT：经典语录VS潜台词

（1）这是一道送分题，ok?

老师觉得这道题目考查基础知识难度低，是每一个同学都必须答对的。这种错误最不应该，真实地表现了老师对失分现象的惋惜和愤怒，句末上升调的ok旨在引发学生的自我反省，这是老师敬业精神的体现。

（2）整栋楼就数你们最吵!

学生们一旦缺乏老师看管和指令，往往放松学习。略带指责的言语，是对学生们缺乏自主学习、自我管理意识的愤怒。通过与其他班级的比较，希望使学生们警醒，形成良好学习氛围。

（3）我再讲两分钟。

老师永远觉得有那么多知识没讲完，下课铃响了，常常意犹未尽。说是两分钟，其实十分钟远远不够。老师也不想拖课，他们都很累。他们怕学生听不懂，永远想着要毫无保留地把知识灌输给学生。

（4）接下来就是见证奇迹的时刻!

这是物理老师和化学老师的专属用语，适用于实验过程。这句耳熟能详的流行语，突然穿插于略显枯燥的实验操作过程，着实令人忍俊不禁，成功提升学生的关注度。老师真可谓用心良苦、与时俱进了。

（5）现在我马上要变了，看好!

这是数学老师专用口头禅。每次听到这句话，学生心里直发笑，同时脑补很多老师变形、变脸的画面。但此时老师往往煞有介事，一本正经。因为接下来可能是知识点的拓展迁移，老师希望学生集中注意力。他专注于课堂知识的传授，专注于学生的听课反应，自己闹了"笑话"而全然不觉。

（6）你们是我教过的最差的班级!

这句话很"伤"。学生们肯定有情绪，但老师又何尝不"内伤"呢？老师总是不断地将现有学生和往届学生做对比，总是觉得以前的学生好。然后当现在的学生毕业的时候，也成了他们口中的好学生。老师的愤怒来源于对学生有期待，老师的愤怒是因为自己太投入。老师略带激将法色彩，在表达不满的同时，也隐含了自己的担忧，希望学生们警醒。

(7) 叫你家长来一下!

经典语录导演经典剧情,学生们总要埋怨老师告黑状,还影响了亲子和谐关系。其实,父母作为监护人,对于孩子在校成长表现完全有知情权。老师们是出于对学生和家长的负责,争取家校合力,推动学生成长。

学生根据PPT呈现内容,进行经典语录和潜台词连连看小游戏。

3. 师:一个简单的小游戏,是不是让大家对于老师多了理解呢?有一份职业叫教师,有一种幸福是奉献。如春的和煦、夏的炽热、秋的温厚和冬的严格,他们的目光追随我们的背影,昨天、今天到明天。他们路过一代又一代人的青春,播种智慧与温暖。"你问我爱你有多深?月亮代表老师的心",师生间的这份情谊是时光留给我们的最好礼物,令人念念不忘。

(二)纸短情长传家书

1. 师:非常感谢同学们长期以来对老师的肯定和支持。大家不要忘记,在我们身后还有一群人,他们对我们的成长更是劳心劳力,他们就是——我们的家长。衣带渐宽终不悔,为"你"消得人憔悴,这是令每一位同学念念不忘的另一种深情。今天,我们的《非常"留""念""策"》里还要收录一份非同寻常的礼物——那是一封家书,作者是我们班级某一位同学的家长。

出示PPT:《一封家书》

播放家书朗读音频:家长立足学生成长的关键点,以书信方式倾诉自己的情感。在信中,家长回顾孩子成长的历程,感谢孩子给自己带来的幸福;当孩子进入青春期,家长出现各种担心,做出各种反省;在初中毕业之际,为孩子加油,希望孩子稳扎稳打,努力实现理想,并以自身的经验提出建议。

(学生们听家长代表诵读家书,感受家长对子女成长倾注的深情和期待)

2. 师:在特殊时期,听到爸爸妈妈以书信这种特殊而经典的方式倾诉情感,着实令人感动。说一说,同学们最感动于哪一点呢?

生1:成长中的我们给了父母一地鸡毛,但父母仍感谢我们的到来,这让我很感动。

生2:我们打着青春期的旗号表现出各种叛逆行为,但父母包容我们,还检讨自己,那份小心翼翼,令我们羞愧。

生3:关于初中毕业,其实父母比我们更紧张更焦虑。他们装作不在意,生怕自己的情绪影响到我们。

3. 师:我们所见和感受到的父母之爱,其实只是爱之冰山一角,他们是这个世上最爱我们的人。我们会向老师表示感恩,甚至会感恩萍水相逢的人们,大家永远都要记得感恩父母。

"世界上最遥远的距离,不是天各一方。而是我站在你面前,你却不知道我爱你。""念念不忘必有回响",让我们用成长,作为献给老师和家长的最好的回报。

板书:念念不忘师长情

设计意图： 采用小游戏"连连看"，透过老师经典"语录"，深入理解老师的用心；家书的运用，以理性平和的方式，架起亲子沟通的桥梁。这两个环节的开展，形成了真挚感人的课堂氛围，促使学生对师长的良苦用心有了更深的理解，有助于自己的进一步成长。

四、"策"马奋蹄——赴锦绣

（一）未来"畅想曲"

1. 师："老师的叮咛、父母的呵护，使我们拥有了乘风而上的翅膀，仿佛一伸手我们就能触摸到那片蔚蓝色的梦想天空。老师在你们这个年龄的时候对自己的未来有过很多憧憬和设想。憧憬未来，心中有梦，是这个年龄最值得留念的事情。想想若干年后，当我们翻阅这本《非常"留""念""策"》时，一定会被这份滚烫的热情深深感动。那么，青春年少的你们，对自己的未来有怎样的憧憬和良"策"呢？

生1：我想做一名教师，在三尺讲台上教书育人，这也是我父母的期待。

生2：穿上白大褂，成为一名医生。仁爱济世、救死扶伤是我的梦想，在这次新冠疫情中，我看到很多驰援武汉的医务工作者，我更加坚定了理想。

生3：老师说未来还有很多新职业，我希望自己能凭借能力和专长，选择一份自己喜欢的职业，从容不迫，诗意栖居。

生4：我对芯片领域很感兴趣。掌握最前沿技术，赶超国际水平，今后要靠我们了。

生5：我想成为一名中国机长，驾驶飞机翱翔蓝天，或是从事与飞行相关的职业，听起来很酷。

生6：我目前好像还没有确切的想法，希望能考上好一点的高中，未来才有更多可能。

生7：心理健康问题越来越为人们所重视，我想做一名心理医生，开一个自己的诊所，为病人排忧解难。

2. 师：青春最是多梦时节。如朝阳般温暖明亮，如星星般璀璨闪耀，大大小小的梦想，点亮青春的灯塔，燃烧我们的小宇宙。我们撷取梦想的光芒，贮藏于我们的《非常"留""念""策"》，去照亮青春寻梦之路。

（二）励志"N次贴"

1. 师："梦想必须用汗水和泪水去浇灌。只有善于把握，才能了无遗憾。"这是当年老师初中毕业时，我的同学在留念册里写给我的话。梦想不是一蹴而就的事情，努力是唯一途径。这是她对我的忠告，也是自己的成长信念。临近毕业，大家是否也有这样的励志格言要与同学分享？老师准备了N次贴，每人尝试写一句励志格言，完成后将它贴到我们的《非常"留""念""策"》里。

学生根据自己的心得书写励志格言。

2. 师：同学们写得都很投入，我们的《非常"念""策"》更添了温情。我们挑选

几张分享一下。

　　生1：我想对好朋友说：打起精神珍惜每一天，奋斗的青春不后悔。

　　生2：世上无难事，心若在，梦就在。

　　生3：梦想是在寂静的奋斗里努力生长的果实。

　　生4：天下事有难易乎？为之，则难者亦易矣。

　　生5：与时间赛跑，做最后的赢家。

　　生6：战胜自我，超越自我，就是最大的成功。

　　3. 师：临别送格言，礼轻情意重。同学们的励志小格言，透着离散的忧伤，友谊的醇香，更有策马奋蹄勇往直前的豪情。既是对同学的勉励，也是对自我的鞭策。毫无疑问，这些是《非常"留""念""策"》中最精彩的部分。老师由衷地为你们感到自豪，更多励志格言请大家课后再细细感受哦！

板书：策马奋蹄赴锦绣

> **设计意图：** 畅想未来环节，以梦想之力激发学生的憧憬和勇气；赠送励志格言，作为《非常"留""念""策"》的"经典环节"，既是自勉，也是共勉。再次营造温馨融洽的氛围，配合先前环节实现聚合作用，产生教育效果。

五、尾声

　　1. 师：同学们，我们的课已近尾声，这本满载着动人故事，洋溢着醇厚温情，寄托着真诚祝福"非同寻常"之《非常"留""念""策"》也被翻到了封底。"长风破浪会有时，直挂云帆济沧海"，我们发现原先那些唐诗宋词中难以被理解的情感，此刻已然成为你我共同的心声。

　　光阴易逝而记忆永恒，师长恩情永难忘。梦想就在前方，我们要策马奋蹄冲向未来。最后，老师建议我们全班再拍一张"全家福"。用我们灿烂的笑容和自信的神采，为我们的《非常"留""念""策"》，为我们即将逝去的初中时代留下最美丽的见证。（播放伴奏音乐《明天会更好》）

板书：携手青春向未来

（师生们在动人的音乐和感人的氛围中，握手相拥亲密合影）

> **设计意图：**《明天会更好》作为结尾的背景音乐，能很好地渲染感动情绪。高昂的基调照应学生内心的憧憬与豪情，推动学生实现思想的升华。拍摄集体照环节，为"留念策"作结，照应整堂课主题。

【板书设计】

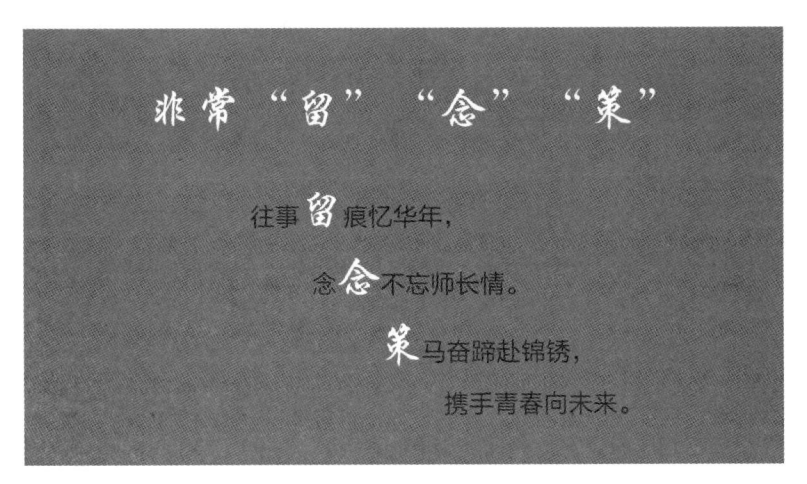

非常"留""念""策"

往事**留**痕忆华年，

念念不忘师长情。

策马奋蹄赴锦锈，

携手青春向未来。

【点评】

1. 抓住教育契机

本课选择九年级学生成长的关键时间点，引领学生回忆过往、展望未来，激发其斗志，点燃其梦想。温情的故事，肯定的鼓励，使学生的精神面貌产生"化学变化"。

2. 贴合学生需要

后初三时代，学生对于情感支持的需要远甚于学科指导，健康的心理和积极的行为对于当前乃至今后的成长至关重要。本课以"留""念""策"三字为主导，串联课堂各环节教学活动，对学生产生了较强的吸引力，较好地发挥了对学生的教育作用，引领学生实现成长自我的需要。

3. 科学性和艺术性的统一

既有饱含深情的鼓励，又有方法和技术的运用，引领学生以积极的心态和切实的行动迎接挑战。基于关注学生心理和教育科学之上的教学，提升了教学的艺术性。

上海市浦东教育发展研究院德育教研员　姚瑜洁

信念·价值观

第 14 课　伸出友善手，找到好朋友

设计教师：上海市浦东新区北蔡镇中心小学　孙丽萍
指导教师：上海市浦东教育发展研究院　　　姚瑜洁

【活动对象】
小学一年级学生

【活动背景】
不久前，中共中央、国务院印发的《新时代爱国主义教育实施纲要》，提出了"要聚焦培养担当民族复兴大任的时代新人，培育和践行社会主义核心价值观，广泛开展爱国主义、集体主义、社会主义教育，提高人们的思想觉悟、道德水准和文明素养"。习近平总书记也强调，少年儿童是祖国的未来，是中华民族的希望，培育和践行社会主义核心价值观要从少年儿童抓起，让社会主义核心价值观的种子在少年儿童心中生根发芽。

本班学生入学不久，进入一个新集体、对找到新朋友充满着好奇和向往。虽然学生交往的主动性较强，但如何与人交往、相处，还存在着诸多问题，如：班中96%的学生为独生子女，习惯以自我为中心，不愿付出和分享，同学之间时有矛盾产生。

【活动目标】
知识与技能：
理解友善包括礼貌待人、互相尊重、互帮互助。
过程与方法：
懂得友善要从礼貌、尊重、帮助做起；体会到学做一个友善的人，才能找到好朋友。
情感态度价值观：
树立与同学和谐相处、积极向上的交往观。

【活动重点】
1. 懂得友善要从礼貌、尊重、帮助做起。
2. 体会到学做一个友善的人，才能找到好朋友。

【活动难点】
树立与同学和谐相处，积极向上的交往观。

【活动准备】

1. 教师准备：课件制作、游戏道具（每人带一面镜子、板贴）。
2. 学生准备：学唱歌曲《找朋友》。

【活动过程】

课前播放歌曲《找朋友》。

一、游戏导入，出示课题

1. 师：同学们，咱们先一起做个"找朋友"的游戏。我先请四位组长来找，找到的朋友继续去找，音乐结束，回到座位，明白了吗？

播放歌曲《找朋友》：找呀找呀找，找到一个好朋友；敬个礼呀，鞠个躬，笑嘻嘻呀，握握手；你是我的，你是我的好朋友。

2. 师：同学们，游戏中你找到了好朋友，生活中你想不想找到好朋友呢？有三个小朋友也想找到好朋友，他们是谁？这节课我们就和"笑笑""乐乐""闹闹"一起去找到好朋友。

出示PPT：卡通人物笑笑、乐乐、闹闹

板贴：找到好朋友

> **设计意图：** 为了营造良好的课堂氛围，让学生玩"找朋友"的游戏。游戏中，学生初步感受与人交往的快乐；卡通人物的创设，也激发学生的学习兴趣，为接下去的内容做铺垫。

二、活动感悟，理解友善

（一）伸出礼貌的手，待人有礼多文明

1. 师：早上，笑笑背着书包来到学校。

播放音频：老师，您早！闹闹，早上好！乐乐，你能借我一支红色的水彩笔吗？谢谢！闹闹，对不起，我碰翻了你的汤，我这就打扫干净。同学们，你们愿意和我做朋友吗？

2. 师：谁愿意和笑笑做朋友啊？为什么？

生1：我愿意和笑笑做朋友，她很有礼貌，主动打招呼。

生2：她问别人借东西时，说了"请""谢谢"。

生3：她做错事的时候，及时承认错误，还改正了呢！

……

3. 师：是啊！笑笑是一个有礼貌的孩子，我们都喜欢这样的朋友。

板贴：礼貌

4. 我们向笑笑学习，做一个有礼貌的小天使。我来问，你们答！

出示PPT：看到长辈说："您好！"见了伙伴说："你好！"麻烦别人说声："请。"

接受帮助说："谢谢！"做错事情快道歉，连忙说句："对不起！"原谅别人"没关系"，待人微笑受欢迎！

5. 师：对照儿歌，你觉得自己在哪些地方做得特别棒？哪些地方需要努力？

生1：我很有礼貌，见到老师会问好。

生2：我不小心碰到同学书本，我会说"对不起"。

生3：爸爸送我到校门时，我会说"再见"。

……

6. 师：孙老师相信每一位同学都能像笑笑那样，礼貌地伸出手，待人有礼多文明。

板贴：伸出礼貌的手，待人有礼多文明

设计意图： 学生结合情境演示和儿歌学习，学会礼貌待人的文明用语和具体方法，教会学生文明、友善地对待他人。

（二）伸出尊重的手，和谐相处多快乐

1. 师：瞧！闹闹也来找朋友了！

播放音频：我是闹闹，聪明伶俐真可爱，爱玩爱闹爱耍宝。找朋友，难不倒我哦！闹闹，你干吗扯我的小辫子啊？我不是和你闹着玩吗？闹闹，你干吗把我的书藏起来？我不是和你闹着玩吗？闹闹，你干吗叫我'小胖猪'？我不是和你闹着玩吗？

2. 师：你们愿意和闹闹做朋友吗？为什么？

生1：不愿意和闹闹做朋友，他扯别人的辫子，影响别人上课。

生2：他把书藏起来，同学上课找不到书。

生3：他嘲笑别人，叫人家小胖猪，别人会哭的。

……

3. 师小结：和别人闹着玩，开玩笑、恶作剧，甚至笑话别人，给别人取绰号，这叫不尊重别人。

4. 师：咱们来做个照镜子的游戏吧！我喊口令，你们一起做。对着镜子笑一笑。对着镜子生气噘个嘴。对着镜子招手说你好。对着镜子瞪下眼。

（学生根据老师指令对着镜子做动作）

5. 师：现在，请你们收好镜子。想一想，如果镜子里的你就是你的朋友，通过刚才的游戏，你明白了什么？

生1：我笑他也笑，我问好他也问好。

生2：我生气他也生气，我瞪眼他也瞪眼。

生3：我对它怎样，它就对我怎样。

……

6. 师小结：是啊！当你尊重别人，别人就会尊重你，而当你不尊重别人的时候，别人就不会尊重你。尊重别人就是尊重自己。

板贴：尊重

7. 师：闹闹决心改变自己。如果你是闹闹，遇到下面的情况，你会怎么做？

课件出示：

（1）乐乐不小心滑了一跤，样子滑稽极了。闹闹会（　　）。

　　A. 赶紧走上前扶起乐乐

　　B. 忍不住笑起来

（2）同桌面前放着一本很好看的书，闹闹会（　　）。

　　A. 拿过来翻一翻

　　B. 经过同桌允许后再拿来看。

（3）笑笑批评闹闹做错事时，闹闹应该（　　）。

　　A. 双眼注视着笑笑，认真听

　　B. 双眼不注视笑笑，心不在焉地听

（4）小队评选"微笑小天使"时，闹闹和其他队员的意见不一致，闹闹应该（　　）。

　　A. 坚持自己的意见，和队员们争吵

　　B. 采用民主投票的方法，支持大多数队员的意见

8. 师：现在谁愿意和闹闹做朋友了？

生1：我愿意和闹闹做好朋友了。他懂得帮助别人，尊重他人。

生2：他友好地对待同学。

……

9. 师：闹闹也有话要说呢！

播放音频：谢谢大家的帮助，让我找到好朋友。

10. 师：同学们，伸出尊重的手，朋友之间才会快快乐乐。

板贴：伸出尊重的手，和谐相处多快乐

设计意图：游戏体验是学生喜欢的活动方式，让学生通过照镜子游戏，体验到尊重他人就是友善待人，让学生在体验中感悟道理，习得方法。

（三）伸出帮助的手，互帮互助多温暖

1. 师：还剩下一个小朋友，咱们赶紧把她叫出来吧！乐乐！

（学生跟喊：乐乐）

播放音频：我来了。妈妈说："读万卷书，行万里路。"找朋友有什么秘诀吗？我这不先去找书吗？啊！这本书不错，我们一起来看看绘本故事《彩虹花》。

我是一朵美丽的彩虹花。早上，好像有谁从我的身边走过。"早安，我是彩虹色的花。你是谁呀？""我是蚂蚁。我现在要去奶奶家。可是，雪融化了，原野中间有一个很大的水洼。我怎么才能过去呢？""那你到我身上摘片花瓣吧！"又过了几天，一个很舒服的晴天，好像又有谁走过。"你好，我是彩虹色的花。你是谁呀？你为什么那么难过？""我是蜥蜴，今天我要去参加宴会，可是没有合适的衣服。怎么办呢？""那你到我身上摘片花瓣吧！"这些日子，每天的阳光都很强烈。好像有谁走过。"你好。我是彩

虹色的花。你是谁呀？你怎么呼哧呼哧地喘着气呢？""哦，你好。我是老鼠。最近天气又闷又热，弄得我晕乎乎的，要是有把扇子就好了。""噢，那用我的花瓣不正好吗？"白天越来越短了，已经是秋天了。好像有谁从天空飞过。"你好。你是谁呀？""你好，我是小鸟。今天是我女儿的生日，我出来为她选一件礼物。可是，飞来飞去，什么也没找到，正着急呢。""那你看看我这儿有没有她喜欢的彩色花瓣呢？"有一天，乌云遮住了天空，又有谁走过我的身边。"你好。我是彩虹色的花，你是谁呀？""我是刺猬。最近冷多了，眼看就要下雨了，怎么办？""那你到我身上摘片花瓣吧！"一阵大风吹走了我最后一片花瓣，我好难过，我不再是一朵美丽的彩虹花了，呜……

2. 师：同学们，你觉得这朵彩虹花美不美？为什么？

生：我觉得这朵彩虹花真美，她把美丽的花瓣送给了别人，帮助了其他的小动物。

3. 师：是啊，彩虹花的心里装着别人，乐于帮助小动物，这才是真正的美！

板贴：帮助

4. 师：那么，接受了彩虹花帮助的小动物们会怎么做呢？请你发挥想象力，给这个绘本故事加上一个结尾吧！

出示游戏规则：

1. 各小队合作讨论，后来小动物们会怎么做呢？
2. 利用任务包的材料把想象的内容展示出来，可以贴，可以画。
3. 各小队推选一名代表做交流。
4. 活动过程中做到轻轻说话，尊重他人，不影响其他小队，时间为5分钟。

（各小队合作讨论并交流）

5. 师：彩虹花帮助了小动物们，小动物们用感恩的心回报了彩虹花，正像绘本的最后一页，第二年春天，彩虹花又绽出美丽的笑容。同学们，通过看《彩虹花》，你明白了什么道理吗？

生1：我懂得了心里装着别人，别人也会想到你。

生2：我懂得了帮助别人的时候，自己也会觉得很快乐。

……

6. 师小结：有句话说得好"赠人玫瑰，手有余香"，就是说帮助别人的时候也帮助了自己，多温暖啊！

7. 师：乐乐要像彩虹花那样去帮助别人，做一个爱心小天使。如果你是乐乐，遇到下面的情况，你会怎么做？请与同桌选一种情境，演一演。

出示PPT：

① 同桌好几天都没来上学，如果你是乐乐……
② 同桌默写错了很多，如果你是乐乐……
③ 同桌忘带铅笔了，如果你是乐乐……
④ 同桌摔跤了，如果你是乐乐……

（同桌表演）

8. 师小结：乐乐伸出帮助的手，找到好朋友，把温暖送给了朋友。

板贴：互帮互助多温暖

> **设计意图：** 采用符合学生年龄特点的绘本，让学生在读一读、写一写的过程中，结合本节课的收获开展绘本创编，让学生懂得帮助别人就是帮助自己。

三、总结拓展，实践友善

1. 师：在笑笑、闹闹和乐乐找朋友的过程中，我们发现了找朋友的秘诀。那就是——

（学生跟读：伸出礼貌的手，待人有礼多文明；伸出尊重的手，和谐相处多快乐；伸出帮助的手，互帮互助多温暖）

2. 师：礼貌、尊重、帮助，这都是友善的行为。伸出友善的手，才能找到好朋友。

板贴：友善、伸出友善手

3. 师：回顾我们相处的这三个多月，请你找找班级里友善的行为，为他（她）点个赞。请看大屏幕（播放照片）你想给谁点赞？

生1：我想给***点赞，我摔跤的时候，是她扶起了我。

生2：我想给***点赞，每天早上，她都大声跟老师同学打招呼。

生3：我想给***点赞，她教我学拼音。

……

4. 师：让我们把友善记在心里，落在行动上，做个友善的人。最后，就请你们在音乐声中，伸出友善手，找到好朋友。请每一位同学为别人的友善行动敲章点赞。开始吧！

播放歌曲《找朋友》：找呀找呀找，找到一个好朋友；敬个礼呀，鞠个躬，笑嘻嘻呀，握握手；你是我的，你是我的好朋友。

（学生敲章点赞活动）

5. 师：恭喜同学们，人人都找到了朋友。在接下去的一个月中，如果你看到了好朋友的友善行为，就在他（她）的友善卡上贴上"大拇指"，并点个赞。请每一位同学细心观察，及时评价。如果有不友善的行为，也要提醒他（她），帮助他（她）改正错误，这也是友善。祝愿每一位同学伸出友善的手，人人找到好朋友！

板贴：伸出友善手

> **设计意图：** 结合学生生活实际，启发学生寻找生活学习中的榜样，学做一个友善的人。课后拓展部分，发挥集体教育和同伴教育的作用，引导学生发现自己或他人在友善方面的优点和不足，人人争做友善的人。

【板书设计】

伸出友善手　找到好朋友

	礼貌	伸出礼貌的手，待人有礼多文明
友善	尊重	伸出尊重的手，和谐相处多快乐
	帮助	伸出帮助的手，互帮互助多温暖

【点评】

一、教育有深意

本节主题教育课将社会主义核心价值观和学生的生活实际结合起来，和身边的小事结合起来，教育学生从小铭记并践行社会主义核心价值观，长大成为合格的社会主义建设者和接班人。根据班级实际情况，教师以"友善"为主题，通过虚拟人物"笑笑""闹闹""乐乐"找朋友的过程，引导学生懂得友善要从礼貌、尊重、帮助他人做起；只有做一个友善的人，才能找到好朋友。

二、过程显童趣

本节主题教育课从学生喜闻乐见的游戏导入，在轻松的氛围中激发学生找朋友的动机。怎么才能找到好朋友呢？孙老师通过三个虚拟人物找朋友的过程，采用榜样教育、游戏体验、激励评价等方式，引导学生明白礼貌、尊重、帮助都是友善的行为，做一个友善的人，就能找到好朋友。整个教育过程处处体现了以学生为本，符合低年级学生年龄特点，充满了童趣。

三、素材源生活

整节课中，孙老师对教育素材的选择精心、用心，针对一年级学生的认知特点和心理需求，选择了学生喜欢并能引起共鸣的生活素材。如情景模拟的内容贴近学生生活实际，能够引发学生思考；课后拓展活动，为班中"友善的行为"点赞，这样更能挖掘学生中的榜样，通过榜样的作用激励学生做一个友善的人，这就是学生身边的"活教材"。

上海市浦东教育发展研究院德研员　姚瑜洁

第15课　帮助的味道

设计教师：上海市浦东新区逸夫小学　马怡雯
指导教师：上海市浦东新区向阳小学　赵　辉

【活动对象】
小学二年级学生

【活动背景】
　　社会主义核心价值观提出"爱国、敬业、诚信、友善"是公民的基本道德规范。其中，"友善"是处理人际关系的基本准则。较多小学生应该从小培养这种良好品质，树立友善待人的意识，成为新时代的友善小使者。
　　经调查，我班70%的学生主动帮助他人的行为较少，自扫门前雪的现象较多。如果地上出现纸屑，很少有人会主动把它捡起来；有些同学带的备用铅笔比较多，但就是不肯借给别人；有的同学宁愿出去玩，也不愿意主动帮助他人解决学习上的难题；做作业时，很多学生习惯把答案直接告诉请教的伙伴，并以为这就是帮助同学，忽视了他们真正的需求。因此，教师引导学生从小学会主动关心、帮助他人是迫在眉睫的事。

【活动目标】
　　知识与技能：
　　1. 知道求助和助人的方法。
　　2. 知道帮助别人也要选择合适的方法。
　　过程与方法：
　　1. 借用虚拟人物角色"露露"，在情境中体会帮助别人的快乐。
　　2. 在设计的案例情境中，学习一些求助和助人的方法。
　　3. 在情景演练中，训练求助和助人的技巧，并懂得帮助他人也要掌握一定的尺度。
　　情感态度价值观：
　　感受帮助别人的快乐，产生乐意去帮助他人的愿望。

【活动重点】
　　1. 知道求助和助人的方法。
　　2. 懂得帮助别人也要选择合适的方法，并体会帮助别人的快乐。

【活动难点】

学会求助和助人的技巧，并懂得掌握一定的尺度。

【活动准备】

收集相关资料、制订活动方案、制作课件。

【活动过程】

一、动画"识帮助"

1.师：小朋友们好，今天马老师要带大家认识一位新朋友，看看她是谁？

播放视频《帮助别人真快乐》：露露是一个乐于助人的好孩子，在家里是这样，在幼儿园也是这样，大家都很喜欢她。有一次，草莓兔帮老师收拾玩具时，不小心碰痛了小手，露露看见了，赶忙来帮忙，把剩余的玩具收拾好。轮到精灵猴拖地时，他"呼哧呼哧"地提着小水桶接水，结果，接满的水桶太重了，精灵猴一个人拎得很费力，露露看见了急忙去帮忙。时间长了，班上的小朋友都喜欢叫露露帮忙，因此露露每天都会很忙碌，但是露露一点都不觉得辛苦，因为她觉得帮助别人是件快乐的事情。

2.师：露露是如何帮助小兔子和猴子的？她为什么想去帮助他们？

生1：她帮小兔整理玩具，她帮小猴拎水。

生2：她觉得帮助别人很快乐。

3.师：你帮助过别人吗？心情如何？

生1：我帮同桌扫过地，觉得很开心。

生2：我昨天送给小红一块橡皮，觉得很高兴。

……

4.师："帮助使人快乐"，就让我们走进今天的主题教育课，一起来品味一下帮助的味道。

板书：帮助的味道

设计意图： 低龄儿童活泼好动，动画的形式更易吸引他们的注意力，活动伊始便将"'帮助'使人快乐"的概念植入心中，为后期产生乐于帮助他人的愿望做铺垫。

二、游戏"品帮助"

1.师：为探索帮助的味道，我们先玩个"蒙眼游戏"吧！

出示PPT《游戏规则》：请一名小朋友蒙住自己的眼睛，在原地转3圈后，寻找自己的座位。其余同学充当现场观察员并保持安静。

2.师：他在玩的过程中顺利吗，遇到什么困难？

生1：他看不见，撞到了桌子。

生2：他找不到方向，走反了。

3. 师：谁来帮助他共同完成蒙眼游戏？

出示PPT《游戏规则》：请一名小朋友蒙住自己的眼睛，在原地转3圈后，寻找自己的座位。另一位同学用声音引导他。

4. 师：眼睛被蒙住时是什么感觉？心情如何？

　　生：看不见，很害怕。希望有人来帮助我。

5. 师：你怎么帮助他？帮助后的心情如何？

　　生：我用声音提醒他及时调整前进的方向。我觉得很开心。

6. 师：赠人玫瑰，手留余香。每帮助别人一次，我们就会多收获一份快乐。只有学会求助和助人的方法，才能将这些快乐"储存"起来。

板书：求助　助人

> **设计意图**：关闭视觉功能后，独立绕过障碍物到达终点；寻求帮助，两人合作，一人关闭视觉功能，另一人协助他绕过障碍物到达终点。两种游戏方式的对比，更能帮助学生领悟助人的重要性。特别是，当孩子戴上眼罩后对周遭环境的感知力下降，易产生自我聚焦的苦恼，游戏中引导学生在自己遇到困难时寻求帮助，在他人遇到困难时给予帮助，便能切实感受帮助他人和被帮助的快乐。

三、情境"学帮助"

（一）求助

1. 师：遇到困难时，该如何有礼貌地向他人求助呢？请你帮这几位小朋友想想办法。

出示PPT：明明的绿领巾忘带了，他该怎么办？

2. 师：明明该怎么办呢？

　　生1：去商店买一条新的。

　　生2：向同学借一条。

　　生3：打电话请妈妈送来学校。

3. 师：真聪明！求助时一定要向对方说清楚情况并表示感谢。

板书：寻找对象　说明情况　表达感谢

（二）助人

出示PPT：小蝴蝶看见同桌的作业没做完，就去玩，她该怎么办？

1. 师：小蝴蝶该怎样帮助同桌？

　　生1：报告老师。

　　生2：不让他加入。

　　生3：让他先写完作业再带他玩。

2. 师：帮助别人时，要选择合适的方法。

板书：合适的方法

设计意图：通过上述环节的铺垫让学生产生帮助别人的想法后，再正确、合理地运用自己生活中的实际经验，将个人的经验引入课堂，集思广益中共同探讨助人和求助时的好方法。联系学生生活，能更好地引导学生回归生活后，在真实的情境中去求助或助人。

四、拓展"用帮助"

1. 师：我们刚刚学会了求助和助人的方法，你们都记住了吗？让我们一起来练一练。

出示PPT：小蝴蝶的本子用完了，怎么办？两人一组演一演。

2. 师：小蝴蝶该怎么求助呢？

（学生情境表演）

丽　丽：小蝴蝶你怎么了？

小蝴蝶：我的本子用完了，书包里也没有新的。

丽　丽：不要着急，我还有一本，送给你。

小蝴蝶：谢谢你，你真是我的好朋友！

出示PPT：小蝴蝶遇到难题不会做，怎么办？两人一组演一演。

3. 师：你怎么帮助小蝴蝶呢？

（学生情境表演）

小蝴蝶：明明，这道题我不会做，答案是多少？

明　明：小蝴蝶，我不能告诉你答案，我教你方法吧！

小蝴蝶：谢谢你，你真好！

出示PPT：小蝴蝶发现同学没扫地，怎么办？（　　）（选一选）

　　　　A. 报告老师，再帮他打扫

　　　　B. 向老师告状后就不管了

　　　　C. 找到他，监督他打扫

4. 师：求助时，一定要向对方说明情况并表示感谢；助人时，则要选择最合适的方法。

设计意图：作为闯关游戏的延伸拓展，让学生们更进一步思考、探索多种不同情况下的解决方法，这也是学生们在下一节课乃至生活中需要不断进行探索的内容。课堂的延伸是主题教育课的核心导行环节。

五、新闻"思帮助"

1. 师：帮助别人是一件好事，但要掌握尺度。有时候过度帮助也可能会造成伤害。请大家听一则新闻。

播放新闻内容：贵州省某学生，为帮同学取树上的羽毛球不慎跌落，造成腰椎骨、肋骨、肩胛骨骨折，头部血肿且周身多处擦伤。

2. 师：听了以后，你有何感受？

生1：太可怕，太危险了。

生2：他应该去叫老师，不应该自己爬。

3. 师：帮助使人快乐，但也要分情况。好的事才能帮，能帮的事一定帮，不能帮的事请别人帮。

出示PPT：好的事才能帮，能帮的事一定帮，不能帮的事请别人帮。

（学生跟读）

> **设计意图：** 鼓励学生们将活动中所感悟到的体验运用到生活中去。同样，我们也要提醒学生们帮助要"量力而为"，在遇到实际问题时要懂得辨析，这是生命教育的一个重点。

六、歌声"乐帮助"

1. 师：帮助就像一座桥，传递了人与人之间的爱，将大家紧紧地联系在一起。你喜欢帮助的味道吗？让我们一起来念念儿歌吧！

播放儿歌《帮助的味道》：请让我来帮助你，就像帮助我自己，请让我去关心你，就像关心我们自己，这世界会变得更美丽。请让我来帮助你就像帮助我自己，请让我去关心你，就像关心我们自己，这世界会变得更美丽。

2. 师：只要你牢记有关帮助的原则，做乐于助人的孩子，你就一定能品味出帮助的味道！

【板书设计】

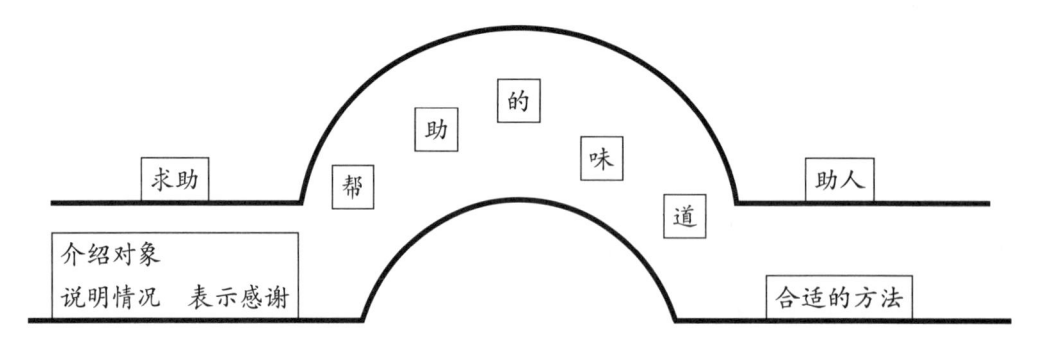

求助 —— 帮助的味道 —— 助人
介绍对象
说明情况　表示感谢　　　　　　　合适的方法

【点评】

1. **选题时尚，有意义。**《帮助的味道》使学生看到主题就产生亲切感和探究欲，较好地运用了时尚元素，使有意义的事更有趣，形式新颖，操作性强。

2. **形式活泼，有趣味。** 教师授课中有针对性地探讨了学生面临的问题及相应对策，教学中能密切结合校园内及学生身边熟悉的事件开展活动，深入浅出，启发学生进行思考，开展讨论，并利用儿歌等形式激发学生的兴趣。

3. **以小见大，有深度。** 班级也是社会的一个小缩影，学生们现在的一言一行都会影响他们今后的习惯。马老师通过动画、儿歌等形式让孩子自己去辨析、感悟、体会帮助别人的乐趣，并以此为原动力产生主动助人的愿望。

上海市浦东教育发展研究院德育教研员　姚瑜洁

第16课　一场真正的"自由"行

设计教师：上海市浦东新区张江高科实验小学　　马雯晔
指导教师：上海市浦东教育发展研究院　　　　　　姚瑜洁

【活动对象】
小学三年级学生

【活动背景】
党的十八大以来，中央高度重视培育和践行社会主义核心价值观。自由、平等、公正、法治是社会层面的价值取向。"自由"是指人的意志自由、存在和发展的自由，是人类社会的美好向往，也是马克思主义追求的社会价值目标。

经调查，班级中有近八成的学生认为"自由"就是想做什么就做什么，随心所欲、不受约束、不受控制。但事实上，"自由"不是为所欲为，不是随意妄为。自由是可贵的，值得每一个人好好珍惜，但自由是有前提的、有规则的。小学生对于自由的理解还不合理、不深入，需进一步厘清"自由"的内涵。

【活动目标】
知识与技能：
1. 知道在守规则、讲法治、懂自律的前提下，才能获得自由的权利。
2. 知道自由的可贵，珍惜自由。

过程与方法：
运用情境辨析法、戏剧演绎法、小组讨论法，让学生体悟到在一定的前提下，才能获得真正的自由，实现自由的价值。

情感态度价值观：
明白当自己懂得自律后，就能提升自由的价值，实现真正的自由。

【活动重点】
知道在守规则、讲法治、懂自律的前提下，才能获得自由的权利。

【活动难点】
1. 知道在守规则、讲法治、懂自律的前提下，才能获得自由的权利。
2. 领悟自由的可贵，珍惜自由。

【活动准备】

多媒体课件、板书。

【活动过程】

一、开启"自由"行

1. 师：同学们，改革开放以来，我们的祖国发生了巨大的变化，所以我们组织了"带着国旗去旅行"活动，看一看，找一找改革开放带来的大变化。

出示图片：Yoyo

2. 师：同学们看，这是Yoyo，她也参加了这个活动。让我们一起跟她打个招呼吧！

生：你好，Yoyo。

3. 师：Yoyo自己选择旅行地点，自己设计旅行路线，不跟团，我们把这种旅行叫作——自由行。让我们跟着Yoyo一起踏上这一场"自由行"吧。

板书："自由"行

设计意图：结合学校热点活动"带着国旗去旅行"，将"自由"这一主题设计在旅行的情境中，巧妙引入"自由行"的概念，并取"由"的谐音设计了Yoyo这一人物，更适合三年级的学生，帮助他们快速地融入情境中。

二、情境辨析：自由需要"讲法治"

《我的朋友还没来，不可以发车》

播放录音：Yoyo：看看我的车票，发车时间是8：00。哎呀，已经7：55了，东东怎么还不来啊，都要发车了！

高铁广播：各位旅客，G1120次列车即将发车，请您赶紧上车。

Yoyo：不行不行，我的朋友还没到，不可以发车！再等等，再等几分钟吧！

乘客劝解：小朋友，你不能这样随意阻止高铁发车啊！这可影响了铁路交通的运行啊！

Yoyo：我不管，我买票了，我有权让它再等一会，就几分钟而已。

1. 师：同学们，Yoyo有权让列车等着吗？为什么？

生：她没有权利让列车等着。因为如果列车不按照规定时间发车的话，那会影响后续列车的运行的，而且还影响其他乘客的权益。那就乱套了。

播放录音：

乘客：瞧！乘警叔叔来了！

乘警叔叔：小朋友，《中华人民共和国治安管理处罚法》第二十三条规定，非法拦截或者强登、扒乘机动车、船舶、航空器以及其他交通工具，影响交通工具正常行驶的，处警告或者二百元以下罚款；情节较重的，处五日以上十日以下拘留，可以并处五百元以下罚款。你这样的行为触犯法律了哦！

2. 师：听了乘警叔叔的话，我们知道了，自由不是随时随地都可以按照自己的意愿来行事，我们要在遵守法律法规的前提下，才能获得自由的权利。

板书：讲法治　得自由

3. 师：让我们一起对Yoyo说——

生：讲法治，得自由。

4. 师：这是Yoyo这趟自由行背包当中收获的第一件重要装备。好啦！问题解决了，列车发动啦，Let's go!

> **设计意图：** 创设课堂情境，配合录音，不仅直观生动，更能引发学生思考。对于小学生来说，法治意识正在不断培养，通过这个典型案例能够让学生知道，只有遵守法律法规，才能获得自由的权利。

三、情境演绎：自由需要"守规则"

《我想坐哪儿就坐哪儿，这是我的自由》

播放录音：

Yoyo：让我来看看车票，我的座位在第11排D座，这个座位不好。我喜欢这个靠窗的座位，还能看风景呢，我就先坐这里吧！

乘客：小朋友，你坐了我的座位，请按照车票上的座位入座哦！

Yoyo：哎呀，一个座位而已嘛，我喜欢这个座位，我就想坐在这里，这是我的自由！要不你去其他地方坐吧，反正还有空位呢！

1. 师：这真是令人为难了，如果你是乘客，你该怎么办呢？老师来演Yoyo，请一位同学来演乘客。

2. 生角色扮演：

师Yoyo：哇！这个靠窗的座位真棒，可以看风景，我就坐这里吧。

生乘客：这位小朋友，你坐错座位了，你坐了我的座位。

师Yoyo：我想坐在这里，我喜欢这个座位，要不我和你换吧，我的座位在那边走廊边，你去坐那里吧。

生乘客：小朋友，我们应该按照自己的车票位置来坐，不可以随意乱坐哦！

师Yoyo：不要，我就要坐这里！哼！

3. 师：同学们，你们觉得Yoyo应该让还是不让？为什么？

生：我觉得那位乘客说得对，Yoyo应该让座，我们都要按照自己的车票对号入座。

播放录音：

高铁广播响起：各位旅客，你们好！上车后请按照车票信息对号入座，乘务员将进行检票工作。如果您想更换座位，需要与对方乘客商量或者请乘务员帮忙协调，征得对方同意后才能调换座位，避免给大家带来不必要的麻烦。感谢您的配合！

4. 师：同学们，听了高铁广播后，Yoyo会怎么做呢？再请两位同学来演一演。

5. 生角色扮演：

生1（乘客）：小朋友，你坐了我的座位，是不是坐错了？

生2（Yoyo）：这位叔叔，你好！我很喜欢你的座位，我可以跟你换个座位吗？

　　生1（乘客）：小朋友，我们应该按照自己的车票位置来坐，不可以随意乱坐哦！而且一会我下车了，会有其他乘客坐我的座位，要是我们不按照自己的座位来坐，岂不是会遇到很多麻烦？

　　生2（Yoyo）：那好吧，我还是先坐我的座位吧，要是你的座位等下空了，我可以坐吗？

　　生1（乘客）：可以的！

　　6. 师：感谢两位同学的精彩演绎。同学们，现在我们知道了应该按照车票座位就座，不能随意乱坐，这是"规则"。如果我们破坏了规则，那是有违道德底线，有损社会公德的行为。所以，让我们一起对Yoyo说——

板书：守规则 能自由

　　生：守规则、能自由。

　　7. 师：这下我们给Yoyo装上了第二套"守规则 能自由"的装备，让我们更加期待这趟"自由行"了！

> 　　**设计意图**：运用角色扮演的方式，让学生演绎两段情境故事，从"霸座争吵"到"合理调座"，让学生在体验的过程中明白：自由有一个前提，那就是遵守规则。

四、情境辩论：自由需要"懂自律"

《请不要大声打电话》

　　1. 师：终于解决了座位问题，Yoyo也总算是可以安心坐下休息了。可就在这时，安静的车厢内突然响起了一阵电话铃声，只听见Yoyo旁边座位上的叔叔大声地打着电话，打破了车厢的宁静。

　　出示图片：叔叔大声打电话。

　　2. 师：同学们觉得这个叔叔的行为合适吗？

　　生：不合适。

　　3. 师：Yoyo也觉得不合适，于是她轻轻地跟叔叔说——

播放录音：

Yoyo：叔叔，您打电话声音太响了，会影响其他乘客的，您轻一点吧。

叔叔：小姑娘，你少管大人的事。高铁规定不能大声打电话了？

　　4. 师：同学们，你们来劝劝这位叔叔吧。

　　生1：叔叔，高铁上可以打电话，但是要轻一点，不影响其他人。要是你在休息时，被别人大声打电话吵到，您也会不高兴吧？

　　生2：叔叔，高铁车厢是公共场所，我们每一个人都要为高铁文明做一点贡献，我们每个人都自律了，那社会就美好了。

　　5. 师：说得太棒了！一个高度文明的社会，一定是人人都懂得自律的，这样我们才能享受自由。

信念·价值观

板书：懂自律 享自由

6. 师：同学们瞧！在高铁上其实还有许许多多不够自律的行为。

出示图：乘客脱鞋把脚放在座位上、乘客在车厢里吃东西并且随地乱扔垃圾。

7. 师：请同学们分组将高铁中不够自律的行为罗列出来，填写在海报上，让我们一起画一个大大的禁止符号，对这些行为说"不"！

（生分组填写、绘制海报）

设计意图： 在情境辨析、情境演绎之后，通过图示法罗列真实案例，并进行分组，完成海报填写，让学生对"自由"和"自律"之间的关系有更清楚的认识，并能切身体会到有自律才有自由，并立志成为小小宣传使者。

五、结束自由行

播放录音：

Yoyo：我的这趟"自由"行真是收获多多，我不仅知道了要在守规则、讲法治的前提下才能拥有自由，更懂得了获得更多自由需要我们懂自律。

背景音：列车前方到站，请旅客们准备下车。

Yoyo：哇！到站啦！我要去校园里采访一下大家对于自由的理解！

播放视频：

生1：我觉得我在学校里是自由的，在家里时妈妈老是叮着我做作业。

生2：我觉得跳舞的时候是最自由的，我做了我想做的事情而感到特别快乐，所以我觉得很自由。

生3：自由要在规则里才能自由。

生4：我觉得自由就是我下围棋时专注在棋盘上，只有我和围棋，不受别人干扰，我觉得这就是自由。

喊一喊自由口号

1. 师：同学们，快来瞧一瞧，Yoyo的这次自由行所收获的装备真是太有价值了。让我们和Yoyo一起把这些装备好好珍藏，来，我们一起喊出自由的口号吧！

生：讲法治　得自由
　　守规则　能自由
　　懂自律　享自由

2. 师：让我们一起在讲法治、守规则、懂自律中，享受自由，珍惜自由，因为只有这样才是真正的自由！

板书：真正的

3. 师：今天很高兴，我们和Yoyo一起开启的这一趟"自由"行，收获满满，我们的旅行未完待续，谢谢大家！

119

【板书设计】

一场真正的"自由"行

讲法治
得自由

守规则
能自由

懂自律
享自由

【点评】

马老师执教的《一场真正的"自由行"》这堂课很成功。

第一，立意有高度。这堂课紧紧围绕着社会主义核心价值观中的"自由"，让学生们了解了自由的真正内涵与价值。

第二，教育内容实。"自由"实实在在，就在我们身边。取自现实的案例、真实的校园采访，从多种角度用翔实的素材阐述证明"自由是有前提的，需要在一定的规则和法律保障下才能获得自由的权利。任何触犯法律、违背道德底线和社会公德的自由都是行不通的。滥用自由是不珍惜自由的表现。"

第三，教育形式活。或播放视频或小组讨论或情景演绎等，同学们各抒己见，执教老师耐心引导，和蔼可亲，循循善诱。在马老师的带领和指导下，学生们从体验、感悟中学到了许多基本的道理。

上海市浦东教育发展研究院　姚瑜洁

第17课　珊瑚"保卫战"

设计教师：上海市浦东新区上南实验小学　　钱黎娜
指导教师：上海立信会计金融学院附属学校　　韩　英

【活动对象】
小学三年级学生

【活动背景】
亲近和睦的关系就是友善，但友善不仅仅是人与人之间的关系，任何动物甚至是植物都是有灵性的，与人类息息相关，所以友善也是人与自然万物之间的关系。我们应该爱护我们所处的环境，与这些动植物朋友"友善相处"。因为当你对周围的事物付出善意和爱心时，你收到的也必将是友善和心安。这就是种瓜得瓜、种豆得豆的道理。

三年级的孩子大多很喜爱小动物，而有时一味的爱可能会出现不当的行为，那如何以正确的方式对待小动物呢？我决定以珊瑚为例，就人与动物之间的友善问题展开探讨，于是以"友善"为主题的《珊瑚"保卫战"》一课就此诞生了。

【活动目标】
知识与技能：
1. 知晓友善是中华民族的传统美德，友善不仅仅是人与人之间的亲近和睦，人与生物之间也是如此，要学做友善之人。
2. 了解气泡珊瑚的习性，掌握正确的、友善对待珊瑚的方式。

过程与方法：
借助游戏闯关、情景表演和辩论等方式了解珊瑚，掌握保护珊瑚的正确方法。
感受团队合作的快乐，初步养成合作学习的习惯和能力。

情感态度价值观：
初步了解：友善是公民基本道德规范，是社会主义核心价值观之一，要做友善之人。

【活动重点】
借助游戏闯关、情景表演和辩论等方式了解珊瑚，掌握保护珊瑚的正确方法。

【活动难点】
感受团队合作的快乐，初步养成合作学习的习惯和能力。

【活动准备】
1. 收集相关媒体资料、制定方案、制作课件。
2. 准备板贴（主题、各式贴图）。

【活动过程】

一、破冰游戏——海底世界真奇妙

1. 师：同学们，你们知道吗，神秘广袤的海洋是生命的起源，无数丰富多彩的海洋生物在美丽奇幻的海洋里自由自在地生活着。其中，你最喜欢哪一种海底生物呢？

生1：我最喜欢的是小海马，我觉得海马长相很奇特、有趣。

生2：我喜欢凶猛的大鲨鱼。

生3：海底有各种五彩缤纷的鱼类，我特别喜欢。

……

2. 师：刚才你们所说的这些颜色瑰丽的海洋生物，构成了海底世界的缤纷多彩，今天就让我们一起走进海底世界吧！

> **设计意图：** 请孩子们说说海底世界的小动物，不仅是为了拉近与孩子的距离，更是为了和主题呼应，能顺其自然地过渡到主题教育课的环节中。

二、走近魅力珊瑚礁

（一）看一看，引出珊瑚

1. 师：瞧，这里是诗巴丹岛，这里的海底美景可是世界顶级的呢！看视频，一会儿请你说说你都看到了什么。

播放视频《诗巴丹岛的海底世界》：诗巴丹岛是沙巴著名的潜水景区，也是世界顶级的潜水胜地之一。由浅入深，我们可以看到形状各异的珊瑚、海葵、海绵以及由成千上万条白鱼和其他鱼组成的巨大鱼群。

生1：我见到了成群结队的鱼，很壮观。

生2：我还看到了大海龟。

生3：我看到了五彩缤纷的珊瑚。

2. 师：是呀，海底世界不仅有各具特色的鱼类、憨态可掬的海龟，还有那缤纷多彩的珊瑚礁，今天就让我们来认识一下海底世界的珊瑚吧。

（二）聊一聊，介绍珊瑚

1. 师：请你猜猜，美丽的珊瑚是动物还是植物呢？

生：我知道，珊瑚是动物。

2. 师：你的知识面可真广，珊瑚由许多珊瑚虫聚集在一起组成，也是一种动物。它是海洋里许多鱼儿小时候的家园，对于我们人类而言，也有着不小的作用哦！让我们一起走进珊瑚的瑰丽世界吧。

信念·价值观

播放照片《魅力珊瑚礁》。

3. 师：绚丽多姿的珊瑚美不美？

生：美！

4. 师：美丽的东西往往很脆弱，珊瑚也不例外，为了保护住这份美景，我们应该用什么方式对待珊瑚朋友呢？

生1：好好对待，不去破坏它。

生2：珊瑚很好看，但我们不能把它采摘下来带回去。

……

5. 师：我从你们真挚的眼神中读出了你们对珊瑚的关爱，同学们刚才所说的对待珊瑚的方式就叫作——友善。

设计意图：在"走进魅力珊瑚礁"的环节中，我们考虑到三年级的孩子已懂得了一定的道理，也很喜欢看视频，所以我分了三个板块。首先是看一看魅力的海底世界，贴出小动物们，接着是猜一猜珊瑚的属性并作简单的介绍；最后用孩子的话来揭示主题，即我们要用友善的方式对待小动物们。随后过渡，要友善地对待他们首先要了解他们，引出了下一环节"珊瑚知多少"。

三、珊瑚世界知识多

（一）猜猜珊瑚名

1. 师：想要正确、友善地对待小珊瑚，首先要了解它，玩个游戏热热身吧！等会儿会有一些图片出现，请你们猜猜它的名字。认为它是三角形选项的，请双手举过头顶，指尖相碰；认为它是圆形选项的，请弯曲手臂在胸前抱个圆；认为它是爱心形状的，请用双手手指比一个爱心。注意不能抢答哦！还等什么，快开始吧！

第一题：气泡珊瑚

选择题游戏内容：

选项：△圆球珊瑚　○气泡珊瑚　♡皮球珊瑚

2. 师：请看第一题，请作答！

生：圆形！

3. 师：没错！长得像一个个小气泡一般的就是气泡珊瑚啦，别看它外表萌萌的，其实有剧毒呢。

第二题：太阳花珊瑚

选择题游戏内容：

选项：△太阳花珊瑚　○黄菊花珊瑚　♡大喇叭珊瑚

4. 师：再看第二题，请作答！

生：选第一个，太阳花珊瑚。

5. 师：恭喜双手举过头顶的同学，这就是太阳花珊瑚。瞧，它的形状多像一朵朵太阳花呀！

第三题：水仙千手佛珊瑚

选择题游戏内容：

选项：△千手观音丝　○银丝带飘飘　♡水仙千手佛

6. 师：最后看第三题，请作答！

生：是最后一个，水仙千手佛。

7. 师：看它一根根丝带在海底摇曳，多像千手观音呀，比爱心的同学答对啦。小小珊瑚的形状真是富于变化啊，你们喜欢吗？

生：喜欢！

8. 师：那让我们一起赞一赞这五彩缤纷、奇幻美丽的珊瑚吧。

生：小小珊瑚真奇妙，形状各异名字多。

（二）读读珊瑚报

1. 师：那我们以气泡珊瑚为例，来了解一下它的习性吧。同桌两人一起读读珊瑚小报，这里藏着闯关的钥匙哦，仔细读才能成功闯关！

珊瑚小报1：hi，我是气泡珊瑚，我很漂亮吧！我们膨胀和扩张都需要光，白天张开时，珊瑚虫呈白色或黄色气泡状，白天时一颗颗晶莹剔透般展开着，看起来很像气泡、珍珠或葡萄。泄气时可以看见我们有一个硬的骨架，气泡珊瑚的名字就是这么来的。气泡珊瑚入夜后会伸出一只只像海葵般的触手捕食，具有毒性很强的刺细胞，处理和采集的时候必须非常小心，而且我们十分脆弱，一碰就碎。

习性：单独生长在中、强光水域，属夜行性生物。

食性：捕食浮游生物、鱼肉、贝类。适合于水温：22~25摄氏度。

珊瑚小报2：对许多具有商业价值的鱼类而言，珊瑚礁提供了食物来源及繁殖的场所，而且珊瑚礁保护了我们的海岸线呢，健康的珊瑚礁就好像自然的防波堤一般。约有70%~90%的海浪冲击力量在遭遇珊瑚礁时会被吸收或减弱，不仅如此，珊瑚礁还能保护我们的生命。医生们开始研究用珊瑚礁制造新药的可能性。还有一些外科医生已使用珊瑚礁来替代骨头。

（三）闯闯珊瑚关

第一关：形态关

1. 师：这里有两张图片，都是气泡珊瑚。但是它的形态多变，白天夜晚的模样可不一样。谁来闯闯第一关"形态关"。

　　闯关内容：根据珊瑚小报上的提示，将白天和夜晚不同形态的气泡珊瑚送回家。

　　生1：我觉得这个圆圆的是气泡珊瑚白天的形态，它像珍珠和葡萄那样圆润。

　　生2：我觉得这个干瘪的是它晚上的形态，看起来硬硬的。

　　2. 师：你们对珊瑚的了解可不少，气泡珊瑚是一种光感生物，白天时它像一颗颗珍珠和葡萄，晶莹剔透般展开着，看起来很像气泡，晚上它就露出干瘪的骨架，伸出触手开始捕食啦。

第二关：习性关

　　1. 师：气泡珊瑚不仅形态多变，它还有不少小秘密，以下哪些选项正确地描述了珊瑚的习性呢？请你点击描述正确的文字把它送到小动物的底下吧。

　　闯关内容：根据珊瑚小报上的提示，点击蓝色方框内给出的正确选项，即可显示在当前页面上海底生物的底部。

　　生1：气泡珊瑚是夜行性生物。

　　生2：气泡珊瑚喜欢单独生长。

　　……

　　2. 师：美丽梦幻的气泡珊瑚原来是很危险的，它的剧毒对于人类而言也是很危险的，而且它对于生长环境的要求也不小呢！

第三关：知识关

1. 师：通过前面两关，我们浏览了珊瑚的美照，还掌握了关于气泡珊瑚的小知识，现在让我们一起来闯第三关吧，请大声说出你的判断吧！

闯关内容：根据珊瑚小报上的提示，判断对错。

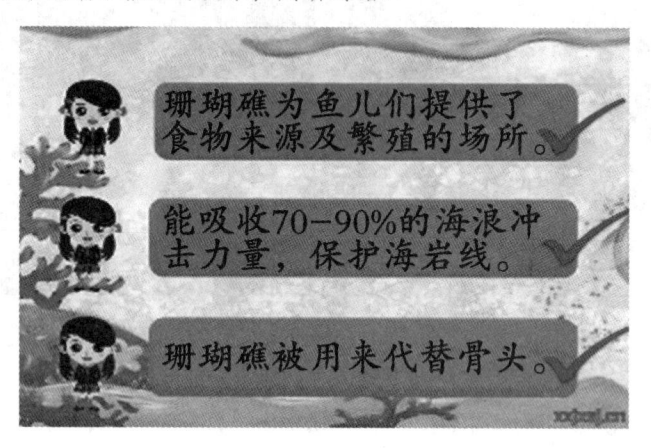

> 珊瑚礁为鱼儿们提供了食物来源及繁殖的场所。
>
> 能吸收70-90%的海浪冲击力量，保护海岸线。
>
> 珊瑚礁被用来代替骨头。

生1：第一条正确。

生2：第二条正确。

生3：第三条也正确。

2. 师：原来珊瑚不仅颜色瑰丽、形态各异，而且对于人类和海洋来说还有不小的作用呢！让我们一起再来赞一赞吧！

生：说起作用也不小，从鱼到人都需要。

3. 师：钱老师从你们热情高昂的夸赞声中感受到了你们对于珊瑚的喜爱，那让我们再来欣赏一下美丽的珊瑚礁，感受珊瑚的奇妙魅力吧。

播放照片：《珊瑚大变样》。

4. 师：可如今它们却变了模样。它们，究竟怎么了？

生1：它生病了。

生2：珊瑚是不是死掉了？

……

5. 师：原本色彩鲜艳的珊瑚由于种种原因渐渐地白化死亡了，我和你们一样很震惊，也很难过。那现在让我们从自身做起，善待珊瑚，一起打响珊瑚保卫战吧！

设计意图：在这一环节中，主要通过闯关游戏以及赞一赞珊瑚，以此达到三个目的：

第一，珊瑚猜猜猜。通过竞猜，学生可以了解不同的珊瑚有不同的名字；通过观看美丽的照片，学生对于珊瑚的喜爱之情可以得到激发；

第二，看看珊瑚小报。再通过珊瑚大闯关的形式，以第一环节出现的气泡珊瑚为例，学生可以了解珊瑚的习性、特征和作用。

第三，欣赏美丽的珊瑚。不仅再度激发孩子对于珊瑚的喜爱，还为后一环节做铺垫，而每个环节作为总结的"赞一赞"，也是为了梳理主题教育课的思路而设立的。

四、打响珊瑚保卫战

（一）演一演

1. 师：导致珊瑚死亡的主要原因大致有三种，珊瑚发来了三封求助信说明了情况，一起来看看吧！

第一封求助信：由于我们十分脆弱，而人类的手上有细菌，触摸我们会对我们造成严重的伤害。防晒霜对我们的伤害也很大，里面的化学物品会直接让我们失去活性，请你们一定要购买潜水专用防晒霜！

出示图片：

2. 师：这里有个女孩儿叫南南，男孩儿叫阳阳，他们准备去潜水。阳阳拿着从超市买来的防晒霜对南南说："南南，涂点防晒霜再去潜水吧。水里的珊瑚看起来很柔软，一会儿我们一起摸一摸吧！"

3. 师：南南会如何回答呢？请同桌两人分角色演一演。

生1：大家好，我是南南。

生2：大家好，我是阳阳。

生2：南南，要去潜水啦！你那么白，别晒黑啦，我在超市买了防晒霜，给你涂涂，我们再去潜水！

生1：不行啊，珊瑚很脆弱，珊瑚碰到化学防晒霜会被毒死的，我们要涂潜水专用防晒霜！

生2：好吧，我知道了，那一会儿我们一起摸摸珊瑚吧！

生1：那更不行了，珊瑚那么脆弱，摸一摸它会死的！不能摸！

生2：好，那我潜水时一定注意！

……

4. 师：没错，潜水前想要防晒一定要涂抹潜水专用防晒霜，为了大家的安全，并且保护脆弱的珊瑚，潜水的过程中也不能触碰美丽的珊瑚呀。

（二）辩一辩

1. 师：再来看看第二封求助信上的内容。

第二封求助信：由于我的观赏性和药用价值，人们不断地来到我的家园，将我和我的家人们全部带走，于是海洋里渐渐失去了我们的身影。

2. 师：阳阳和南南都特别喜爱珊瑚，这不，阳阳说："我特别喜欢珊瑚，我要把它们带回家好好照顾！这就是友善对待它的方式。"阳阳说，这是友善对待珊瑚的方式，你觉得对还是错，为什么呢？

生1：我觉得不对，珊瑚长在海里比较适宜，换了环境容易死亡。

生2：珊瑚对海水温度要求很高，我们很难养活。

生3：我觉得让它在海里，我们去看看它不要采摘最好。

……

3. 师：是呀，喜爱珊瑚不是一味地占有，我们要友善地对待珊瑚，不能随意采摘。

（三）谈一谈

第三封求助信：由于人们焚烧化石燃料，如石油、煤炭等，或砍伐森林并将其焚烧，会产生大量的二氧化碳，因而地球的温度越来越高。当然，我们所居住的海洋温度也在不断升高，导致为我们提供能量的海藻逐渐减少，我们将渐渐由于失去能量而死亡。

1. 师：关于这封求助信，你们有什么好主意吗？

生1：减少对树木的砍伐，让地球的温度稳定。

生2：出门可以不开车，乘坐公共交通。

生3：现在有太阳能、风能，汽车也有新能源车，我们要使用清洁能源。

2. 师：滴水成海，聚沙成塔，小小的善意举动往往能带来意想不到的效果。如果我们每个人都能从自己做起，保护树木，选择使用新能源，那么在海洋里的小珊瑚也会因此而受益呀。同学们，友善是一种亲近和睦的关系，它不仅是人们相处的方式，也是我们对待珊瑚正确的方式。用友善的方式对待珊瑚，不仅保护了珊瑚，也保护了海洋环境和我们人类生存的环境。当然，不仅仅是珊瑚，自然界中很多生物都需要我们友善地对待。现在让我们从我做起，和阳阳、南南一起善待小生物吧！最后，让我们一起读一读南南的小诗！

生：小小珊瑚真奇妙，形状各异名字多。说起作用也不小，从鱼到人都需要。如今珊瑚陷困境，需要我们来保护！小小举动大作用，友善对待我能行！

设计意图： 最后"珊瑚保卫战"的环节，我用珊瑚的口吻给孩子们寄出了三封求助信。第一封信请同学们用情景演绎的方式了解友善对待小珊瑚的做法。第二封信用辩论的形式，明确友善对待不是一味喜欢和占有，我们要理性合理地对待小珊瑚。最后一封求助信结合生活，旨在告诉学生，虽然珊瑚可能离我们的生活很远，但是我们仍然可以通过自己生活中的小事以身践行来保护它。

【板书设计】

珊瑚保卫战

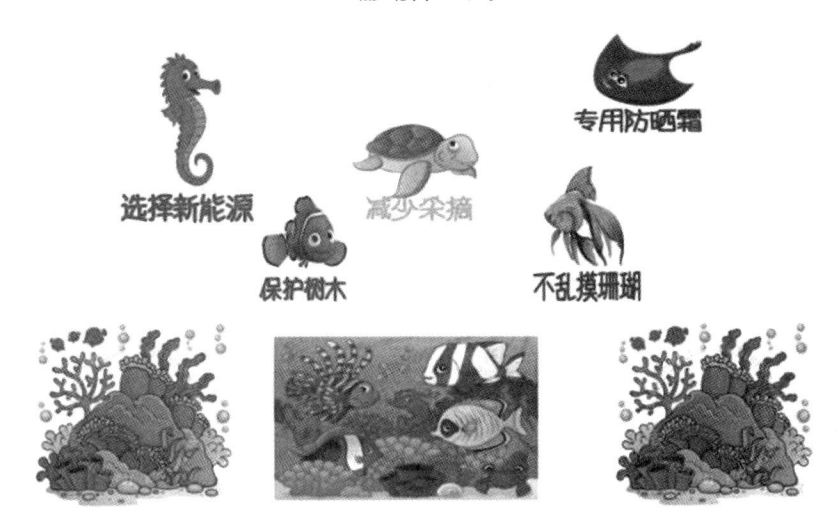

选择新能源　保护树木　减少采摘　不乱摸珊瑚　专用防晒霜

【点评】

本堂主题教育课上，动听的声音、多彩的画面以及丰富的形式融为一体，学生们学习到了保护珊瑚的方法，激发了友善待物的情感。个人觉得课堂成功之处体现在以下三个方面。

一、主题鲜明，针对性强

此堂主题教育课，钱老师围绕"24"字核心价值观中的"友善"，挖掘了一个新的"友善"角度，从学生们喜欢的话题"小动物"切入，引出"美丽的珊瑚需要我们善待"这一主题，既贴近了学生的心灵，又回归他们已有的生活经验，将本节主题教育课设计得"近、小、实"且充满趣味。

二、主线清晰，操作性强

本节主题教育课由"观赏珊瑚、了解珊瑚、喜爱珊瑚、保卫珊瑚"四个环节组成，通过游戏闯关、情景表演、小组辩论等方式带着学生一起走进珊瑚世界，在极具视觉冲击力的珊瑚今昔对比的画面刺激下，寻求帮助珊瑚、解救珊瑚的方法。整堂课的设计主线特别清晰，教学环节环环相扣、层层递进，整个过程水到渠成，没有一点突兀感。

三、德育导行，教育性强

钱老师能依据主题教育课的针对性、时效性、真实性等要求，选择符合孩子心理特点的材料，采用丰富多彩的形式，学生在打响"保卫战"时不仅思考了自己能做什么，还从家庭、社会的角度来反思，在思考、讨论、辨析中提升了认知水平。最后的小诗将整堂课的内容和教育目的有机串联起来，对于小学三年级的学生来说更方便记忆，教育性强。

上海立信会计金融学院附属学校校长助理　韩　英

第18课　你好，负面情绪

设计教师：上海市浦东新区顾路小学　潘敏艳
指导教师：上海市浦东新区顾路小学　孙　群

【活动对象】
小学三年级学生

【活动背景】
　　"积极心理学之父"赛里格曼提出，积极的情绪以及积极的认知对人的乐观心态有着重要作用，从小培养学生的情绪控制能力对将来的学习、生活、工作等方面将产生重要影响。具有情绪调控能力是健康人格的表现之一，也是小学生心理健康教育的重要内容。
　　三年级的学生正处于心理转折期，情绪发展具有较大的情境性、不稳定性和易变性。我班大多数学生都是独生子女，这些学生在家中被父母长辈呵护备至，是家中的"小皇帝"，导致有些孩子不懂得如何调节负面情绪，遇到一点点困难就会大发脾气，甚至做出种种过激行为：在教室里摔本子，与同学大打出手……同时也有一些比较内向的学生，不善于宣泄自己的负面情绪，憋在心里，使自己越来越消极、闭塞，以致出现心理问题。对于这一年龄段的学生来说，过分抑制或盲目宣泄都会对其身心造成不良影响。

【活动目标】
知识与技能：
1. 了解情绪的多样性、功能性，以及负面情绪宣泄的必要性和适当性。
2. 初步学习控制、调节和适当宣泄负面情绪的方法。
过程与方法：
通过创设各种情境，帮助学生了解负面情绪的正面意义，学会管理情绪的方法。
情感态度价值观：
与负面情绪和平相处，保持积极乐观的情绪状态。

【活动准备】
游戏道具、PPT课件。

【活动过程】
一、情绪体验馆——积极关注，给予界定

1. 师：同学们，让我们来看一组图片，大家学着图片的样子来做一做表情，说说你有什么感受。

出示图片：

生1：跟着图片我做了微笑的表情，心里感到很开心。

出示图片：

生2：我学着他的样子，瞪大了眼睛，双唇紧闭着，我感觉有点儿严肃紧张。

出示图片：

生3：图片上的这个男人面无表情，嘴角也是向下的，我感觉我不开心的时候会这样做。

出示图片：

生4：我跟他一样瞪大着双眼，咬紧牙关，我感觉一定是看到了什么很可怕的东西。

2. 师：是啊，同学们体验到了四种不同的情绪，分别是：喜、怒、哀、惧。这是人的四种基本情绪。请大家讨论一下，这四种情绪中，哪些属于正面情绪？哪些又属于负面情绪呢？

生："喜"属于正面情绪，其他三种都属于负面情绪。

3. 师：事情有好坏之分，但情绪有没有呢？今天就让我们走近这些"负面情绪"，去一探究竟吧！

板书：负面情绪

二、情绪疏导室——了解益处，合理发泄
（一）负面情绪的益处

1. 师：同学们是不是总觉得负面情绪似妖魔鬼怪，让我们既害怕它，又无法避开它呢？让我们一起推开"情绪疏导室"的大门，去面对它、了解它吧。

其实，正面情绪和负面情绪都是我们面对事情时的一种正常反应。比如："害怕"虽然让人不舒服，但能让人们避开危险、保护自己。你还知道负面情绪有哪些好的作用吗？

生1：当我参加考试的时候，我会有一点儿紧张，过一会儿才会更加认真地看题目，

防止出错。

  生2：昨天我最喜欢的书不见了，我伤心地哭了，后来我意识到是自己没有保管好。我以后要更加爱惜自己的东西。

  生3：我在路上看到小狗会很害怕，不敢靠近，所以就避免了被小狗咬。

 2. 师：看来啊，负面情绪并没有你们想得那么恐怖，对吗？来，跟它打个招呼吧。

板书：你好

 3. 师：如果我们长期处于负面情绪之中，会有什么后果呢？接下来我们来做个游戏——吹气球。

  出示游戏规则：尽可能地吹气球，当听到老师喊"停"时，马上停止吹气。

 4. 师：奇怪，其他人的气球都快要爆了，为什么只有一位同学的安然无恙呢？

  生：可能他的气球上有个小洞，里面的空气就会泄露出来，所以气球永远不会爆。

 5. 师：是啊，负面情绪越积越多，就会像这气球一样越鼓越大，使我们不堪重负。可是这些情绪是我们生活中的一部分，是不可避免的。如果我们把它当成怪物，与它搏斗，那一定会感觉很累很累。怎么办呢？我们要做的就是接受它，用一些方法来调节，让它在我们的身体里慢慢消化。如果我们能想想办法，让我们的情绪有一个宣泄的出口，那该多好！

（二）了解宣泄方法

 1. 师：你最近一个礼拜，遇到过哪一种负面情绪？你是如何调节的呢？表达之后，有什么变化？

  生：我被同学误会的时候很生气，于是我大哭了一场，哭完就好像好一些了。

 2. 师：是啊，哭是宣泄委屈的好方法。许多人哭一场后，痛苦、悲伤的心情就会减少许多。

板书：哭

 3. 师：谁再来分享一下自己的经历与感受？

  生：当我很伤心的时候，我会对着家里的墙壁大声地喊，喊完之后感觉整个人都轻松了。

 4. 师：当受到不良情绪困扰时，不妨大喊一回。通过强烈的、无拘无束的喊叫，将内心的积郁发泄出来。

板书：喊

 5. 师：遇到负面情绪时，除了喊，你还有什么小妙招？

  生：当我做不出题目很苦恼的时候，妈妈会让我停下来去屋外走一走。

 6. 师：静止不动时，注意力就不易转移，情绪就会越来越低落，容易形成恶性循环。因此，我们可以通过跑步、打球等体育活动来消除不良情绪。

板书：动

 7. 师：谁再来分享一下自己的好方法？

  生：我遇到不开心的事情时会告诉我的好朋友。

 8. 师：找人倾诉烦恼、诉说衷肠，不仅可以使自己心情舒畅，而且能得到别人的安

信念·价值观

慰、开导及解决问题的方法。

板书：诉

9. 师：同学们真有办法。其实情绪没有好坏之分，如果你能管理好它，那么每一种情绪都是积极的、彩色的。

（三）学会合理宣泄

1. 师：那么怎样才能管理好我们的情绪呢？小琦最近遇到了一件烦心事儿，我们来看看她是怎么做的？

播放视频《小琦的烦恼》：下课后，小瑞把借的书还给小琦。小琦发现书上有一处破损后，生气地把书摔在桌子上，高声说道："怎么坏了，你怎么搞的？我不是让你小心点儿不要弄坏的嘛！""我……我不是故意的，我也没注意，对不起……"小瑞连忙道歉。可小琦还是不依不饶，大声喊道："对不起有什么用？我现在很生气！我要你赔！"小瑞压低了声音继续道歉："对不起……我帮你修吧。""修有什么用？这可是我妈妈给我买的新书！我现在很生气，要你赔，你就赔！"小琦说完，还觉得不解气，走到教室后排恶狠狠地踢了一脚柜子，小瑞委屈地哭了起来。

生1：她对着同学大声喊。

生2：她踢了教室后排的柜子。

生3：她还狠狠地拍了好几下桌子。

2. 师：当小琦有了负面情绪之后，她也喊了、动了、诉了，但是这样的宣泄方式你喜欢吗？

生1：不喜欢，因为她伤害了和同学之间的感情，踢柜子和拍桌子的时候也伤害了自己。

生2：不喜欢，因为小琦还破坏了公物。

3. 师：是啊，在宣泄情绪时，一定注意不能影响或者伤害同学或自己，我们要学会合理发泄。

板书：合理发泄

> **设计意图**：本环节旨在打破学生对负面情绪的畏惧心理，在集体讨论中产生思维火花的碰撞，引导学生慢慢认识到负面情绪的正面意义，从而树立起正确的"情绪观"。通过创设情境，同学们从中意识到，有了负面情绪之后，需要合理的宣泄。有了这样的心理基础之后，接下来的情绪管理学习就水到渠成了。

三、情绪小锦囊——了解危害，主动调控

1. 师：负面情绪就好比是水龙头里的水，我们打开了塞子，让负面情绪像水一样流出去。但是归根结底，如果开关没有关掉，这些负面情绪就永远存在。所以除了要学会合理的宣泄，我们还要主动调控。

板书：主动调控

2. 师：听，最近小米同学被负面情绪困扰着，让我们来帮助她想想办法。请大家听完录音后，分组讨论，并在小锦囊里写下你的好建议。

播放录音《小米的烦恼》：哎，这次考试又没考好，被妈妈大骂一通。可是我已经尽力了，我感到非常委屈与愤怒，恨不得跑出家门，不做妈妈的孩子……第二天来到学校，我觉得什么事情都不顺心，非常沮丧和难过……

生：我觉得小米很伤心的时候，可以去看一场喜剧电影来转移注意力。

师：对啊，情绪不好时，可以做一些自己平时感兴趣的事情、活动，例如玩游戏、运动、下棋、听音乐、看电影、读报纸等。

板书：转移注意力法

3. 师：谁再来分享自己的锦囊妙计？

生：我有一个好办法要告诉小米，就是自己在心里想一些开心的事情，心情就会慢慢变好啦！

师：这是一个好方法。语言能对人的情绪产生暗示作用，因此可以通过语言，不断暗示自己以控制情绪。此外，还可以用名人名言或英雄人物的事迹进行自我激励，有效地调控自己的情绪。

板书：自我暗示法

4. 师：谁还有其他的好办法？

生：当我很生气或者很紧张的时候，我会做深呼吸让自己平静下来。这个方法，小米可以试一试。

师：是的，当你身处愤怒、焦虑、压力等负面情绪时，不妨让自己停下脚步，闭上眼睛，放松身体，做六次深呼吸。

板书：六次呼吸法

5. 师：你们真是一群"小诸葛"啊，相信有了这么多办法，小米一定会快乐起来的。

> **设计意图：** 本环节的设计通过"设置情景→激发情绪→引起讨论→习得策略"四个环节，帮助学生了解调控负面情绪的方式和途径是多样的，从众多"不同"中让学生去感悟，并启发学生学会多角度思考，寻找适合自己的调控情绪的多种方法。

四、快乐体验场——分享感悟，体验快乐

1. 师：调节情绪的方法还有许多，只要我们拥有积极的心态，与负面情绪和平相处，那么快乐将会与我们同行。此时此刻，大家一定有一些感悟或收获吧，谁来说一说。

生1：这节课，让我知道了原来负面情绪并不可怕。

生2：我知道了只要合理发泄，我们就能与负面情绪和平相处。

2. 师：老师也有收获要与大家分享，来读一读这首小诗吧。

出示《情绪小儿歌》：情绪就像气象台，喜怒哀乐变得快。生气时，笑一笑，烦恼事，讲出来。紧张时，静一静，伤心事，想得开。乐观向上有自信，学习生活添光彩。

3. 师：碰到困难，遇到挫折，消极情绪随之而来，这是正常的。关键在于我们要善于

调控自己的情绪，时刻保持快乐的心情，学会与"负面情绪"和平相处。最后，让我们齐唱《快乐拍手歌》，在美妙的音乐声中结束今天的情绪体验之旅吧！

播放《快乐拍手歌》：如果你想快乐你就拍拍手，如果你想快乐你就点点头，如果你想快乐你就大声唱，跟着我的脚步一起往前走。生活太累，梦想太贵，我们情绪偶尔也会不对。人生从来就不会完美，何必让郁闷跟快乐作对。请你深深深呼吸，天使会陪着你；洗衣做饭也是乐趣，马路再宽也会拥挤；放下所有的问题，让我们去PARTY，让我看见你的手跟着我们一起。

【板书设计】

你好，负面情绪

合理发泄　　　　　主动调控
哭、喊、动、诉　　转移注意力法
　　　　　　　　　改变环境法
　　　　　　　　　六次呼吸法

【点评】

负面情绪对小学生人际交往、学习生活、身心发展以及良好班集体的构建都会产生影响。本堂课，潘老师从学生认知和体验入手，引导学生认识和化解负面情绪，促进身心健康发展。本堂课有以下几个特点：

一、立足学生实际，确定活动目标。潘老师从学生的自身特点——情绪易波动、易失控——出发，通过列举表现、分析现象、了解危害、寻找方法等环节组织实施。教学活动目标明确，条理清晰，尤其突出激发学生调控情绪的情感和情绪调控能力的培养。

二、创设各类情境，激发学习动力。教师在教学过程中不是简单、轻易地给学生贴标签，而是通过"情绪疏导室""情绪小锦囊"和"快乐体验场"等情景的创设和分析，由学生自己去发现和总结存在于生活中的种种负面情绪，在讨论、交流和碰撞中明白负面情绪需要及时疏导，懂得调控不良情绪对自身健康成长、良好发展的重要性，从而激发学生内在的缓解和调控不良情绪的动力。

三、建立互动课堂，激发学生兴趣。在教师的引导下，经过同学间的交流讨论，学生们了解和掌握了调控情绪的基本方法。整个教学过程充分体现了民主，师生互动、生生互动凸显，效果好。此举不仅激发了学生的学习兴趣，还引导学生自主发现问题、解决问题，符合学生的认知规律和年龄特点，有较强的针对性和实效性。

上海市浦东新区顾路小学德育主任　黄　燕

第19课　和借口say bye bye

设计教师：上海市浦东新区高行镇高行小学　　蒋明珠
指导教师：上海市浦东教育发展研究院　　　　姚瑜洁

【活动对象】
小学三年级学生

【活动背景】
　　2016年9月，教育部发布了《中国学生发展核心素养》。"责任担当"是六大素养之一。不难发现，目前，在不少孩子的成长过程中，家长对孩子总是习惯性的"有求必应"，过度宠爱导致孩子在社会、家庭、学校表现出各种以自我为中心的行为，他们往往不了解自己应该承担的责任。

　　在教育孩子的过程中，我发现不少孩子做错事的时候，很难从主观原因去考虑，相反地，他们会找各种理由来搪塞推卸，把过错推到其他的人或事物身上，让自己免于承担责任。"借口"已成了孩子们不想担负责任的托词。

【活动目标】
知识与技能：
1. 了解借口的定义，知道找借口会造成的严重后果。
2. 学会多考虑主观原因，运用一些好方法提醒自己不找借口。

过程与方法：
运用看漫画、听故事、讨论等方式，尝试摆脱找"借口"的坏习惯。

情感态度价值观：
体会逃避责任会让人变得懒惰、拖拉、不负责任，从而拒绝找借口。

【活动重点】
学会遇到问题时多考虑主观因素，运用一些好方法提醒自己不找借口。

【活动难点】
体会借口会让人逃避问题的责任，确立责任意识，从而拒绝为自己找借口。

【活动准备】

1. 故事配音、搜集各种"找借口"的事例、板书制作。
2. 笔记本电脑数台、任务单、便笺纸、废纸篓。

【活动过程】

一、老朋友，遇难题

（一）老朋友，来相聚

1. 师：小朋友们，今天，我们教室里来了两位老朋友，听，他们在和我们打招呼呢。

播放录音《打招呼》：小朋友们，还记得我们吗？

生：记得！是伙伙和伴伴！

播放录音《问候》：大家可真聪明呀，很高兴再次见到大家！

（二）遇难题，来帮忙

播放录音《伴伴错了》：今天，我想请大家帮帮我的好朋友——伴伴。最近，他总是犯错，还不承认，我们一起去看看吧！

1. 师：小朋友们，伴伴做错了什么事呢？

播放漫画和配音故事《忘带作业》：一大早，伙伙、伴伴和好朋友一起结伴上学去啦！到了学校，伴伴坐在了座位上，并没有去交作业。

师：伴伴，你的作业本呢？怎么没有交上来？

伴伴：我……我忘记带了。都怪妈妈，昨天晚上检查后，没有放进书包里！

2. 师：小朋友们，伴伴做错了什么事？

生1：他到了学校没有及时交作业。

生2：他还把没带作业的原因推到了妈妈身上。

3. 师：老师想问问大家，你们觉得理书包、放作业是谁的责任呀？

生：是我们自己的责任。

4. 师：是呀，可伴伴并没有这么觉得。为了逃避责任，他又找了个什么借口呢？

生：责怪妈妈检查作业后没有把作业放进书包。

（三）明"借口"，知做法

1. 师：说到"借口"，大家知道什么叫"借口"吗？

生1：借口就是找理由。

生2：明明是自己做错的事，却拿别的事来说。

2. 师：借口就是指做错了事，为了推卸责任，怪罪于他人，且这个理由不是真正的理由。

板书：借口：不是真正的理由

3. 师：谁能告诉伴伴他应该怎么做？

生1：理书包是自己的事，应该自己整理。

生2：理好书包要检查一下作业都放好了没有。

生3：到学校就把作业交了，做错了也不能找借口，要勇于承认。

4.师：大家帮助伴伴找到了正确的做法，真不错。

> **设计意图：**将学生生活中发生过的实例作为故事导入，能更好地引起学生的共鸣，让学生有话可说，激发他们的参与感。以此引出"借口"一词，让学生知晓什么是"借口"，同时通过简单的情景模拟，让学生明白了正确的做法，承担起自己的责任。

（四）分小组，齐动脑

1.师：看来伴伴还做错了不少事，需要大家一道来帮助解决呀。我们每个桌上有一台电脑，现在请组长点开电脑上的课件。

出示要求：

1.六组同学每两组选择一个事例，根据桌上任务单所提示的问题进行讨论。

出示

> 任务单：
> 1.伴伴做错了件什么事？
> 2.他的借口是什么？
> 3.应该怎么做？

2.课件可重复播放，讨论5分钟。

3.两组讨论相同的事例，一组交流，另一组补充。5分钟后各组选定人员上台交流。

组1和组2：漫画和配音故事《记录本事件》：放学前，老师让小朋友们在作业记录本上抄写今天的回家作业。大家都在认认真真地抄写着，只有伴伴……

伙伙：第一条作业……第二条……

伴伴：哈哈，真好玩，真好玩！

丁零零……下课铃响了，放学的时间到了。

伴伴：呀，放学了，回家喽！

第二天，老师发现伴伴的作业记录本上一个字也没有，便找来了伴伴。

师：伴伴，你的作业本怎么是空的？

伴伴：嗯……没时间……我来不及写……

生：伴伴不应该在抄写作业的时候玩，之后还不补上。他找的借口是没时间写。他应该和大家一起抄写作业记录本，来不及也应该在之后补上。

组3和组4：漫画和配音故事《家默事件》：晚上，伴伴在桌前做着作业。没一会儿作业就做得差不多了。伴伴翻开作业记录本，发现只剩下家默这一样了。

伴伴：哈，只剩下家默的作业咯！

他想找爸爸妈妈帮助他，可是爸爸在忙着他的工作，而妈妈又在照看弟弟。伴伴见了，乐呵呵地想：哈，既然爸爸妈妈都没空，那我就不默啦。于是，伴伴就自己玩了起来。可结果，第二天，伴伴的默写……

生：伴伴不该不默写。他找的借口是爸爸妈妈都没空帮他默。他应该自己想办法进行家默。

组5和组6：漫画和配音故事《考试事件》：伙伙和伴伴的试卷发了下来，伙伙全对，而伴伴的只是合格。回到家，妈妈看到了伴伴的试卷……

妈妈："伴伴，怎么只是合格？"

伴伴噘着嘴说道："哼，要不是我这次粗心，我肯定能全对。"

生：伴伴不该没考好就找借口说自己太粗心。他应该反思没考好的原因，是不会，还是没审题，或是其他原因。

2. 师：小朋友们，这三件事伴伴做得对吗？

生：不对。他做错了事还找借口。

3. 师：是呀，做错了事，还找各种理由，并且都不是真正的理由，他一直都在——找借口。

设计意图：借由《忘带作业》这一事例，教师让学生通过思考和讨论，找到正确的学习态度和方法，再由学生运用方法自行学习，由扶到放的过程，让学生能学会正确处理事情的方法。随着多媒体的广泛运用，学生对计算机的使用已十分熟练，巧妙运用多媒体，同时加入动画，增加了学生学习的趣味性，印象更深刻。所有的事例取自学生的生活实际，能有效提升学生的学习兴趣。而分工合作并交流的学习方式能让每位学生都参与进来，扩大了学生的参与面，增强了学生的合作意识，鼓励学生大胆地说出自己的想法，各抒己见，畅所欲言。

二、找一找，知后果

（一）找一找，自己曾经找过的借口

1. 师：伴伴的这些借口你们有没有找过？

（部分学生举起手）

2. 师：其实在我们生活中有许多小朋友也和伴伴相似。对自己没有完成的事，总是找各种理由，自己错了还要为自己的错误寻找各种借口推卸责任。不光是小朋友，其实蒋老师也找过借口：最近实在是太忙了，作文本还没来得及批，过两天再批吧！""太忙"就是我找的借口。其实时间挤一挤总会有的，实在不行还可以带回家批改呀！

3. 师：在大家的帮助下，伴伴想到自己之前所说的借口，把它给列了出来。让我们来读一读吧！

出示PPT：我本来会的，可没有足够的时间。如果不是粗心，我一定可以……是别人先讲话的……

4. 师：小朋友们，你们在学校里又找过哪些借口呢？请组长拿出纸分给组员，把你曾经在学校里说过的借口写在纸上。

（播放音乐，组长分发便笺纸，学生写下自己曾说过的借口）

5. 师：谁来交流一下自己说过的借口？
　　生1：有一次我忘记做值日生了，我找借口说，我忙着写作业，没时间打扫。
　　生2：我做作业做到很晚，和爸爸说是因为作业太多来不及，其实我在玩。
　　生3：老师让我们带美术工具，我找借口说爸爸妈妈没给我准备。

> **设计意图：** 教师从自身出发，大胆说出自己曾经说过的借口，为后面让学生敢于开口说出自己的借口做铺垫。从故事回归到现实生活，给学生思考空间，让学生静下心来想想曾经在学校中说过的借口。这一过程能让学生发现原来自己之前或多或少都找过借口，引起学生对"找借口"的重视及思考。

（二）说一说，借口给你带来的后果

1. 师：那你觉得这个借口会给你带来什么样的后果？
　　生1：会让我变得懒惰。

　　　　　　　　　　　　　　　　　　　　　　　　　　　　板书：懒惰

　　生2：会让我做事更拖拉。

　　　　　　　　　　　　　　　　　　　　　　　　　　　　板书：拖拉

2. 师：知道了找借口的坏处后，还想再找借口吗？
　　生：不想。
3. 师：让我们在音乐声中把这些写了借口的纸条狠狠地丢进废纸篓吧！
（播放音乐，学生把写了借口的纸条丢进废纸篓）
4. 师：蒋老师刚刚也写了些之前说过的借口，这些借口让我变得拖拉，真是太讨厌了。我也要来把它丢掉！

> **设计意图：** 了解到"借口"所带来的后果，才能让学生明白找借口并不是一个聪明的办法，恰恰是不负责任的体现。通过了简单的"丢借口"这一行为，孩子们形象地体验了一把丢掉借口的感受，坚定了孩子们的信心。

三、找方法，摆脱"借口"

（一）好方法，齐分享

1. 师：虽然现在我们把之前所说过的借口丢掉了，但是今后遇到一些事的时候可能还会再去找借口。蒋老师为了避免这个情况，想了一个好办法。就是在自己的手机备忘录里写着，这样就能时刻看到，提醒自己了。你们有没有什么好方法提醒自己呢？
　　生1：我写张纸条贴在笔袋里，每次打开就能看到，提醒自己。
　　生2：我准备写张纸条贴在床头，每次睡觉前都能看到。
2. 师：借口就像一块敷衍别人、原谅自己的"挡箭牌"，它会让人变得懒惰、拖拉、不负责任，最终导致严重的后果。成功的人永远在寻找方法，失败的人永远在寻找借口。当你不再找借口时，你就会成为一个有责任感的人。

（二）和借口，say byebye

1.师：今天，我们帮助了伴伴，他也有话想对你们说。

播放录音：在大家的帮助下，我终于意识到自己错了，做错事的时候我不该找借口，而应该勇于承担责任。

2.师：伴伴听了大家的话，决定从今往后，和借口say byebye，你听：

播放录音：借口！bye bye！

3.师：让我们也学着伴伴向借口说声——

生：借口！bye bye！

> **设计意图：** 想要改掉找借口的坏习惯并不是简单的一堂课就能做到的，需要后续不断地提醒自己，通过小组讨论的形式，让学生能够集思广益，举一反三，思考出更多可行的方法。

【板书设计】

和借口say bye bye

借口： 不是真正的理由　　　　　后果：懒惰
　　　　　　　　　　　　　　　　　　　拖拉
　　　　　　　　　　　　　　　　　　　……

【点评】

一、卡通人物贯穿，课堂气氛活跃

教师以"伙伙"和"伴伴"两个卡通人物贯穿课堂，内容生动有趣，学生们的注意力集中，课堂气氛活跃。蒋老师的教育目标清晰，在教学过程中教态自然，颇具亲和力，能与学生们进行有效的互动，课堂效果好。

二、教学模式新颖，解决实际问题

三年级的孩子处于人格培养期，塑造良好的行为习惯对其一生的影响极其重要。"和借口say bye bye"这堂课让学生从了解"借口"的定义、找出自己说过的借口到明白借口所带来的后果，从而时刻提醒自己不要找借口，较好地引导学生如何面对过失，避免养成"找借口"的坏习惯。

与单纯的授课讲解相比，蒋老师的主题教育课对学生更具吸引力，由扶到放的教育方法取得了很好的学习效果。此外，多媒体的运用是另一个亮点，学生们通过小组合作的形式，自己操作多媒体，分组讨论，使学生不是被动听课，而是高度参与其中，思考问题。之后又让学生自己分工交流，极大地激发了他们的学习兴趣以及积极性，提高了合作能力。

课程中的事例全部来源于学生的生活，让学生发现自己身上存在的问题。在师生协作、生生合作等多种模式的交融互补下，学生思维变得很活跃，想出了很多改掉坏习惯的方法。这种代入式的案例分析和引导能够很好地引发学生共鸣，同时还配有互动沟通、行为引导，从而使学生从这堂课中明白了找借口并不是解决问题的好方法，要勇于和借口说再见。

上海市浦东新区高行镇高行小学副校长　胡再立

第❷⓿课　舌尖上的尚德

设计教师：上海民办尚德实验学校　　李　娟
指导教师：上海市浦东教育发展研究院　姚瑜洁

【活动对象】

小学三年级学生

【活动背景】

"学校者，文明进化之泉源也。"校园——学生成长的乐园——为莘莘学子铺垫了成功之路，将嫩绿的幼苗培养成大树。"爱于你、感恩于你"，感恩校园一景、一处、一人，这是灵魂上的一种健康、一种美德。"我爱我国、我爱我校"是学生的基本道德规范，是社会主义核心价值观的重要表现。

我们的孩子，生逢盛世，优越的学习环境，习惯了和平时代的幸福生活，如何对孩子进行爱校园的感恩教育呢？爱校感恩教育有广博的内容和丰富的素材，热爱校园的迷人四季、感恩桃李芬芳、感恩校园里的点点滴滴，发扬美德传统也是文化传承。正逢尚德十年校庆，感受尚德的校园饮食文化，体会尚德人的爱校情怀。

【活动目标】

知识与技能：

1. 了解尚德"美食"的种类，挖掘"美食"背后包含的美好寓意。
2. 欣赏传统相声节目《报菜名》，学报"尚德菜名"。

过程与方法：

1. 浏览尚德学子"网络留言"，感悟曾经的尚德人对母校的眷恋。
2. 观看视频《食堂阿姨的一天》，感受食堂工作人员的用心付出，体会尚德人的情怀。

情感态度价值观：

感悟尚德美食的无穷魅力，激发学生爱校之情。

【活动重点】

以"食"为主题，感受尚德的校园饮食文化，培养尚德学子的爱校情怀。

【活动难点】

感悟尚德美食的无穷魅力，激发学生爱校之情。

【活动准备】

尚德校园图片、毕业学生网上留言、贴吧留言、菜名视频、板贴等。

【活动过程】

一、舌尖上的尚德——幸福的回味

（一）"美丽"尚德忆盘中

1. 师：同学们，你们在尚德快有三年了，你们知道吗？自尚德建校开始，我就来到了这里，成了第一批尚德人。多年来，我教了很多学生，既是他们的老师，也是他们的朋友。因此，我有机会可以经常去浏览他们的网上留言。大家想不想跟我一起去看看？请欣赏图片。

出示图片：毕业的时候，

我好怀念在尚德的每一分每一秒，

我好怀念尚德的每一个角落。

如果能回到尚德，我想认真地过每一天。

操场——我的第一枚金牌在这里诞生。

食堂——在这里，我成了小小美食家。

体育馆——青春在这里飞扬。

喷泉广场——在这里，我把义卖的第一桶金献给了内蒙古的尚德林。

大会堂——我的舞台我做主。

秋千——童年，最美好的记忆。

篮球场——友谊第一，比赛第二。

宿舍——温暖的家。

琴房——跳跃的音符·流淌的旋律。

教室——沐浴着阳光成长。

……

2. 师：这位同学的网络日志里道出了他对尚德每个角落的怀念。看了他的日志，你们来说说，最喜欢尚德的哪个地方？

生1：我最喜欢喷泉广场。

生2：尚德大会堂最气派。

生3：我们学校宿舍特别高大上。

生4：尚德伙食比家里还要好吃。

3. 师：是啊，每一个尚德学子，都会深情地怀念在尚德的每个瞬间，具体到每天的衣食住行，大家最怀念的就是尚德的食堂。今天，我们就围绕"食"这个主题来聊一聊尚德食堂。

设计意图：通过尚德学子在网络日志中对尚德校园每一个角落的回忆，引发学生对尚德最喜欢场所的讨论，引出尚德"食堂"，导入主题。

信念·价值观

（二）"舌尖"尚德暖色调

1. 师：其实有很多学长也在网上留言说，尚德的食堂是他们最怀念的地方呢！让我们一起听听尚德学长们的心声，请看"贴吧留言"：

出示《贴吧留言1》：离开了尚德，才知道尚德的饭菜真是食堂中的极品啊，九菜一汤，顿顿都有我最爱！最想念尚德的食堂，那里永远都有我喜欢的美味，鸡、鸭、鱼、肉，搭配各色蔬菜，现在想来还是口水塔塔滴。SDTV啊，拍一部《舌尖上的尚德》吧！

现在进入大学，每天都怀念母校的饭菜。尚德东北大米是那么的香，我每次都让阿姨给我多加点；尚德早餐：炒面、酱拌面、鸡汤面、南瓜粥、小米粥、八宝粥、银耳羹、烧卖、鸡蛋饼、饭团、麻球、米糕、小笼包、甜点等等，想想都垂涎欲滴。

每次周日返校，妈妈都让我晚餐到学校去吃，她说尚德食堂菜品选择性多，口味又好，有营养师调配，营养丰富。真怀念啊！

2. 师：有位毕业生回来看我时还这样说。

播放视频《学生采访》：SD的菜，我最爱的暖色调！让我选择的永远是荤菜比素菜多。

设计意图：借助尚德学长的心声，让孩子们对尚德食堂有深入了解，让孩子们感悟曾经的尚德人对母校食堂的眷恋，体验尚德食堂饭菜的丰富。

（三）"温馨"尚德爱情怀

1. 师：在尚德食堂里，你最喜欢吃的是什么菜啊？说说理由。

生1：罗宋汤、红烧肉、干锅鸡、宫保鸡丁，这几道菜材料很足，味道很香。

生2：花菜肉片、红烧茄子、炖蛋、红烧牛肉拌豆芽，各种肉都还能变着花样烧。

生3：我最喜欢尚德的汤，每次都是荤汤一个，甜汤一个，吃着舒服。

2. 师：食堂里除了有我们喜爱的美食，还有什么值得你们怀念呢？

出示《贴吧留言2》：贴吧留言，因为我长得瘦小，打饭时阿姨总会问问我"够吗"？跟现在上大学打卡付钱点菜，才点到2个菜，阿姨就很不耐烦。一比真是觉得尚德阿姨的话语太温馨了，一直暖到心窝。

3. 师：食堂的阿姨给你留下了什么印象？

生1：特别热情，像自家人一样，特别会关心人。

生2：我觉得她们很爱笑，每次我向她们挥手，她们总是高高举起双手，也激动地向我招手。

生3：我觉得她们是"尚德最美"。记得有一次因活动要拍摄尚德校园，正在忙碌的她们连忙将衣领抚平，口罩帽子整理了好几遍，用长久的笑容等待着最美的时刻。

4. 师：是啊，尚德食堂阿姨的笑容是这样亲切，她们手里打的是菜，心中装的是爱。你们知道吗？食堂阿姨们为了让我们吃到热乎乎的早餐，每天清晨4：30就开始为我们准备早餐了，十年如一日！

播放视频《X阿姨的一天》：

十年如一日的辛勤劳作：每天清晨4：30到食堂准备早餐，开始各项清扫工作。6:30开

始高中部早餐打饭，然后初中部（国内和国际）7:00点就餐，小学部（国内和国际）7:10来就餐，持续到8点结束就餐。午餐，9点到岗，午餐准备，持续到13点，结束用餐，接着进行第二轮卫生打扫。晚餐，15点到岗，持续到18点结束，最终卫生收尾。

宾馆化的环境布置，透明式的管理形式：桌面、椅面消毒水一个个擦拭；餐盘全部三遍清洗（去油洗、过滤洗、消毒洗）；整栋楼墙面玻璃两遍擦拭，不留印记；屋外地面每天一遍用泡沫水刷洗，然后吸干防滑；后勤工作情景全部视频直播。

5. 师：看了视频，你想说些什么？

    生1：她们太辛苦了。

    生2：阿姨们真的很伟大。

    生3：以后我再也不浪费食物了，因为这是阿姨们的劳动成果。

6. 师：正是有一批这样的师傅和阿姨，他们的用心让菜品丰富、卫生，荤素搭配科学、营养，打造出与众不同的尚德食堂，才会这样让人怀念。

> **设计意图：** 让学生交流喜欢的菜品，了解菜品背后的故事。引导学生感悟尚德的饭菜不仅是让人果腹的东西，更是食堂工作人员汗水和爱心的结晶，进而懂得珍惜盘中餐，学会感恩食堂师傅和阿姨。

二、舌尖上的尚德——幸福的祝愿

（一）美食荟萃送祝福

1. 师："民以食为天"，大家都爱尚德食堂的美食。尚德马上要举办十岁生日晚宴了，到时候学校将邀请各方嘉宾，还会有我们的校友参加。如果我被邀请参加晚宴，我将带上一道剁椒鱼头，祝愿尚德的师长生活红红火火、学生个个聪明有余、尚德办学一路领先，独占鳌头！

2. 师：如果你也被邀请了，会带上一道什么菜，还会送上一句怎样的祝福呢？

    生1：红烧鸡翅——祝愿尚德展翅高飞！——和你们一起飞得更高！

    生2：羊肉串——像喜羊羊一样聪明！

    生3：鱼头汤——小朋友越来越聪明！——年年有余——鲤鱼跳龙门

    生4：什锦蛋炒饭——祝愿尚德前程似锦！

    生5：辣子鸡丁、火锅——祝愿尚德红红火火！

    生6：牛肉——祝同学们像牛一样健壮——牛气冲天！

    生7：红烧肉——祝愿尚德的学习生活有滋有味！

    生8：大白菜——祝愿姜校长发大财！

    生9：可乐——祝愿大家百事可乐！

    生10：酒酿圆子——祝愿尚德长久平安、圆圆满满！

    生11：红烧狮子头——祝愿尚德独占鳌头！

（二）表演助兴贺校庆

1. 师：去参加晚宴，除了带一道菜，是不是还要表演一个节目来助兴？我不禁想起一个传统节目——相声《报菜名》。

播放视频《报菜名》：先上几个压桌碟，四干，四鲜，四蜜饯，四冷荤，三甜碗，四点心。

四干：黑瓜子、白瓜子、核桃栈子、糖杏仁；

四鲜：北山苹果、申州蜜桃、广东荔枝、桂林马蹄；

四蜜饯：青梅、橘饼、圆肉、瓜条；

四冷荤：全羊肝儿、熘蟹腿儿、白斩鸡、炸排骨；

三甜碗：莲子粥、杏仁茶、糖蒸八宝饭；

四点心：芙蓉糕、喇嘛糕、油炸合子、炸元宵。

紧跟着上南北全席，满汉大菜：

蒸羊羔，蒸熊掌，蒸鹿尾儿，烧花鸭，烧雏鸡，烧子鹅，卤猪，卤鸭，酱鸡，腊肉，松花，小肚儿，晾肉，香肠；什锦苏盘，熏鸡，白肚儿，清蒸八宝猪，江米酿鸭子，罐儿野鸡，罐儿鹌鹑，卤什锦，卤子鹅，山鸡，兔脯，菜蟒，银鱼，清蒸哈什蚂；烩鸭丝，烩鸭腰儿，烩鸭条儿，清拌腰丝儿，黄心管儿，焖白鳝，焖黄鳝，豆豉鲇鱼，锅烧鲤鱼，锅烧鲇鱼，清蒸甲鱼，抓炒鲤鱼，抓炒对虾，软炸里脊，软炸鸡，什锦套肠，麻酥油卷儿，卤煮寒鸭，熘鲜蘑，熘鱼脯儿，熘鱼肚儿，熘鱼片儿，醋熘肉片儿，烩三鲜，烩白蘑，烩鸽子蛋，炒银丝，烩鳗鱼，炒白虾，炝青蛤，炒面鱼，炒竹笋，芙蓉燕菜；炒虾仁儿，烩虾仁儿，烩腰花儿，烩海参，锅烧海参，锅烧白菜，炸开耳，炒田鸡，桂花翅子，清蒸翅子，清蒸江瑶柱，糖熘芡仁米。

2. 师：听完相声，你有什么感受？

生1：说得清楚。

生2：说得顺溜。

生3：说得响亮。

生4：说得有节奏。

3. 师：那你能尝试《报尚德菜名》吗？

生：酸甜味美，糖醋排骨；

美味鲜香，蟹炒年糕；

唇齿留香，宫保鸡丁；

清淡爽口，笋炒腊肉；

4. 师：同学们对尚德每天的饭菜记忆如此深刻，对尚德的情怀再一次升华，这就是"舌尖上的尚德"。

> **设计意图：** 作为一种民间说唱曲艺，让孩子看视频后，交流说相声的特点，尝试用说、学、逗、唱的形式，自编《尚德菜名相声》，使孩子们感受到传统美食不仅是让人果腹的东西，更是尚德人的一种校园文化。

三、总结

愿我们每一位尚德人爱尚德美食、抒尚德情怀，感受学校味道，爱上学校生活！

【板书设计】

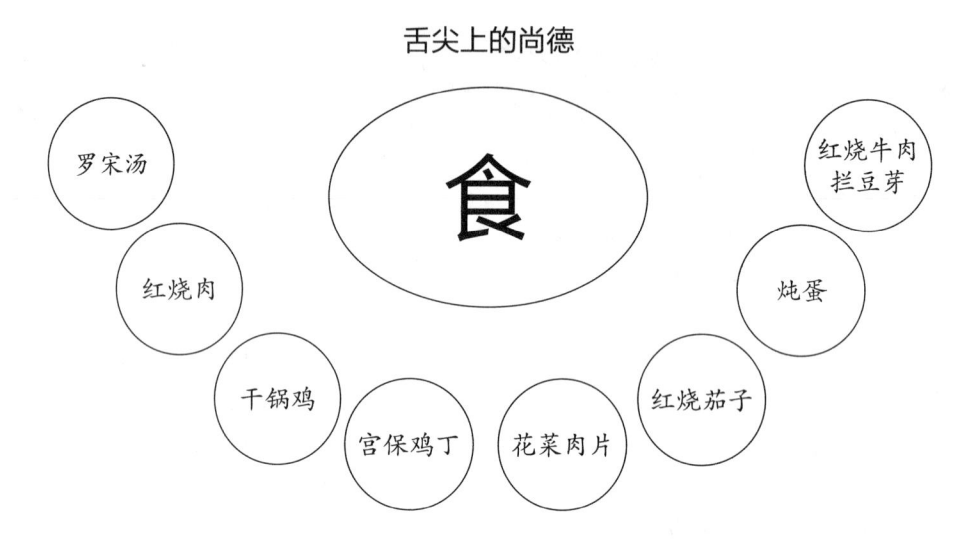

舌尖上的尚德

食

罗宋汤　红烧肉　干锅鸡　宫保鸡丁　花菜肉片　红烧茄子　炖蛋　红烧牛肉拌豆芽

【点评】

一、舌尖上的尚德——幸福的回味

李老师带领学生回忆在尚德三年来的点点滴滴，通过操场、食堂、体育馆等多个侧面，来展示尚德的文化特质，从而感知到一个有"温度"的尚德，引出今天主题教育课——舌尖上的尚德！

二、舌尖上的尚德——动人的情怀

李老师处处用爱带着学生感受尚德"情怀"："尚德的食堂是最怀念的地方""最爱的暖色调""尚德的阿姨像自家人一样暖心"。借助校园贴吧，以从校园走出去的毕业学长们的大学生活作为参考，事实论证尚德的食堂值得怀念。再以X阿姨的一天，传输积极的正能量。《舌尖上的尚德》把"吃"还原到了校园文化、职工素养、人文情怀以及对孩子的深远影响，还原一种最本真的尚德生活，是这堂课取得成功的重要因素。

三、舌尖上的尚德——美好的祝愿

李老师多样化的设计形式，促进了情感的升华。"流着口水"报菜名，各式各样极具文化特色的美食，"通过吃的祝愿，展示尚德人浓浓的祝福，让《舌尖上的尚德》有了一层浓郁的文化特色"，从不同的侧面也展示了中华饮食文化的博大精深，美食不仅是果腹之物，更是文化的传承，并且告诉孩子们这种文化就在我们中间，是根植于尚德、根植于民间的，这一点非常难得，以美味为名，爱上尚德与生活！

上海市民办尚德实验学校校长　谷　苗

第21课　友情树

设计教师：上海市浦东新区北蔡镇中心小学　　孙丽萍
指导教师：上海市浦东教育发展研究院　　　　姚瑜洁

【活动对象】
小学三年级学生

【活动背景】
　　交往需求是每个人心理发展的情感需求之一，其中，友情贯穿于情感需求的始终。正如马克思所说："人生离不开友谊，但要得到真正的友谊才是不容易；友谊总需要忠诚去播种，用热情去灌溉，用原则去培养，用谅解去护理。"只有理解友情的真正含义，才能拥有真正的朋友。
　　友情是小学阶段学生的重要情感之一。我们班级学生大部分是独生子女，一方面由于缺少兄弟姐妹，他们很孤独，渴望友情；另一方面，由于长期以自我为中心，不愿付出和分享，影响了与朋友的交往，学生的人际交往观和交往能力都比较欠缺。

【活动目标】
知识与技能：
懂得友情是每一个人的情感需要，理解友情的意义。
过程与方法：
1. 学会朋友之间要互相关心、互相帮助、互相信任。
2. 通过自己和朋友的故事分享，表达对朋友的感激。
情感态度价值观：
懂得友情需要朋友双方共同营造，树立积极向上的友情观。

【活动重点】
学会朋友之间要互相关心、互相帮助、互相信任。
通过自己和朋友的故事，表达对朋友的感激。

【活动难点】
懂得友情需要朋友双方共同营造，树立积极向上的友情观。

【活动准备】

一、教师准备

1. 课件制作。
2. 合作游戏使用的眼罩一副；合作游戏中设置障碍的物体若干（也可以塑料凳代替）。
3. 原创绘本的绘画制作（美术老师配合）。
4. 根据班级人数准备绘本创作的纸张。

二、学生准备

回忆和朋友之间的故事（可结合小练笔《我的好朋友》开展）。

【活动过程】

播放音频：歌曲《我们是快乐的朋友》

一、破冰游戏，导入课题

1. 师：同学们，今天老师带来一首小时候的儿歌《马兰花》。先跟着我念一念。

出示PPT：马兰花，马兰花，风吹雨打都不怕；勤劳的人们在说话，请你马上就开花。开了几瓣花？开了两瓣花。

（全班同学边拍手边念儿歌）

2. 师：这首儿歌其实是一个非常有趣的游戏。来看看这个游戏怎么玩？

出示游戏规则：（1）大家围成圈，跟着《马兰花》儿歌转圈。（2）当念到"开了几瓣花"时，根据老师所报的数字，相应人数抱在一起。如"开了两瓣花"，就两个人抱在一起。

3. 师：我邀请几位同学先来做这个游戏。谁愿意来？其他的同学一起来念儿歌。准备好了吗？开始！

（生做游戏，预设拥抱时没有人落单）

4. 师：哇！瞧你们可爱的笑脸，被朋友拥抱的感觉一定很好吧！现在再来一次。

（生第二次做游戏，预设拥抱时有人落单）

5. 师：咦，刚才你可是很开心的，怎么现在愁眉苦脸的？这是为什么呀？

生1：没有人和我抱在一起，我很难受。

生2：我本来和他们抱在一起，结果被挤了出来，我很不开心。

……

6. 师：在刚才的游戏中，我们发现，孤独的滋味可不好受啊！这让我们深深地感受到人不能没有朋友，没有友情，否则就会感到寂寞、悲伤。友情对每个人来说是多么重要。今天，我们就来聊聊"友情"。

板贴：友情

信念·价值观

> **设计意图：** 为了营造轻松活泼的课堂氛围，设计破冰游戏，一方面活跃气氛，另一方面两个预设不同结果的游戏中，让参与游戏的学生体会到"落单"的滋味，感受到人是需要朋友的，从而引出课题。

二、介绍朋友，感悟"缘分"

1. 师：谁愿意给大家介绍一下自己的好朋友？说说你们是怎么认识的？
   生1：我的好朋友是×××，我们从幼儿园到小学都是同学，特别要好。
   生2：我的好朋友是×××，我们都喜欢玩遥控赛车。
   ……

2. 师：在同学们的介绍中，我们知道了有的好朋友是因为从幼儿园起就是同学；有的是因为共同的爱好成了好朋友；还有的是因为同一天生日成了好朋友……这就叫作——缘分！

3. 师："有缘千里来相会"，可见，缘分多么难得，每一段友情都值得我们好好珍惜。来，我们为和朋友之间的缘分鼓鼓掌吧！

> **设计意图：** 每一段友情都是弥足珍贵的，让学生介绍自己是怎么和好朋友认识的，引导学生体会能成为朋友是一种难得的"缘分"，感受每一段友情都来之不易，激发学生对友情的珍惜之情。

三、情境讨论，理解友情

（一）当朋友需要帮助时

1. 师：今天，有几位同学在和好朋友相处过程中遇到了一些困惑，请你们来帮忙。是谁呢？我们一起来认识一下。
   出示视频：马小跳和他的伙伴们——张达、毛超、唐飞
   唐飞生病，一连几天没有来上学。

2. 师：如果你是马小跳，你会怎么做？
   生：如果我是马小跳，我会打个电话问候唐飞；我会帮唐飞补课。

3. 师：如果你是唐飞，你会怎么想？
   生：马小跳来探望我，那我病好得也会快点儿的。

4. 师：朋友的关心就像一股暖流，让生活变得温暖美好，这就是友情的意义。

   板贴：关心

（二）当朋友犯错误时

出示PPT：默写的时候，张达偷看语文书。

1. 师：如果你是马小跳，看到这一幕，你会怎么做？
   生：如果我是马小跳，我告诉老师；我会提醒张达，不能偷看。

2. 师：可是张达会想，我们是好朋友，你连这点忙也不帮我吗？你会怎么劝张达？

生1：张达，这个是假成绩，是你偷看来的，你不能这样做。马小跳是为了你好。
生2：张达，马小跳是为了帮助你，虽然这次没有默出，但你好好复习，下次就会了。
……

3. 师：是啊，朋友之间需要帮助，但只有帮助朋友改掉缺点，使他进步，这才是真正的帮助。

板贴：帮助

（三）当朋友间有误会时

1. 师：马小跳和毛超准备一起参加校运动会，约定共同冲向终点，当并列冠军。为了实现这个目标，他俩约好早上一起训练。为此，马小跳穿上了重重的狗熊外套，增加跑步的负重量。可约好的毛超却不来训练，被班干部告诉了老师。这不，毛超来了。请看视频——

播放视频：毛超误认为马小跳向班主任告了密，两人产生了误会，马小跳生气地说，不想和毛超做朋友了。

2. 师：如果你是马小跳，你会怎么做？
生1：如果我是马小跳，我会好好问问毛超究竟发生了什么事。
生2：我不会随便对毛超说"你不是我朋友"这样的话。
……

3. 师：那究竟是怎么回事？我们一起来看一看。

播放视频：在马小跳爸爸的点拨下，马小跳发现毛超是为了照顾流浪的小狗才没来训练，原来这是一场误会。

4. 师：正像马小跳爸爸说的："一个人最大的幸运，就是能有个特别要好的朋友。你们要是能当一辈子好朋友，那你们就是世界上最厉害的并列冠军。"朋友之间互相信任，不要因为一个小小的误会失去一段珍贵的友情，那多可惜啊！

板贴：信任

> **设计意图**：用学生喜欢的卡通人物创设情境，激发学生的兴趣。让学生围绕三个情境进行思考和开展讨论，在思辨中懂得朋友之间是需要互相关心、真心帮助和真诚信任的，这样的朋友才是真正的朋友。通过情境讨论，引发学生对现实生活的思考，启发学生懂得和朋友的相处之道。

四、合作游戏，体会信任

1. 师：我们一起来做个小游戏，感受信任的力量。请一位同学蒙住眼睛，在全班同学的指引下，绕过障碍物，抵达终点。我们来看看游戏规则。

出示游戏规则：（1）一位同学蒙住眼睛，在全班同学的指引下，绕过障碍物，抵达终点。（2）全班同学不能说话，只能用声音提醒。连续的脚步声表示前进，一步一步的脚步声表示后退，拍桌子的声音表示向左，拍手的声音表示向右。

（第一次全班学生一起发指令，蒙眼学生行走；第二次由好朋友指挥全班发指令，蒙

眼学生行走）

2. 师：信任，会帮助朋友走向胜利，走向成功，也使友情变得更加牢固、更加美好。友情如同一棵树，关心、帮助、信任就如同有力的枝干，撑起了这棵茂盛的友情树。

（当场绘画，把板书连成一棵树的形状）

> **设计意图：** 通过游戏帮助学生进一步感受信任能增进友情，懂得朋友之间只有互相关心、互相帮助、彼此信任才能使友情更加牢固。

五、分享故事，感恩友情

1. 师：每个人都需要友情。当我们沮丧时，是朋友给了我们鼓励；当我们烦恼时，是朋友给了我们宽慰；当我们快乐时，是朋友和我们共同分享……谁来和大家分享一下朋友之间的感动瞬间呢？

生1：昨天我忘带橡皮了，是同桌借给我的，我很感动；

生2：运动会那天，我刚参加完比赛，小马就把水壶递给我，我很感动。

……

2. 师：友情给予我们的温暖、信心、力量和勇气同样让我们无比感激。

> **设计意图：** 启发学生结合生活实际，分享友情故事。学生通过敞开心扉的分享交流，感受友情带来的快乐和幸福，进一步体会友情对每一个人的重要性，学会珍惜友情。

六、完成绘本，提升感悟

1. 师：我创作了一个绘本故事《我有两个朋友》，但还没有完成，想请大家一起来帮忙。

出示PPT：我有两个朋友，我很爱和他们玩。可是——一个朋友不会关心我今天是否来上学，一个朋友会向老师询问我为什么没有来；一个朋友想让我放下没有完成的作业陪他玩，一个朋友会耐心等我完成作业再陪我玩；一个朋友会借给我作业抄，一个朋友看到我抄作业就一把抢走了……

2. 师：孩子们，你们也试着来写一写。

出示PPT：我有两个朋友，我都很爱和他们玩。可是——一个朋友＿＿＿＿＿＿＿＿；另一个朋友＿＿＿＿＿＿＿＿＿＿。

（学生自由创作并交流）

3. 师：原来，一个叫普通的朋友，一个叫真正的朋友。老师祝福你们拥有真正的朋友，更希望你们做别人的真正的朋友！愿你们彼此用真诚浇灌出根深叶茂的友情树！

> **设计意图：** 运用绘本创编的方法，帮助学生将本节主题教育课的所得所感表达出来，深化本课主题，让学生体会到真正的友情是彼此关心、帮助和信任，这才是真正的朋友。激发学生在生活实际中做别人真正的朋友，从而体现友情的真正意义。

【板书设计】

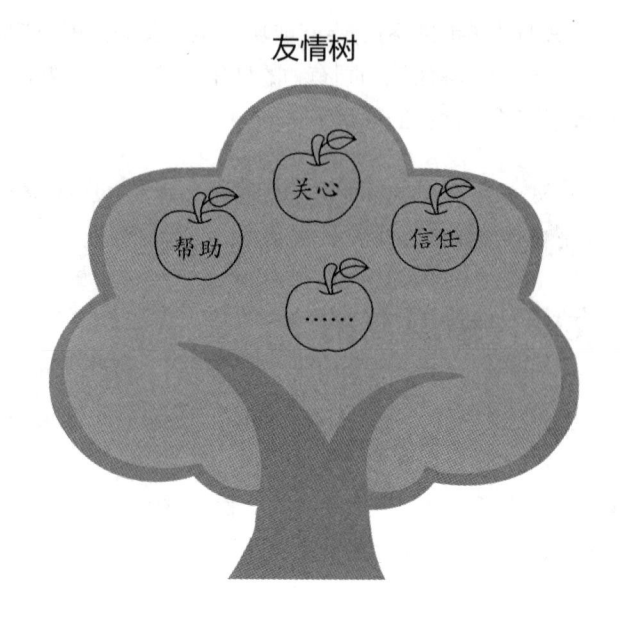

友情树

（关心、帮助、信任、……）

【点评】

1. 关注学生，聚焦友情

本节课孙老师从学生的实际情况出发，选择"友情"这一主题，符合社会现实。现在的学生大多为独生子女，习惯以自我为中心，故人际交往存在着诸多问题，出现了一种既渴望友情又难以和他人相处的矛盾现象。本节主题教育课，孙老师紧紧围绕"友情"两字启发学生，使他们认识到什么才是真正的友情。同时关注了学生的年龄特点和生活实际状况。

2. 形式多样，层层递进

孙老师采用了多种形式，让学生在寓教于乐的氛围中去感悟友情的意义。在破冰游戏中，学生们深刻体会了被拥抱与被冷落的感受，体会到一个人时的孤单和渴望友情的到来。在介绍好朋友的环节中，同学们知道了能和朋友相识相知是缘分，是来之不易的，要懂得友情的珍贵。在情境讨论中，通过自我思辨和老师的启发教导，同学们懂得了真正的友情是建立在相互关心、相互帮助和信任之上的，希望学生要学会和朋友真诚相处。

3. 自主参与，自我教育

在整堂课中，孙老师强调以学生为中心，每一个环节都极力发挥学生们的积极主动性。内容的设计是开放式的，同学们回答问题也体现了真实性。在这样的自主式课堂上，学生勇于发言，敢于思考，充分表达了自己的观点，这样的教学方式才能真正深入学生内心，促使他们乐于向上、焕然一新。

上海市浦东教育发展研究院德研员　姚瑜洁

第22课　爱护人民币

设计教师：上海市实验学校东校　　　　赵　灵
指导教师：上海市浦东教育发展研究院　姚瑜洁

【活动对象】

小学四年级学生

【活动背景】

货币被称作是一个国家的"名片"。人民币是我国唯一的法定货币。它的印制工艺标志着国家现代化的先进科技水平，它的整洁度体现着我国人民的社会公德水平、文化修养和爱国主义精神。随着我国综合国力的日益增强，截至2019年3月，人民币已成为世界第九大交易货币，全球支付市场份额位列第五。但是人们长期以来的一些不良习惯，使人民币在流通过程中出现了不同程度的损坏。

四年级学生虽然在生活中已经接触到了人民币，但对于人民币的认识仅停留在代表财富的概念上。人们在日常使用人民币的过程中，时常会有一些不爱惜、不尊重人民币的行为，比如任意折叠、涂改，在纸币上写名字等现象屡见不鲜，故有必要对学生进行一次爱护人民币的教育。

【活动目标】

知识与技能：

1. 初步了解货币的发展史，人民币正、背面主景的有关知识。
2. 知道人民币不仅是货币，更是一个国家的象征和骄傲。

过程与方法：

1. 通过听录音、讨论、学条例、扫二维码宣传等形式，领悟不践踏、不损坏，不使用假币就是爱护人民币的表现。
2. 尝试团队合作，初步养成合作学习的习惯和能力。

情感态度价值观：

1. 形成正确使用人民币的意识和方法，并落实在日常生活实践中。
2. 懂得爱护人民币必须从我做起，从现在做起，从身边的小事做起。

【活动重点】

1. 通过听录音、讨论、学条例、扫二维码宣传等形式，领悟不践踏、不损坏，不使用

假币就是爱护人民币的表现。

2. 尝试团队合作，初步养成合作学习的习惯和能力。

【活动难点】

懂得爱护人民币必须从我做起，从现在做起，从身边的小事做起。

【活动准备】

1. 视频：国徽的来历、辨别真假币、钱是怎么来的。
2. 录音：人民币的自述。
3. PPT、各种面值人民币。
4. 图片：货币的来源。

【活动过程】

一、听一听，我的出生

（一）说说人民币的用途

1. 师：猜猜这是什么？

出示一张被遮住的人民币，随着鼠标的慢慢移动，人民币逐渐显示出来

生：人民币。

板书：人民币

2. 师：10元人民币能买什么？

生1：一本书。

生2：一支钢笔。

……

3. 师：人民币是中华人民共和国的法定货币，可用于商品的交换，与我们的日常生活密不可分。我们每个人都要爱人民币。

板书：爱

（二）了解人民币的演变过程

1. 师：先让我们来听听人民币的自我介绍吧！

播放录音《人民币的自我介绍》：大家好！我是一张人民币，名叫10元。我们的家族很庞大，有1元、5元的小弟弟小妹妹，也有50元、100元的大哥哥大姐姐。我们的面值虽然不一样，但都可用于物品的交换。我已经在这个世界流通了很多个春秋。

2. 师：这就是货币的过去和现在，你能根据它出现的时间为他们排排队吗？

（黑板上出示中国各个时期的货币图片，学生小组讨论后上台排列图片）

3. 师小结：这是贝壳，是中国最早流通的货币，叫贝币。这个样子像贝壳，但是它是用铜做的，所以叫铜贝币。这张图上的分别是铲币、刀币、环钱，流通于春秋战国时期，

信念·价值观

这个圆形方孔币是秦始皇统一六国后全国使用的货币；这是北宋年间中国最早出现的纸币，叫交子。这个大家都知道，是现在流通的货币叫人民币。

4. 师：你们知道吗？中华人民共和国成立至今，我国已经发行了5套人民币，包括：1949年发行的第1套，1955年发行的第2套，1962年发行的第3套，1987年发行的第4套，1999年发行的第5套。一个国家的货币代表着国家的形象，随着中国国力的不断增强，它从侧面体现了一个国家的科技发展水平、文化内涵和文化底蕴。

设计意图： 由于货币和人民币的有关知识离学生生活实际较远，所以教师以游戏的形式导入新课，能激发学生对人民币的兴趣，各种货币的图片能更直观地让学生初步了解我们国家钱币的演变过程。

二、晒一晒，我的颜值

（一）出示小组合作学习单

1. 师：大家了解了人民币的过去和现在，下面让我们一起再来听听录音。

播放录音：现在大家都知道了我的前世今生，那就请你们打开桌面上的信封，看看我的兄弟姐妹都长什么样吧！

2. 师：在组长的带领下，同学们请打开信封，每个信封里有一张人民币、一张小组合作学习单，请一位同学读一读上面单的内容：（注：每组人民币的面值各不相同）

小组合作学习单

① 我们组观察的是（　　）元人民币。

② 通过仔细观察，我们发现人民币上有（　　）、（　　）和（　　）。

（二）了解人民币

1. 师：哪个小组率先完成了学习单？请这个小组派代表拿着小组合作学习单和相应的人民币到实物投影前汇报学习情况。

人民币内容	教师活动	学生活动	板书
5、10、20、50、100元	师：人民币上的这些数字代表的是什么？	生：面值	面值
水印、圆圈、银线	师：这些防伪图标让我们能容易区分真假人民币。	生一起找防伪图标	防伪技术
毛泽东头像	师：你们了解毛泽东吗？	生答	新中国第一任国家主席
数字	师：说说你们拿到的人民币编号是多少？	生答	发行编号

（续表）

人民币内容	教师活动	学生活动	板书
中国人民银行			发行行
不同面值上不同的花	师小结：人民币上各种花象征着中华民族优良的品质，这些品质需要我们代代相传，发扬光大。	小组连线猜猜不同面值相对应花的名称	花
5种不同的文字	师小结：5种文字代表5个人口最多的民族，象征着56个民族团结在一起，使用同一种货币。		文字
不同面值上不同的风景	师：不同面值背后的风景图案是不同的，你知道它们分别是哪些景点吗？ 师小结：人民币上的这些地方都是中国的著名景点和名胜古迹，身为中华儿女，长大后一定要去看看祖国的大好河山。	小组合作完成连连看，比赛哪个组连得最快，最正确？	风景
国徽	播放视频：《国徽的诞生》 　　在开国大典上，人们只看到了高扬的国旗，却并没有看到庄严的国徽，这是为什么呢？原来，国徽征求启事发布后，一个月内就收到海内外寄来的应征稿件112件，有国徽图案900幅。但遗憾的是，经国徽评选小组审查后认为，大多数应征稿都把国徽想象和设计为普通的正章和纪念章，不符合国徽设计要求。由于开国大典临近，政协一届全体会议，只确定了国旗和国歌，国徽尚未被确定。新中国成立后，在周恩来总理的直接领导下，国徽设计工作继续进行。当时中央美术学院的张汀教授和清华大学的梁思成教授各带领一个设计组进行。前者由美术家组成，后者由建筑师组成。1950年6月20日，国徽审查小组最终确定了清华大学的设计方案。23日，中国政协一届二次会议讨论并通过了国徽审查组提交的国徽图案。 　　师小结：是啊，国徽的诞生凝聚了许多人的心血，非常得来之不易。它是国家的象征和标志，它代表着一个国家的主权，体现了一个国家的尊严。因此，当它被印刻在人民币上的时候，人民币就成了国家尊严和权威的代表，所以爱人民币也就是热爱国家的表现。	学生谈谈看完视频后的感受	国徽 爱国

　　2. 师：经过刚才的学习和观察，我们发现人民币上有代表着国家的象征——国徽，有毛泽东，有各族文字，有盲文，人民币的背面有祖国大好河山的风景，正面有象征着高贵品格的花。因此，热爱人民币也就是热爱祖国的表现。

　　设计意图：针对本班学生的年龄特点，设计生态化的课堂环节。在学生合作完成学习单的基础上，根据他们的回答随机进一步讲解人民币上各个标志的含义（见上方表格）。通过符合年龄特点的连线、看视频、猜一猜等教学手段，学生明白了爱人民币就是爱国的表现，要在课后切实地爱护人民币。

三、议一议，我的奇遇

（一）了解人民币的制作过程

1. 师：一张薄薄的人民币传递着那么多的信息，承载着这么多的任务，那么它究竟是如何被制作出来的呢？我们一起去探秘。

播放视频《人民币的制作过程》：经过严格的身份确认，换好证件，存好书包、手机等个人物品，记者走进了厂房，静谧马上就被机器的轰鸣声所代替。在恒温恒湿的车间里，记者首先看到的是这些机器人，它们会自动把一箱箱的纸张、人民币半成品、成品等运送到下一个环节。固定的线路，精巧的动作，完全不用人为干涉。工作人员介绍，从钞票纸入库到成品钞票出厂，要经过胶印、凹印、印码和检封四道工序，大约要花费一个月的时间。新版一百元人民币的很多防伪技术都是在印刷中完成。这种凹印技术是人民币印刷特有的。油墨填充进去，印到纸上时，图案是立体的。这是伪钞难以仿制的。机器在高速打印冠字号码的同时，会自动扫描检测印刷质量。每个瑕疵都会在大屏上显示，工作人员只需把电脑检出瑕疵的纸张挑出来就可以了。曾经出现过的错版人民币现象是再也不会有了。刚出炉的人民币，都是这种大张的，大小和一张展开的报纸差不多，接下来还要进行最后一道工序——裁切，然后变成独立的纸张，最后才能变成我们平时看到的人民币的样子。这一大张人民币是35小张，会在这台机器上被切成小张，也就是我们日常见到的人民币。切好的人民币100张自动打成一把，十把自动包成一捆。据介绍，从纸张出库开始，一直到成品封存装箱，每一道环节都要查数，运出去多少，就要交回来多少。

2. 师：看了视频，你觉得人民币的制作过程怎么样？

生1：很烦，很辛苦。

生2：我现在才知道一张人民币来得这么不容易。

……

3. 师：你知道吗？人民币印刷过程至少有13个步骤：设计纸币图、印钞纸质检、制作雕版、制作印版、胶版印刷、凹凸版印刷、印号码、检查大张钞票、裁切单张、检查单张钞票、统计数量、包装放箱、送进国库。

（二）说说人民币的现状

1. 师：人民币的制作过程不仅严谨而且工艺要求标准十分高，可是当一张张崭新的人民币离开了银行，进入了社会，却发生了什么呢？

播放录音：去年，我和我的兄弟姐妹们落入了光明小学五甲班同学们的手中，你们看看，我的伙伴们都变成了什么样？

2. 师出示图片：我们看看这些崭新的人民币都变成了什么？

生1：折成了纸船。

生2：在人民币上写字。

生3：有破损，人民币变成了代金券。

……

3. 师：你们觉得这样做对吗？为什么不对？你能结合今天学习的内容来说一说吗？

生：不对，因为在人民币上写字就是损坏了人民币，这是不爱国的表现。

（三）谈谈如何保护人民币

1. 师：爱人民币就是爱国的表现。那么怎样才能保护人民币，让它不受伤害呢？我们应该做哪些？不应该做哪些？让我们小组讨论一下。

板书：护

生1：我们不应该把钱揉作一团塞进口袋，应该平整地将它放在钱包中。

生2：我们拿到假币时要交到银行，不能再进行使用。

生3：班级交钱的时候不能直接在钱上写名字，应该把给钱装进信封里，在信封上写上自己的名字。

……

板书：不破损、不涂画、不乱揉、不用假币、要正确使用和存放人民币

设计意图： 引导学生由课内延伸到课外，通过辨析社会上一些不爱护人民币的行为，促使学生多角度、多层次地思考，教会学生辨明是非。

四、倡一倡，爱我等于爱祖国

1. 师：大家想了很多保护人民币的方法，所以人民币又有话要说了。

播放录音：同学们，你们想了这么多保护我的方法，真是太给力了！其实我就是中华人民共和国的象征，爱护我就等于爱护我们的祖国。我相信，你们此刻一定明白了这个道理，你们能把这个道理告诉给更多的小伙伴吗？

2. 师：其实，你们知道吗？为了更好地保护人民币，国务院还专门颁布了《中华人民共和国人民币管理条例》，让我们来看看这个规定。

出示文字：任何单位和个人都应当爱护人民币，禁止损害人民币和妨碍人民币流通的行为。在人民币上写名字做标记，是一种故意损毁人民币的违法行为，一旦被发现，公安机关将给予警告并处以1万元以下的罚款。

（生齐读《中华人民共和国人民币管理条例》）

3. 师：通过今天的学习，我们明白了人民币是我国的法定货币，更明白了一个重要的道理：人民币代表着国家形象，爱护人民币就是维护国家尊严、热爱祖国的表现。

4. 师：让我们每个人都来做一个宣传的小使者，不仅要带着自己身边的亲朋好友了解人民币，还要向他们宣传爱护人民币的重要性。我们的宣传单就隐藏在这个二维码中，回去扫码做一做吧！

出示图片：二维码

设计意图： 用二维码的方式扫码做题巩固，形式新颖、有趣，符合时代特征，不仅能很好地指导自己的行为，同时也能提醒身边的人如何爱护人民币。

【板书设计】

<pre>
              爱   护   人民币
    国徽   发行时间
    毛主席头像   ⊗ 折 涂   发行银行
    文字   防伪标识
    风景   ✓ 存放 使用
    花
</pre>

【点评】

"爱护人民币"这一个小小的切入口，像一条小道通往了爱国主义教育这座庞大的基地。在赵老师的教学活动中，从"爱"到"护"，层层递进，不仅设计了丰富多彩的活动，更是紧紧地围绕着教学目标，为主题服务。特别是以下三个方面设计得特别巧妙：

1. **设计精巧接地气**。"爱国"这一教育主题，很容易上得空泛，而赵老师选取了学生生活中经常接触到的人民币，以此为载体，使"爱国"主题得以落地，将爱国教育与学生的生活实际进行巧妙结合。

2. **自主探究有方法**。小组合作探究是主题教育课中比较常用的学习方式，但是小组探究不仅仅是为了表面的热闹。所以赵老师在小组探究合作的任务单设计上，指向性明确，同时符合学生的认知水平。

3. **课后实践有反馈**。主题教育课的课后拓展是不可或缺的环节，但是如何评价反馈却一直是难点。而赵老师设计二维码的作业形式，使"行"在课后有了拓展和延伸，更重要的是有了及时的评价和反馈，这将大大提高主题教育课的有效性。

整节课让人民币"活"了起来，爱国的情感也在这一张张平面的纸币上变得立体和真实。

上海市实验学校东校 德育教导　凌洁敏

第 23 课　跟校门口拥堵说 "bye bye"

设计教师：上海市浦东新区观澜小学　　曹丹红
指导教师：上海市宣桥学校　　　　　　祝永华

【活动对象】
小学四年级学生

【活动背景】
苏联教育家马卡连柯明确指出："培养一种认真的责任心，是解决许多问题的教育手段。"

我校地处老镇区，周边道路较狭小，随着人民生活水平的不断上升，私人汽车也越来越多，现在很多家庭都用小车接送小孩上下学，造成了高峰时期学校门口交通堵塞现象特别严重，还带来了不少安全隐患。

小学四年级学生尚处于儿童阶段，其安全意识、大局意识还不够成熟，缺乏一些相关知识，因此有必要设立一堂主题教育课，指导学生在紧要时刻临阵处置的方法，为学校门口的塞车排忧解难。

【活动目标】
知识与技能：
1. 了解校门口拥堵对学生、家长、学校带来的不良影响以及造成的安全隐患。
2. 学会缓解拥堵的各种办法。
3. 能在生活中快速、有礼下车，安全进校门。

过程与方法：
1. 了解校门口交通拥堵的现状。
2. 通过看视频、角色表演、讨论、寻求交警帮助、议事厅调查交流等方式探讨并找到缓解校门口拥堵的办法。

情感态度价值观：
树立为学校排忧解难的责任意识，与家长一起共建文明、和谐的校园环境。

【活动重点】
借助看视频、角色表演、讨论、寻求交警帮助、议事厅调查交流等找到缓解校门口拥堵的办法。

【活动难点】

加强学生为学校排忧解难的责任意识，与家长一起共建文明、和谐的校园环境。

【活动准备】

调查表、学具、课件、场景布置、歌曲创作。

【活动过程】

一、现象引入，揭示主题

1. 师：同学们，今天早上，你是怎么来的呀？一路上顺利吗？

生1：我是乘公共汽车来的，一路畅通。

生2：我是走路上学的，我看到走路上学的人不多，一路到校很顺利。

生3：我是父母开车送来的，但路上车很多，我差点儿迟到了。

2. 师：是呀，现在车越来越多，所以校门口越来越拥堵。老师也有这样的体会。就在前几天，我还是按照原来的时间开车上班，没想到在离学校1公里的地方堵车了，堵得一动不动，平时两三分钟的路程，那天足足开了半小时，差点儿迟到，影响正常的上班。

我当时非常着急，可着急也无济于事，真是无奈呀！今天这节课，我们就一起来探讨校门口堵车的问题。

板书：校门口拥堵

二、七嘴八舌，探讨原因

1. 师：如此拥堵的校门口，到底是由哪些原因造成的呢？老师想列一份"问题清单"，你们能帮老师一起找原因吗？先请同桌讨论一下，一会儿我们再交流。

生1：各种车辆数量增多。

生2：车辆乱停乱放，随意调头。

生3：行人不走人行横道线，随意穿马路。

生4：有的车辆逆向行驶，特别是非机动车。

生5：有的车速很快，很容易发生交通事故。一旦发生交通事故，很有可能产生拥堵。

生6：非机动车行驶到人行横道线中，导致人车拥挤。

教师随机板书：人多、车多、路窄

三、角色表演，体会危害

1. 师：此时此刻，如果你被堵在校门口或周围的路段，作为学生或家长，你会怎么想，怎么做呢？我们分成四组，两个小组选择一个情景，小组先讨论，然后分角色表演。

情景1：你乘坐在爸爸驾驶的小汽车上，还有一个路口就要到校门口了，可前面却堵车了，你还要值周，怎么办？

生：哎呀，怎么办呀？怎么堵车了呢？我还要值周呢！

爸爸：你着急也没用呀，前面车那么多，车动不了啊！

生：我再等一分钟，实在不行，我就下车走到学校，哦，可能要跑到学校了，因为时间要来不及了。

情景2：你乘坐在妈妈开的电动车上，眼看就要到校门口了，可前面人、汽车和公共汽车等堵得一动不动，你还带着重重的工具包和书包，怎么办？

生：哎呀，怎么堵车了呢？要不，我干脆走吧。可是，工具包和书包那么重，拎都拎不动，我该怎么办呀？

妈妈：那把书包、工具包留在我电动车上，我等一会帮你送到学校吧。

生：那怎么能行呢？这是上课和学习的必备物品，两手空空进学校，会被老师批评的。再说了，你也要上班，如果等车少了，道路畅通了，你给我送东西之后再去上班也会迟到的。

2. 师：着急、焦虑、无奈、苦恼，这是同学们对校门口拥堵的感受。其实，校门口拥堵也隐藏着很多危险，你看到或碰到过哪些危险的现象？请大家来交流。

生1：有一次，我看到转弯的地方，有一辆车要超车，结果速度太快，碰到了一辆电动车，坐在后座的一个小朋友差点儿摔下来。

生2：我也看到过，还有的车直接停在校门口，车门打开太快，后面的助动车就直接撞上去了。

3. 师：校门口的拥堵带来了说不完的"痛"，让我们一起来读一读PPT上的内容。

播放PPT：影响校门口及周边道路的安全畅通；

学生、家长、老师上学、上班迟到，影响正常学习、工作；

交通事故（碰擦事故）增加，人身安全得不到保障。

设计意图：探讨、交流看到或碰到过的由于校门口交通拥堵造成的危险现象，目的是联系学生的实际经历，认识到校门口拥堵对学生带来的安全隐患，对上学正常秩序带来的不良影响。

四、携手共治，拥堵"byebye"

1. 师：校门口的拥堵，我们看在眼里，急在心里。作为学校的小主人，我们可以做些什么呢？完成"小小市民议事厅"的有关调查。（见下方调查表）

小小市民议事厅

主题：缓解校门口拥堵_____

寻找方法：_____

学校、老师：_____

家长志愿者：_____

交警部门：_____

其他：_____

我来献一计：_____

信念·价值观

2. 师：同学们，今天我们的现场就是一个"小小市民议事厅"，请每组派一名议事员上台交流，小组其他成员是场外议事员，可适当作补充。

教师随机板书：绿色出行、拼车、乘坐公交车；小手牵起大手共同遵守、拉车门护导、加强宣传交通法规、划定专门停车区域、竖立指示牌、限速牌

生1：车多，我们可以绿色出行、拼车或乘坐公交车。

生2：校门口可以竖立"不能停放"指示牌、学校周围划定专门停车区域、开辟停车场、竖限速牌……

生3：碰到行人不走人行横道线、闯红灯、非机动车逆向行驶等现象时，我们可以加强交通法规宣传，小手牵起大手共同遵守……

3. 师：让我们一起来学习有关交通标识、条例和规定。

播放PPT：

出示相关图片，"连一连"了解指示牌内容。

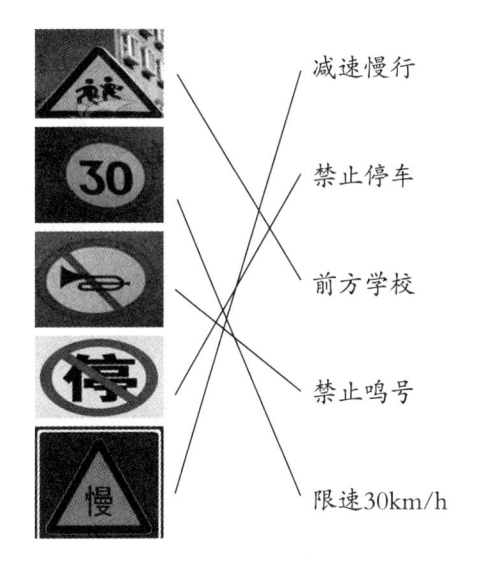

图标	含义
减速	减速慢行
30	禁止停车
禁止鸣号图标	前方学校
停	禁止鸣号
慢	限速30km/h

《上海市非机动车管理办法》第三十一条规定：

自行车、电动自行车载人，应当遵守下列规定：

（一）驾驶自行车、电动自行车限载1名12周岁以下的未成年人；

（二）驾驶自行车、电动自行车搭载6周岁以下未成年人的，使用固定座椅；

（三）16周岁以下的未成年人驾驶自行车不得载人。

★《中华人民共和国道路交通安全法实施条例》规定，驾驶自行车、三轮车必须年满12周岁；驾驶电动自行车和残疾人机动轮椅车必须年满16周岁。

★2017年2月，上海推出一系列规范未成年人骑行或驾驶非机动车行为的举措，严禁12周岁以下孩子骑行共享单车。

生：交警部门会增派警力，加强交通疏导、指挥……

播放视频：学生通过近一周的观察记录后发现，校门口的拥堵现象很严重，有时甚至会造成人身伤害和交通事故。为了在少代会上提出这个提案，缓解校门口的拥堵现状，队

员们特地组成了一支小分队，来到交警支队，向交警叔叔寻求帮助。交警提出，可通过增设警示标识、加大交通法规宣传力度、在上学放学时段增加警力配置等办法，交警部门也建议队员们小手牵大手，督促家长改正不良习惯，共创文明城区。

4. 师：同学们，让我们一起大声读读交警叔叔的提议吧！

播放PPT：增设警示标识

加大交通法规宣传力度

在上学、放学时段增加警力配置

小手牵大手，督促家长改正不良习惯，共创文明城区……

生：校门口有值周老师、家长志愿者拉车门，护送学生安全进校门……

播放歌曲MV《车门传情》：学校校门口，无论是寒冬还是酷暑，值周老师、家长志愿者总会及时地为送孩子上学的家长车辆打开车门，与孩子打招呼，并将孩子安全护送至校门内。而且，十年如一日，没有任何怨言。老师、家长对学生深深的爱和安全护导，构筑了文明和谐校园的坚固屏障。向这些老师和家长致敬！

5. 师：刚才我们看到了很多快速、安全下车的场景，相信你一定学会了，就让我们来练一练吧，请大家两两结对，练习快速、有礼下车，安全进校门。

学生两两结对练习。

生：我觉得，除了大家所说的，市政部门可采取以下措施：拓宽道路、增设停车场、校车，市民可拨打上海市民热线：12345等。

6. 师：为了解决校门口的拥堵之"痛"，我们每个人、每个部门都应该承担起自己的责任。只有这样，我们才能跟校门口拥堵说一声"byebye"

板书：跟　说"byebye"。

设计意图： 学生的责任意识要提升，一定要走出教室，走向社会，"小小市民议事厅"应运而生，学生自己开动脑筋，想方设法，想出一些好计策，唤起他们心中的责任意识，让他们意识到，缓解拥堵，人人有责。

五、链家链责，爱校环保

1. 师：同学们，今天我们发现了校门口的拥堵现象和安全隐患，也找到了产生的原因，并且通过各种途径，特别是在"小小市民议事厅"的调查交流中找到了很多缓解拥堵的办法。我们还有一个"扫一扫二维码，当一回议事员"的活动，希望大家小手拉起大手，让家长也加入我们爱校、环保的行动中，一起共创文明、和谐的校园。

设计意图： 联系家长，得到家长的支持和帮助，是我们开展各类教育活动的保障。用扫二维码的先进手段，让更多的家长投入学校参事、议事的行列中来，提升主体意识，实现家校社共同体联合育人。

信念·价值观

【板书设计】

跟校门口拥堵说"byebye"

车多　　　　　　　　　　　　　绿色出行
　　　　　　　　　　　　　　　拼车
人多　　　　　　　　　　　　　乘坐公交车
　　　　　　　　　　　　　　　小手牵起大手共同遵守
　　　　　　　　　　　　　　　拉车门护导
　　　　　　　　　　　　　　　加强宣传交通法规
路窄　　　　　　　　　　　　　划定专门停车区域
　　　　　　　　　　　　　　　竖立指示牌、限速牌

【点评】

《学校德育原理》一书指出，"责任，在现实生活中无论是对个人还是社会的发展都是极为重要的。一个人、一个社会的最大缺失，莫过于责任感的缺失，因为责任感是人和社会发展的内源力。"

一、联系实际，感同身受，挖掘生活问题

本堂课上，曹老师带着学生们从"上学时校门口的拥堵"这一实际问题出发，讨论原因，还让两组同学分别以情境代入的方式表演了两个常见的情景，并分别采访了当事人的心情和感受，引导学生深度挖掘校门口拥堵现象的弊端。

二、多种形式，调查研究，寻找解决方法

在"小小市民议事厅"环节中，学生们运用老师设计好的调查表进行小组讨论，当堂采访听课老师，收集了各种解决方法。歌曲MV中还呈现了观澜小学值周教师、家长志愿者们平日里维持校门口秩序的场景，自制视频中展示了学生采访交警时获得的有效方法，学习缓解校门口拥堵的方法，树立缓解拥堵人人有责的意识。

三、家校合作，手段先进，共促责任培养

联合家长，得到家长的支持和帮助，是我们开展各类教育活动的保障。课堂最后采用"扫二维码"的先进手段，激励家长加入此项活动中来，符合时代特征，家校联手共同培养学生的责任意识。

上海市浦东教育发展研究院德研员　姚瑜洁

第 24 课　"敬业号"奇妙之旅

设计教师：上海市浦东新区东港小学　　杨玲玲
指导教师：上海市浦东教育发展研究院　　姚瑜洁

【活动对象】
小学五年级学生

【活动背景】
　　"敬业"是社会主义核心价值观个人层面的价值准则，是对公民的素质要求，也是最基本的职业道德。一个人无论从事什么职业、担任什么岗位，都应该努力践行敬业精神。
　　对于小学生来说，"敬业"不应是空洞的，好好学习就是敬业，把各自的小岗位工作尽心尽职地做好，也是敬业。我所带的班级设立了不少小岗位，岗位设置有明细的职责分工，但学生在履行岗位职责时，爱岗敬业精神不足，也缺少做好"小岗位"的方法，这些情况引起我的思考。

【活动目标】
1. 了解各行各业的工作职责，感受他们尽心尽职的工作态度。
2. 体会敬业模范们热爱岗位、坚守奉献的敬业精神。
3. 探究实践小岗位工作的具体方法，学习和弘扬敬业精神。

【活动准备】
板书、PPT、视频、音频、敬业徽章、挑战书。

【活动过程】

一、视频引入，开启旅程

1. 师：同学们，你们喜欢看电影吗？
   生：喜欢。
2. 师：最近，你们都看过什么电影呢？
   生1：《攀登者》。
   生2：《我和我的祖国》。
   生3：《烈火英雄》。

生4：《中国机长》。

3. 师：我也很喜欢《中国机长》这部电影，我觉得由真实事件改编的电影最能打动人了。今天，让我们一起重温那惊心动魄、扣人心弦的场面吧！

播放视频《中国机长片段》：电影讲述了机长刘传健执行的一次重庆飞拉萨的任务。航班起飞40分钟后，驾驶舱前的挡风玻璃突然爆裂，驾驶舱瞬间失压，气温降到零下40摄氏度，大量机载自动化设备失灵，副驾驶半个身子被"吸"了出去。生死关头，机长凭借扎实的操作技能、正确的判断，以及机组人员冷静沉着的态度和专业的职业素养，终于使飞机成功着陆，确保了机上全体人员的生命安全，创造了世界民航史上的奇迹。

4. 师：看了视频，谁给你留下了深刻的印象？

生1：机长给我留下了深刻的印象，那个飞机玻璃都破裂了，有个飞机师半个身子都在外面，非常的危险，可是他却毫不慌乱，还是在坚持开飞机。

生2：飞机上的空姐给我留下了很深的印象，有位空姐被撞倒没有知觉了，可是醒来后，她还在为乘客服务，非常的敬业。

5. 师：老师也对大名鼎鼎的刘传健机长印象深刻，是他带领全机组工作人员在生死关头临危不惧，确保了全体成员的生命安全，创造了世界民航史上的奇迹，他的敬业精神让我肃然起敬。

出示PPT《刘传健简介》：2018年5月14日，川航3U8633重庆至拉萨航班执行任务时，飞机风挡玻璃突然爆裂脱落，瞬间失压，在驾驶舱温度零下40摄氏度的生死关头，退役军人、机长刘传健沉着果断处置险情，靠毅力掌握操纵杆，最终成功备降，确保了机上128名机组人员和乘客的生命安全，他被授予"中国民航英雄机长"称号。

6. 师：今天我们非常荣幸地把刘机长请到了我们的现场，听说他还给我们同学们带了一份特别的礼物？

（出示"敬业号"机票）

7. 师：这是什么？你们认识吗？

生：机票。

8. 师：小朋友眼前一亮，很激动呢！别急，刘机长还有话说呢！

播放音频《机长起飞问候》：欢迎各位小朋友乘坐——"敬业号"，我是此次航班的机长——刘传健，今天我将亲自驾驶敬业号（师板贴），带领我的乘务团队，为你们服务。请大家系好安全带，我们的敬业号奇妙之旅即将开启！

随机板贴：一架"敬业号"飞机

板书："敬业号"奇妙之旅

板贴：两朵白云

设计意图： 从电影入手，激发学生学习的兴趣，引出中国机长刘传健这一关键人物，以及贯穿整节课的"敬业号"飞机。

二、猜猜职业，感悟敬业

1. 师：能坐上英雄机长的航班真是太荣幸了。同学们，你们知道吗？我们的敬业号航班，不仅是全体机组人员非常敬业，而且乘客中也有许多来自各行各业的敬业模范呢。卖个关子，大家先来猜一猜他们的职业，都有谁和我们一起同行呢？

出示PPT：救死扶伤像天使，治病救人仁者心。

2. 师：先来看看37A座位上的乘客是谁？

生：救死扶伤像天使，治病救人仁者心，我猜是医生。

3. 师：为什么？你是怎么猜出来的？

生：我从"救死扶伤"和"治病救人"猜出这应该是医生。

出示PPT《感动中国人物——梁益建》：梁益建，2016感动中国年度人物。他参与"驼背"手术3000多例，亲自主刀挽救了上千名极重度脊柱畸形患者的生命。

4. 师：他可不是一位普通医生，梁益建医生被评为2016感动中国年度人物。他参与"驼背"手术3000多例，亲自主刀挽救了上千名极重度脊柱畸形患者的生命。梁医生用妙手仁心撑起患者"弯曲"的脊梁，令人敬佩。

出示PPT：紧急事件马上访，传播文明正能量。

5. 师：坐在46B的又会是谁呢？你来猜。

生：紧急事件马上访，传播文明正能量，我认为是记者。因为一有紧急事件，记者就会采访。

6. 师：记者总是第一时间出现在现场，为我们报道，传递着正能量。下面的这位请你来猜。

出示PPT：迷彩衣服是正装，保家卫国守边疆。

生：迷彩衣服是正装，保家卫国守边疆，这是军人。我从保家卫国守边疆看出这是军人。

7. 师：国家强大，社会稳定，人民幸福，离不开军人的敬业坚守，感谢最可爱的人。我们接着猜，你举手最快，由你来猜。

出示PPT：艰苦训练数十载，奥运赛场扬国威。

生：艰苦训练数十载，奥运赛场扬国威，我猜是运动员。因为这里有个奥运赛场，还有运动员每天的训练是很艰苦的。

8. 师：每当看到五星红旗能在奥运赛场上升起的时候，作为一个中国人，那种自豪感油然而生。这位运动员认识吗？关于她的事迹你们知道吗？

出示PPT："郎平照片"。

生1：她是女排运动员。

生2：她是中国女排的教练。

9. 师：郎平带领女排姑娘以十一连胜的战绩拿下了世界杯的冠军。她们还登上了国庆70周年游行的花车呢，真了不起。让我们来看一段视频。

播放视频《你不知道的郎平》：

信念·价值观

　　郎平每天上训练场前的准备：因为腰部曾经受伤，腰椎间盘突出，她不能站太久，必须带有磁疗功效的腰带，这样可以缓解疼痛；膝盖也做过手术，所以她站一会儿就受不了；除此之外，她颈椎于2007年做过手术，腿也做过好几次手术，手部软组织也曾受到损伤，郎平几乎全身都是伤。面对伤痕累累，可郎平却轻描淡写地笑着说："没什么大不了，运动创伤很正常。"

　　10. 师：看了视频，你感受了什么？

　　　　生1：郎平身上有很多伤，膝盖、脖子、手指都做过手术。可她却说没什么，我感觉她很乐观。

　　　　生2：郎平身上都是伤，可是她依然当教练，坚持不懈。

　　11. 师：没想到鲜花和掌声的背后是无数的努力和汗水，甚至还伴有无法愈合的伤痛。郎平的敬业精神真令人感动。让我们平复一下心情，继续猜一猜。

　　　　出示：脸朝黄土背朝天，粒粒辛苦耕种忙。

　　　　生：脸朝黄土背朝天，粒粒辛苦耕种忙，我猜是农民。因为农民播种时就是脸朝黄土背朝天的。

　　12. 师：你猜对了。我们吃的每一粒米，每一颗菜都凝结着农民伯伯辛勤的汗水。最后一位谁来猜？

　　　　出示PPT：春蚕到死丝方尽，蜡炬成灰泪始干。

　　　　生：春蚕到死丝方尽，蜡炬成灰泪始干，我认为是教师。因为教师就像蜡烛与春蚕一样，为学生付出。

　　13. 师：是的，老师就像蜡烛，燃烧自己照亮别人，一直在默默奉献着，像我的榜样支月英老师。

　　　　播放数字故事《最美乡村教师——支月英》：

　　　　我是支月英，是江西省宜春市奉新县澡下镇白洋教学点教师。1980年，当年的我只有19岁，不顾家人的反对，远离家乡，只身来到离家两百多里的泥洋小学。这儿离集镇45公里，海拔近千米。39年来，我坚守在偏远的山村讲台上，从别人口中的"支姐姐"到现在的"支妈妈"，教育了大山深处的几代人。我不是因为看到希望才选择坚守，而是因为只有坚守才有希望。

　　14. 师：从这些人物身上，你感受到了什么精神？

　　　　生1：从他们身上，我感受到了一种敬业精神。

　　　　生2：郎平和支老师她们一直在坚守，无论条件多么艰苦，她们都从没有放弃。

　　　　生3：我觉得他们很爱自己的岗位，对工作认真负责。

　　　　　　　　　　　　　　　　　　　　　　板书：热爱、尽责、坚守

设计意图： 通过给关键词来猜敬业者的职业，在轻松的趣味游戏中，了解这些职业的特点。结合视频和数字故事的观看，来感悟人物身上的敬业品质。

三、联系生活，实践敬业

（一）立足本职是敬业

1. 师：敬业就是热爱本职工作，敬业就是尽职尽责，敬业就是坚守岗位。对我们学生而言，怎样做到"敬业"？

　　生：我认为，好好学习就是敬业。

2. 师：对学生而言，好好学习，认真对待自己的学业，拥有良好的学习态度，这就是敬业。还有补充吗？

　　生1：帮助家长做家务劳动是敬业。

　　生2：每周完成值日生劳动也是敬业。

3. 师：同学们，除了好好学习，在自己的小岗位上尽职尽责，这也是敬业的表现。

（二）明确职责是敬业

1. 师：说到小岗位，老师想了解一下，你在班里担任什么小岗位工作？

　　生1：我在班里担任图书管理员一职，我的任务是每天放学时整理书柜。

　　生2：我是节电员，我负责离开教室的时候关掉电灯、电脑等一些电器开关。

　　生3：我的小岗位是值日组长，我的任务是监督值日生把教室打扫干净。

　　生4：我是班级的体育委员，我要在上课前问体育老师在哪儿上课，并整队把同学带到老师规定的地方上课。

2. 师：请问你在班级担任什么岗位？

　　生：纪律委员。

3. 师：你一定是一个很讲原则的人。请问你在履行岗位职责时有没有遇到一些麻烦？

　　生：我在管理班级纪律时，有的同学不是很配合，我多次提醒也没有什么效果。

4. 师：还有谁在小岗位工作中也遇到过困难的？

　　生1：我是班级垃圾分类检查员，老是有同学把垃圾扔错，害得我要重新分类。

　　生2：我是图书管理员，有同学还书不按类别放，随手一放就走了。

> **设计意图：** 自由畅谈自己在班级担任的小岗位以及岗位的职责，也分享了自己在履行岗位职责时遇到的麻烦和困惑，从而引出下文，遇到困难如何践行敬业精神。

（三）攻坚克难是敬业

1. 师：通过刚才的交流，我发现我们班的小岗位种类可真不少。都说岗位虽小，但困难却不少。要履行好小岗位职责，可不是一件容易的事。遇到困难，我们该如何应对呢？让我们看看机组人员是怎么做的？

　　播放视频《飞机遇到气流怎么办？》：飞机在高空飞行，突然遭遇气流，颠簸非常厉害。行李架上的行李纷纷落了下来，飞机乘务人员顾不上自己的安危，提醒乘客系好安全带，并不断安抚紧张焦虑的乘客。

　　生1：我看到视频中飞机颠簸得很厉害，一些行李都掉下来，空姐顾不上自己，还一个个去扶乘客，其中有一位空姐还被行李砸到了。

生2：空姐遇到危险时，一点也不害怕，还不停地安抚乘客。

2. 师：全体机组人员遇到困难时沉着冷静，严守规章，坚守岗位，决不放弃，他们是在拿生命践行"敬业"精神。听，刘机长又有话说了。

播放音频《机长挑战宣言》：我们机组人员在面对艰巨挑战时用尽责和坚守战胜了它，那么当你在履行小岗位职责时，你该怎么战胜它呢？敢不敢接受挑战书。

3. 师：请每组派一名代表来接受挑战书。

出示PPT《挑战书》

挑战书

1. 我们的小岗位是_____。
2. 我们接到的挑战任务是_____。
3. 我们的应对策略是_____。

第一组任务单：班级岗位——眼保健操检查员

出示PPT：一天，你照例检查班级的眼保健操情况，发现好朋友小雨偷偷睁眼了，你正准备扣分时，她一把拉过你的衣角，给你暗示不要记她的名字。你会怎么做呢？

生1：我们组讨论的结果是毫不犹豫地记下名字，必须扣分。

1. 师：小雨可是你的好朋友，你一点都不顾及同学情谊吗？

生2：我觉得需要公平公正，就算好朋友也不能例外，不然以后不会有同学服你的。

2. 师：你们真的是非常有原则，非常的尽责。我们来听听刘机长是怎么评价你们的。

播放音频《机长点赞》：恭喜你们挑战成功，给你们小组每人颁发一枚敬业章！

第二组任务单：班级岗位——值日组长

出示PPT：放学了，今日值日的扬扬磨磨蹭蹭，三心二意，动作非常慢，作为值日组长的你忍不住提醒了："扬扬，你打扫得太慢了，而且还有很多纸屑都没清扫干净，再不快点儿，你要影响整个小组了。"扬扬没好气地说："要是嫌慢，你来扫啊，以为当组长了不起啊，哼！"面对这样的情况，身为值日组长的你会如何处理？

生1：我们会跟她讲道理，告诉她我们是一个整体，要齐心协力早点把值日工作做好。

1. 师：面对这个棘手的问题，你们采用以理服人，看来小岗位的管理也讲究方式方法的。如果这个同学不吃这套，依然慢慢地扫，甚至不扫了，你们打算怎么办？小组谁来说一说？

生2：我会拿过扫把去扫，陪着他扫完。

2. 师：哪怕同学这样做、这样说，你还是坚守自己的岗位，通过自己的行动让同学信服。为你们组点赞。我们来听听刘机长对你们的回答满意吗？

出示音频《机长点赞》：恭喜你们挑战成功，给你们小组每人颁发一枚敬业章！

第三组任务单：班级岗位——图书管理员

出示PPT：吃过午餐，同学们一个个地过来借书，图书管理员忙着登记借阅情况，老

师布置的作业来不及做了，做不完作业是要挨老师批评的。面对这样的情况，如果你是图书管理员，你会怎么做？

生：我们是这样处理的。如果排队的同学并不多，我会抓紧时间登记好，然后做老师布置的课堂作业。如果排队的人太多，我让他们写一张字条，把自己的名字夹在书里，这样我可以利用课间再登记。

1.师：你们小组考虑得非常周到，正因为你们热爱自己的小岗位，才想方设法把事情做好。你们这样处理是学业、小岗位两不误！真棒！老师也忍不住要为你们点赞！

出示音频《机长点赞》：恭喜你们挑战成功，给你们小组每人颁发一枚敬业章！

第四组：班级岗位——纪律委员

出示PPT：自习时，班级中的"皮大王"总是说话，影响周围同学，纪律委员多次提醒，"皮大王"始终不改，甚至与纪律委员发生争执。面对这样的情况，如果你是纪律委员，你会怎么做？

生：我们会将他的名字记好，向老师汇报，由老师来处理。

1.师：面对特别棘手的问题或者我们小朋友暂时无法解决的问题，交给老师处理，不失为明智之举。这也是尽职尽责的表现。听听刘机长对你们的回答满意吗？

出示音频《机长点赞》：恭喜你们挑战成功，给你们小组每人颁发一枚敬业章！

第五组任务单：班级岗位——晨读领读员

出示PPT：语文晨读时间到了，可是身为晨读领读员的你身患重感冒，说话也很费力，你会如何履行你的小岗位呢？

生：我们意见很难统一，所以我们把两种措施都写了。

1.师：那你是支持哪一种？你先说。

生：我们几个认为应该继续领读，就算生病了，也要坚持。

2.师：带病坚守岗位，敬业精神令人敬佩。你们小组还有不同意见是吗？谁来说说？

生：我们俩觉得既然生病了，话都说不出来，可以找个能胜任的班干部来代替我。这样晨读的效果肯定比带病领读要好。

3.师：我非常赞同你的看法，如果自身出现了自己暂时无法胜任的特殊情况，找合适的人代替，我觉得这也是对自己岗位负责、尽责的表现。

出示音频《机长点赞》：恭喜你们挑战成功，我给你们小组每人颁发一枚敬业章！

第六组任务单：班级岗位——垃圾分类检查员

出示PPT：上海的垃圾分类工作正在如火如荼地进行着，教室里也分设了不同类别的垃圾桶，可是身为垃圾分类检查员的你，发现总是有垃圾扔错的现象发生，你会怎么做？

生：我们会在垃圾桶旁贴一个温馨提示，提醒大家不要扔错。我们还可以利用十分钟队会和班会课的时间，组织大家一起再学习垃圾分类的小常识。对屡教不改的同学，可以罚他倒垃圾一周。

信念·价值观

1. 师：没想到短短几分钟，你们能想得这么全面。以学习教育为主、小小惩戒为辅，双管齐下，力求达到最好的效果。老师相信，如果你们是班级的垃圾分类检查员，一定能将这份工作干得有声有色的。

出示音频《机长点赞》：恭喜你们挑战成功，给你们小组每人颁发一枚敬业章！

2. 师：通过刚才几组的交流，我们更加明确了今后在履行岗位职责时，不仅负责任、爱岗位、能坚守，还讲究一定的方法，这样就能更好地做到敬业了。

设计意图：通过机长下挑战书的形式，学生们解决问题的兴趣得到激发。每组认领一个任务单，通过小组合作的形式探讨，面对不同的问题，小朋友思维的火花在碰撞，在思辨过程中提高学生履行小岗位职责所需的分析问题、解决问题的能力，也进一步加深了对敬业精神的理解和感悟。

四、成功降落，结束旅程

1. 师：看到这么多同学都得到了敬业章，老师由衷地为你们感到骄傲！其实在我们的身边，也有很多敬业人物，如果给你一个敬业章，你会颁给谁呢？为什么？

生1：我会颁发给每天打扫马路的清洁工，是他们让我们的城市更加干净。

生2：我会颁给我们班的朱老师，她从我们上一年级开始带我们班级，为我们付出了很多，就像妈妈一样。

生3：我想颁给快递员，不管刮风下雨，他们都要坚持送快递，很辛苦。

2. 师：我们的城市因为有了这些敬业者而变得更加美丽，我们的生活因为有了这些敬业者而更加快捷、方便。感谢这些默默无闻的敬业者。

3. 师：同学们，时间过得真快，我们今天的"敬业号"奇妙之旅就要结束了。刘机长也要与我们道别了。

播放音频《机长寄语》：亲爱的乘客，本次敬业号航班安全降落，成功到港，请携带好您今天收获的热爱工作、坚守岗位和尽职尽责的敬业好品质，踏上崭新的人生旅程吧！

4. 师：同学们，让我们谨记刘机长的话，以刘机长和全体敬业者为榜样，做一名敬业的小学生吧！

【板书设计】

【点评】

　　1. **课题新颖，贴近生活。**选取了当下非常热门的电影《中国机长》作为主题教育课的导入语，引入"敬业"这一概念，凸显了主题教育课的鲜活性，激发起学生学习的兴趣，贴近实际，引发学生共鸣。

　　2. **情境设置贯穿全课。**整节课所有情境均发生在"敬业号"航班上，"机长的问候""机票""登机牌""飞机座位""飞行遭遇气流"等元素，还原了一次飞行旅途，巧妙的情景创设让学生身临其境，在愉快的旅行中带入敬业体验，有味。

　　3. **环环相扣，升华情感。**这节课的主题是敬业，杨老师教育目标明确，以敬业模范事迹多维引领，让学生体会敬业者身上的敬业精神，有情；再以问题导向切入行为引导，结合自己小岗位的践行实际，通过小组合作探究形式，解决小岗位职责中存在的种种问题，有用；教师以即时评价巩固情感态度，提升学生的敬业境界，有力。

上海市浦东教育发展研究院德育教研员　姚瑜洁

第25课　播种一颗敬业的种子

设计教师：上海市浦东新区上南实验小学　王佳丽
指导教师：上海市浦东教育发展研究院　　姚瑜洁

【活动对象】

小学五年级学生

【活动背景】

党的十八大提出，要积极培育和践行社会主义核心价值观。"敬业"是公民个人层面的价值准则之一。我们见证了许多爱岗敬业的模范身上那些可歌可泣的感人事迹。其实，在我们身边，也有不少在平凡的岗位上发光发热的敬业者。

"敬业"二字似乎离小学生很远，其实，敬业精神的培育和践行应从小抓起。现在的小学生大部分是独生子女，普遍存在着娇生惯养的问题，缺乏对工作责任感的认识，有的对承担的小岗位工作不重视、怠慢敷衍。也有学生常常拖拉作业、甚至干脆不做的现象，班级值日工作也有同学不认真完成或逃避。这不都是缺乏敬业精神的表现吗？

【活动目标】

1. 理解"敬业"的含义，感悟敬业者的伟大。
2. 树立"敬业"意识，自觉地将敬业精神落实到学习生活中去。
3. 懂得"敬业"是一种人生态度，是自身价值的追求。

【活动准备】

1. 收集相关资料，制作课件
2. 定制敬业章

【活动过程】

一识新兴"90"后

一、机密档案来拆分

1. 师：同学们，老师在来给大家上课的路上，收到了一封"机密档案"，请一个同学来帮忙拆一下这份"机密档案"吧。

出示实物信封袋："机密档案"

生：老师，这个"机密档案"里有一封信，信上写着：

恭喜你们成为组织选中的幸运儿。今天，只要你们根据档案里三枚勋章中的秘密，找到这位神秘的国家英雄，就会有一位神秘的朋友来到我们的课堂！

2. 师：谁来猜一猜这三枚是什么勋章？

出示PPT：共和国勋章

生1：这是用来表彰英雄的。

生2：上面有国徽，我想这是代表国家的荣誉。

3. 师：这三枚就是在不久之前的9月17日，由我们的习爷爷给为国家做出重大贡献的英雄颁发的共和国勋章，这可是我们国家的最高荣誉呢！现在请三个同学来探查一下勋章里的秘密。

生1：我拿到的勋章上写的是"与众不同的'90后'"。

生2：这个勋章上写的是"当代'神农氏'"。

生3：我这个勋章上写了"稻田里的'追梦人'"。

4. 师：根据这三个秘密线索，同学们猜一猜这个神秘的国家英雄是谁？

生：袁隆平院士！

5. 师：依靠大家的聪明才智，我们顺利地完成了这个光荣的任务，找到了国家英雄袁隆平，他可是杂交水稻之父。1972年，他播种下了第一颗杂交水稻种子。如今，这颗种子已经长大，成了一株稻穗，来到了我们的课堂。让我们欢迎神秘朋友稻稻！

生：欢迎你，稻稻！

设计意图：从"机密档案"导入，激发学生学习的兴趣，以"共和国勋章"为载体，引出初识袁隆平的环节，自然过渡的同时，让学生初步感受到敬业精神。

二、音频解读初印象

1. 师：同学们，让我们来听听稻稻的自我介绍，从它的介绍中，你们对袁隆平的印象又是什么呢？

播放音频《稻稻的自我介绍》：大家好，我就是神秘朋友稻稻，我是水稻里的NO.1，这都是我的父亲袁隆平的功劳。瞧，这就是我们的父亲，"几十年如一日"的"农民本色"——瘦小身材，背微驼，小平头，一身过时衣，两腿烂泥巴。但也就是他，一生致力于杂交水稻技术的研究、应用与推广，创建了超级杂交稻技术体系。现在，我们的水稻每亩产量高达1000公斤，总产量占全国粮食的57%。

生1：袁隆平很厉害。

生2：袁隆平发明了杂交水稻。

生3：袁隆平很朴素。

2. 师：正是这样一位朴素的老者把一生都献给了农业，发明了杂交水稻，让更多人告别了饥饿。为了表彰袁隆平的成就，天上还有一颗小行星被命名为"袁隆平星"。袁隆平为了解决饥饿这个难题，坚定执着，无私奉献，确实是无愧于这枚"共和国勋章"。

二探敬业精气神

一、数据回忆有见证

1. 师：袁隆平在岗位上取得了杰出的成就。谁记得稻稻提到的这几个数字具体指的是什么？

出示PPT《相关数据》：1000公斤　57%

生1：水稻每亩高达1000公斤的产量。

生2：总产量占全国粮食的57%。

二、猜测困难知不易

1. 师：那么提升水稻产量的过程是不是一帆风顺的呢？猜猜科研探索过程中可能会遇到哪些困难？

生1：可能会遭人嫉妒。

生2：不断失败没有成功。

生3：袁隆平身体也开始不健康。

播放视频《艰难的杂交稻探索之旅》：1960年，我国遇到了严重的粮食饥荒，一个个蜡黄脸色的水肿病患者倒下了……袁隆平的五尺之躯也直接经历了饥饿的痛苦。他依据对遗传学已有的较深的认识，对试验田里的退化植株仔细观察和统计分析，不仅论证"鹤立鸡群"的稻株是"天然杂交稻"，而且从其第一代的良好长势，充分证明水稻也存在明显的杂交优势现象，试验结果使他确信，搞杂交水稻的研究，具有光明的前景！可是，杂交水稻是世界性难题，因为水稻是雌雄同花的作物，自花授粉，难以一朵一朵地去掉雄花搞杂交。这样就需要培育出一个雄花不育的稻株，即雄性不育系，然后才能与其他品种杂交。这是一个难解的题目。袁隆平迈开了双腿，走进了水稻的莽莽绿海，去寻找这从未见过，而且中外资料没见过报道的水稻雄性不育株。时间一天天过去，袁隆平头顶烈日，脚踩烂泥，驼背弯腰地，一穗一穗地观察寻找。"功夫不负有心人"，终于在第14天发现了一株雄花花药不开裂、性状奇特的植株。袁隆平欣喜若狂。但是试验田在丰收之际，被人为毁坏了，袁隆平没有放弃，继续研究。在后续研究中，因为一直没有成果问世，因此袁隆平被称为科技界的骗子，有人说他是为了骗取国家基金。

2. 师：正如短片中所展现的，培育水稻种子的过程中袁隆平遇到了各种各样的状况。

我们都看到了哪些困难呢？

生1：袁隆平的试验田被人为破坏了。

生2：袁隆平被侮辱。

三、如何抉择知心意

1.师：的确，袁隆平遇到了很多的困难。夏天，烈日暴晒，他脚踏在泥土里，无数次弯腰，无数次观察水稻，迎来的却是一次次失败，面对着这样恶劣的环境和失败，袁隆平做出了怎么样的选择呢？

播放视频《袁隆平的抉择》：然而，袁隆平没有放弃，他继续研究着。经过8年历经磨难的"过五关"：提高雄性不育率关、三系配套关、育性稳定关、杂交优势关、繁殖制种关，到1974年配制种子成功，并组织了优势鉴定。1975年，他在湖南省委、省政府的支持下，获大面积制种成功，为次年大面积推广做好了种子准备，使该项研究成果进入大面积推广阶段。

生1：袁隆平没有放弃，依旧研究着杂交水稻。

生2：袁隆平坚持着，努力着。

2.师：是呀，袁隆平面对困难没有退缩，仍然坚持培育杂交水稻，我们可以从他身上学习哪些可贵的精神？

生1：坚持不懈的精神。

生2：不怕困难的精神。

设计意图：通过视频资料，让学生更加直观地感受到袁隆平所遭遇到的困难，并且以讨论交流的方式，理解袁隆平面对无数次失败，毅然坚守自己的研究的选择，明确敬业精神就是专心致力于自己的工作，就是孜孜以求、不懈奋斗的精神。

三辩敬业苦与甜

一、自由辩论明道理

1.师：了解了袁隆平面对的种种困难，也看到了他克服困难后所取得的辉煌成果，看着袁隆平灿烂的笑容，老师不禁有一个疑问，敬业究竟是苦还是甜？请大家以小组为单位，根据任务单提示，进行自由辩论。

我认为敬业是_____的。
辩论理由：

信念·价值观

（温馨提示：可以结合身边案例或者名人故事等辩论）

生1：我认为敬业是苦的，付出了太多，不一定有回报。

生2：我认为敬业是甜的，因为过程大于结果。

生3：我认为敬业是苦的，一直失败多不好，不如早点儿放弃。

生4：我也认为敬业是苦的，一想到付出没有回报，就觉得难过。

生5：我认为敬业是甜的，付出了，肯定有收获。

2. 师：同学们说得都很好。敬业的付出是辛苦的，但敬业付出后的收获是甜蜜的，敬业者心中有苦也有甜。有时就算付出了，也不一定有结果，但只要全力付出，在付出中收获了成长，那么自然也是甜蜜的。

设计意图： 这个环节以学生喜爱的辩论方式，辨析敬业者的苦与甜，进一步明确敬业者付出的辛苦和收获的甜蜜，树立辛勤付出也是乐事的理念，加深学生对于敬业精神的认识。同时引导学生理性看待付出与收获的关系，不以一时的得失来判断敬业者的付出是否值得。

四 寻身边敬业人

一、白描身边平凡者

1. 师：请闭上你的眼睛，认真扫描，你生活中碰到的各行各业的人中，你觉得谁是最专心致志于自己岗位的人呢？请你在敬业贴上写下他的职业。

生1：警察。他们就像我们身边的卫士一样，守卫着我们城市的安全，保护着我们每一个老百姓。

生2：老师。我们每天都能看到老师认真上课，批改我们的作业，他们真的很辛苦，很敬业！

2. 师：无论是谁，都是平凡的人，他们都在平凡的岗位中从事着不平凡的工作，演绎着属于自己的伟大。

设计意图： 从袁隆平的故事过渡到学生的生活实际，以白描的形式，引导学生静下心，沉浸在庄严的氛围中，用慧眼发现身边那些熟悉却平凡的敬业者，理解坚持奋斗的每个人都是不平凡的，都是敬业的，更是值得尊敬的。

五种敬业小种子

1. 师：袁隆平的"业"是为国家培养人才，建立种子库；老师们的"业"是教书育人；爸爸妈妈们的"业"是把我们养育成人……那作为一个学生，我们的"业"是什么？

　　生：好好学习，学会更多的知识和本领，报效祖国。

2. 师：在生活和学习的过程中，我们曾遭遇过哪些困难，是怎么解决的呢？我们应该怎么做，才能成为像袁隆平一样的敬业者？

　　出示PPT：困难方法对对碰

　　生1：上课认真听讲，积极开动脑筋，提高学习效率。

　　生2：课后认真复习，每天把所学知识复习巩固好，温故而知新。

　　播放音频《稻稻的争章倡议》：曾子说，"吾日三省吾身"，希望同学们每天放学前，能用三秒钟反思自己一天的行为：今天，我听课敬业了吗？作业敬业了吗？岗位敬业了吗？我要送给大家一枚敬业章，如果你做到了"敬业"，那么你可以在自己最喜欢的本子上盖上一枚"敬业章"。坚持半个学期，看看谁是我们班最敬业的人。半个学期后，希望我们不再需要盖敬业章，因为人人都是敬业小能手！

3. 师总结：袁隆平院士把对祖国的热忱结成了饱满的稻穗，在自己的岗位上辛勤付出了66年，如今已90高寿，但仍然坚持在科研第一线。希望同学们也能在心里种下一颗敬业的种子，遇到困难的时候也不放弃，现在专心致力于自己的学习，将来专心致力于自己的事业，一定会收获自己的成果，希望大家都能成为最可爱的敬业者。

> **设计意图：**巩固本次主题教育课的内容，从课堂延续到学生的日常学习生活。从领悟袁隆平的敬业精神，发现身边人的敬业精神，再到把这种敬业精神落实到自己的学习生活中；从依靠敬业章来判断自己是否敬业，到将敬业内化为自身的行动，从有形到无形，对学生产生持续的影响。

【板书设计】

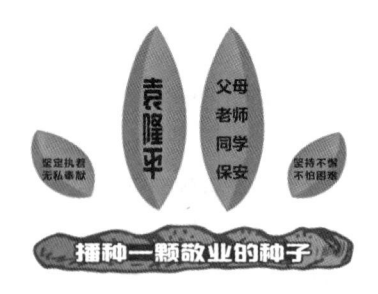

【点评】

1. **抓准时事，激发兴趣**。本堂主题教育课从"共和国"勋章入手，抓住了社会时事热点，紧扣了袁隆平院士的特点，为下文引出袁隆平不平凡的事迹做了铺垫。以"机密档案"和"神秘信件"的形式吊起了学生的胃口，打开了"敬业"的话题。

2. **形式多样，有效突破**。老师在活动设计中采用了学生喜爱的形式，用音频、视频等学生喜闻乐见的载体，再现袁隆平院士在研究杂交水稻时遇到的种种困难，凸显了其执着的敬业精神。"稻稻"这一卡通人物的创设，拉进了学生与课堂的距离，使课堂在妙趣横生的活动中更显现出它的价值。最后的"辩论"环节，更是强化了学生的思辨能力，在思维的碰撞中理解敬业的内涵。

3. **以生为主，全员参与**。本课给予了学生充分的讨论时间，为学生创设了表达内心想象的空间，体现了学生的主体性，尊重了学生在学习过程中的自我认知。更难得的是，全员参与了"辩论"和写"敬业贴"的环节，让每个学生有话可说，有事可做，有利于学生创造性思维的形成，同时实现了全员德育的教育目标。

上海市浦东教育发展研究院德育教研员　姚瑜洁

第26课　正正的五色花

设计教师：上海外高桥保税区实验小学　王遥珏
指导教师：上海市浦东教育发展研究院　姚瑜洁

【活动对象】
小学五年级学生

【活动背景】
《中小学德育指南》指出，要加强学生的社会主义核心价值观教育。"公正"是社会主义核心价值观在社会层面提出的价值准则，它是人类社会文明进步的根本标志，也是社会发展的基础。建立和遵循公正原则，实现全社会的公正，才能充分调动人们的积极性、主动性和创造性，让社会更加和谐稳定、富有活力，因此"公正"对于形成个人正确的价值观有着重要的意义。

五年级的学生正处于价值观形成之际，因受到自身性格或周围环境的影响，他们有时对如何做人、如何学习、如何与人相处等方面显得有些迷茫，甚至不知该如何判断是非对错。因此，必须培养学生的"公正"意识，养成良好的道德品质，树立正确的价值取向，遇事才能明辨是非。

【活动目标】
1. 理解"公正"的含义：公平、正直，不偏私。明白要公平处事。
2. 遇事做到：规则面前，人人平等；诱惑面前，公平为准；遇到不公，敢于指正；遇见不平，坚持正义。
3. 培养学生具备明辨是非的能力，坚持自己正确的判断，做一个正直的人。

【活动准备】
收集相关媒体视频资料、拍摄视频、准备教具、制作教学板贴。

【活动过程】

一、故事引入

1. 师：同学们，前几天老师在我们学校门口遇到了一个闷闷不乐的小朋友，他叫正正。他遇到了一些小问题。你们听——

板贴：难过的卡通人物正正

播放音频《正正的自述》：大哥哥，大姐姐，我是外高实小三年级的正正。前段日子爸爸给我买了一盆花，种了一段时间，始终不见开花。爸爸说，只要我在生活中留心观察、学会分析判断，小花就会开放。这到底是什么意思呢？

设计意图： 引入正正这一人物，在情境化课堂中，通过抛出正正的疑问，切入本课主题，激发学生学习的兴趣。

二、正正的困惑——公正就是做事不偏私

1. 师：正正需要大家帮忙，让我们陪着他去学校里找找答案吧！咦，正正怎么愁眉苦脸的呀？正正，你怎么了？

播放视频《花瓶风波》：第一节课后，教室里几个小伙伴在追逐打闹，打碎了植物角的花瓶。老师知道了，赶来教室询问是谁打碎的。正正亲眼看见是平平打碎的，正正内心充满了矛盾：平平可是我最好的朋友，如果告诉老师，平平一定会被批评的，他也可能因此不理我了；可如果我不说，老师可能就无法知道真相了。我到底该怎么做呢？

2. 师：正正向大家发出了场外求助，谁愿意帮帮他呀？

生1：我觉得正正应该把平平打碎花瓶的事实告诉老师。平平确实做错了事，就应该承认。

生2：我也觉得正正该把此事告诉老师。正正不能因为平平是好朋友就偏袒他，好朋友犯错，应该帮他指出来。

3. 师：正正，看来大家都觉得不应该包庇平平，而要把事实真相告诉老师。

播放音频《正正的选择》：哥哥姐姐们，谢谢你们，我明白了！我这就去告诉老师。

播放视频《真相》：于是正正把事情真相告诉了老师。老师表扬了正正，没有因为平平是好朋友而帮他隐瞒实情，明白了能帮助朋友指正错误、正视问题，才是真正的好朋友！

4. 师：遇事不偏私，树立正确的是非观念，才能得到大家的喜爱。

花瓣形板贴：不偏私

播放音频《正正的惊喜》：哥哥姐姐们，快看快看，小花的第一片花瓣开放啦！

5. 师：正正的小花在你们的帮助下开出了第一片花瓣啦！

三、正正的抉择——公正就是要做公平、正直的人

（一）说一说

1. 师：丁零零，眼保健操的铃声响啦，正正是今天的轮值班长，他要检查眼保健操了。

播放视频《迟到风波》：眼保健操音乐响起，正正出列开始检查。突然，看见小丁同学姗姗来迟。班规约定，每位同学必须在眼保健操铃响前进入教室，迟到者需被扣除行为规范章。正正按约定扣除了小丁同学的章并批评了他。不一会儿，班长小红也急匆匆地跑进教室，她也迟到了！正正想，她可是班长啊，我该怎么做呢？

2. 师：能不能帮正正出出主意呀？

生1：班长也应该扣章的，每个同学都应该遵守班规的。

生2：班长迟到了就应该扣章，班规是大家一起制定的，每一个同学都应该遵守。

出示PPT：规则面前，人人平等

3. 师：是的，在班规面前，人人平等。我们要公平地对待每一个同学，不能因为她是班干部就对她网开一面，也不能因为她是普通同学就欺负她。正正在你们的提点下又做对了！

（二）演一演

1. 师：课间，正正又遇到了麻烦事，大家手边的资料上有两个小故事，请大家前后四人一组讨论一下，看看正正该怎么办？待会啊，老师请同学上来演一演。

下发第一组学生表演故事一：

下午要进行班干部改选。上午第三节课后，明明跑来和正正说："班干部改选，你如果把票投给我，我明天送你一支我爸爸从日本带来的发光水笔。"正正想要这笔已经很久了啊！可明明平时的表现不如品学兼优的慧慧呀！正正该怎么做呢？

1. 师：正正，刚刚明明要送给你发光水笔，你为什么不要呢？

生：这支笔的确是我想要的，可是班干部改选要的是品学兼优的学生。明明平日的表现不如慧慧，我不能因为诱惑就失去原则。所以，不能为了一支笔就把票投给明明。

2. 师：明明，你听明白了吗？以后你还会这么做吗？

生：我以后一定要靠实力来得到选票。

3. 师：所以你们想通过表演告诉正正什么？

生：选班干部应该公平。

出示PPT：诱惑面前，公平为准

下发第二组学生表演故事二：

课间，正正看见低年级的小弟弟因奔跑被执勤的哥哥扣了班级行为规范分；可一会儿，他又看见这位执勤的哥哥对他自己班级的同学奔跑视而不见，不仅没有扣分，连制止都没有。正正有些生气，觉得执勤的哥哥不公平。此刻，他该怎么做呢？

1. 师：让我先来采访一下正正。正正，看到执勤哥哥这样的行为你是怎么想的？

生：我觉得大哥哥这样做是不对的。同样是奔跑的行为，他扣了小弟弟班级的行为规范分，可对自己班级的同学，他不但没有扣分还视而不见。他对自己班级的同学偏心。我要告诉他，执勤队员应该公平地对待每个同学，这样才能得到大家的信任。

2. 师：执勤的大哥哥在正正的指点下，认识到了自己的错误。他明白了，指出同学的错误才能更好地帮助他们改进，这才是真正的爱集体。所以，你们小组想通过刚才的表演告诉正正什么呢？

生：以后如果看到不公平的行为，也要勇敢地指出来。

出示PPT：见到不公，敢于指正

3. 师：看，你们为正正收集到了第二片花瓣！

花瓣形板贴：公平

信念·价值观

（三）写一写

1. 师：看来正正从你们身上学到了不少啊！丁零零，上课铃响了。这节课班干部改选要开始了，我们一起去为正正加加油吧！

播放视频《选举风波》：班干部选举时，正正谨记大家的教诲，在投票时不偏私，把票投给了班里品学兼优的慧慧。可等到他竞选时，平平投票时不仅对他做了个鬼脸，还故意不投票给他！正正下课了去找平平理论，平平却说："谁让你把我打碎花盆的事告诉老师的，我就不选你，我还让小伙伴们都不选你！"正正难过极了，他觉得平平是故意报复他，这次选举对他不公平。

2. 师：正正在投票时做出了公平的选择，可是他却遭遇了不公平的待遇。正正非常难过！大家有什么想对正正说的呢？同桌交流一下，然后把你们想对他说的话以及建议写在水滴状的纸条上，待会儿我们来分享。

生1：正正，你做得很对。我们支持你，你可以把这件事去告诉老师，相信老师会做出公平的决定的。

生2：正正，别难过，你没有做错。这次没被选上，我们等下次。只要你一直坚持这样做，最终一定会得到大家的认可的！加油！

生3：正正，你没有做错！现在同学们可能会不理解你，但是请你相信，正义可能会迟到，但永远不会缺席。

出示PPT：遇到不公，坚持正义

3. 师：同学们，当面对他人不公平、不公正的对待时，我们首先要学会自省，想想自己是否确实存在不足。如果有，我们就努力改进，成为更好的自己；如果发现确实是别人偏私或不公平，我们也应该有坚持正义的勇气，并积极应对。

（四）读一读

1. 师：你们真了不起，帮正正在这件事中做出了正确的选择，让我们一起把这首《公平正直歌》送给正正。

出示PPT：规则面前，人人平等。诱惑面前，公平为准。
见到不公，敢于指正。遇到不公，坚持正义。

（生齐读《公平正直歌》）

2. 师：同学们，看，花蕊上又生长出了第三片花瓣了！你们猜它叫什么？希望大家能谨记《公平正直歌》，它能帮助我们遇事时做出正确的价值判断，使我们成为一个公平正直的人。

生：正直。

花瓣形板贴：正直

设计意图： 结合正正一天学习生活中遇到的问题，以说、演、写、读的方式，引导学生进行思考，并帮助正正做出正确的选择，在丰富的活动形式中明辨是非，理解公正的含义。一首《公平正直歌》又以儿歌的形式对学生们的理解和感悟进行了归纳汇总，朗朗上口，易于学生记忆和传诵。

四、正正的发现——公正带来了有序、和谐的生活

1. 师：一天的学校生活结束了，妈妈带着正正回家了。正正和妈妈分享着自己今天在学校里收集到的花瓣，高兴极了！突然，正正看见——

播放视频《正义执法的意义》：

场景一：交警拦停了一辆在十字路口直线变道的小汽车，对司机进行了教育并开出了罚单。

场景二：交警拦停了一辆助动车，上前指出了驾驶者骑车应戴安全帽，这样可以在遇到危险时减轻伤害。

场景三：交警拦下了一位闯红灯的行人，行人没有意识到问题的严重性，交警告诉她，一旦过往车辆未能及时刹车，便会造成无法挽回的后果。

正正：妈妈，为什么马路上有那么多的交警叔叔呀？他们在干什么呀？

妈妈：交警叔叔们在联合整治交通，对小汽车、自行车、行人有违反交通法规的行为进行教育和处罚。

正正：还要处罚啊，真严格！

妈妈：正正你看，如果没有叔叔们的严正执法，我们的道路会变成什么样呢？

出示PPT：无序的马路照片

2. 师：大家来看看，如果没有交警严正的执法，我们的马路可能成为什么样呢？你曾经看到交警叔叔是如何执法的呢？

生1：我看见过交警叔叔在马路上检查酒驾。

生2：我看见过交警叔叔在马路上给违章停车的小汽车开罚单。

3. 师：是的！我们和正正一起来再来看看这样一组照片。

出示PPT：交通整治后的照片

4. 师：在交警叔叔们的努力整治下，上海的道路交通拥堵现象得到了缓解，大部分的马路变得井然有序。所以公正处事能换来什么呢？

生：马路变得安全、通畅。

5. 师：也就是有序的社会环境。

花瓣形板贴：有序

6. 师：妈妈牵着正正的手回到了家。晚上，他在电视上看见了一座特别的塑像。妈妈向正正介绍了正义女神像的意义。

播放音频《正义女神像》：正正，这是正义女神像。她左手握长剑代表正义权威；右手捧着天平，代表公平、公正。她用布蒙住双眼，代表一视同仁。法院的叔叔、阿姨们就是这座正义女神像的化身，他们判案廉明公正，刚正不阿，不偏袒一个坏人，也不冤枉一个好人，只有这样才能维护社会的和谐稳定。

7. 师：同学们，听了正正妈妈的话，你们觉得法官叔叔、阿姨们公正处事是为了什么呢？

生1：他们不偏袒一个坏人，也不冤枉一个好人。

生2：让社会环境更稳定、和谐。

花瓣形板贴：和谐

> **设计意图：** 学生家里基本上都有自备车辆，交通执法是他们和父母可能会亲身经历的事情，从中明白严正执法的背后是为了社会的安定、有序；香港法院中的正义女神像，很好地诠释了法律公正的意义，能使学生明白社会的和谐稳定需要公正的制度。

五、总结

播放音频《正正的五色花》：哇，我的种子开花啦，这可是一朵五色花呢！原来小花是要我做一个公平正直、不偏私的人呀！我一定会努力的。哥哥姐姐，谢谢你们！

换板贴：开心举起小花的正正头像

1. 师：看，你们真棒，帮正正收集到一朵叫公正的五色花。

花芯板贴：公正

2. 师：同学们，老师希望大家从小在心里种下公正的种子，做人做事公平正直、不偏私。这样我们才能受到别人的尊重，我们的班级、我们的社会才会更加有序、和谐。

【板书设计】

【点评】

"公正"是社会主义核心价值观之一，更是每一个中国公民应该具备的基本素养。但是面对小学生，如何跟他们讲公正？讲包公的铁面无私？讲海瑞的大义灭亲？王老师的《正正的五色花》使人眼前一亮。在本堂课中，老师用有坡度的教育环节设计，撷取学生生活中的点滴，进行辨析和引导，积极发挥学生的主体作用，很好地向小学生诠释了"公正"的重要性和深刻的内涵，起到了示范作用。

一、生活就是教育的源泉

学生的生活为我们提供了鲜活的教育资源。老师选取了学生中常见的"面对好朋友犯错误我应该怎么办"的难题，从"好朋友打碎了花瓶，我要不要说""面对班长迟到，我要不要扣她分""选举的时候，有人向我拉票怎么做"三个事例，生动地告诉我们应该怎么做才是公正的。原来公正就在身边，就在我们的校园生活中。一个个鲜活的事例为学生打开了一扇敞亮的窗户，针对小学生的公正教育，不需要高大上的枯燥道理，学生的生活实际就是最好的资源，而且更真实、更亲切，更贴近他们的心跳。

二、由近及远的教育视角

整个教学设计的视角也是由近及远，有层次、有坡度的：先从学生校园的视角，讲述身边的"公正"，再从交通警察的秉公执法，讲述周边社会的"公正"，最后从香港法院的特别塑像着眼，进一步诠释"公正"是人类社会共同的正义追求。从校园，到社会，伴随着王老师的教学设计，我们的视野也渐渐开阔，同时教育的时间和空间也实现了跨越。这种教学坡度的设计，不仅使学生深刻领悟到了"公正"的意义，也从背后看到了它是人类追求美好世界的重要支撑，是实现中华民族伟大复兴的坚强基石。

三、用童趣满足学生认知

关于公正的教育很容易成人化、枯燥化，而本堂课上，学生却兴致勃勃、积极参与！因为有突显的童趣载体——用虚拟的卡通人物"正正"贯穿教育全过程，故事性强，整体性强。用视频展现情境、展现生活，可看，可听；用感性的认知激发生活的兴趣，产生共鸣，具有较强的生动性。板书也呈现了卡通造型——"五色花"，每一片花瓣就是一个公正的符号。一个个精心的设计，使学生走进的仿佛不是课堂，而是一个富有童趣的世界，学得有情趣有滋味。对于小学生来说，王老师的设计满足了学生的认知规律，值得我们点赞。

立足课堂理解社会主义核心价值观是我们重要的德育任务，《正正的五色花》的精彩设计是一种值得推广和学习的方式。

上海外高桥保税区实验小学德育主任　潘霞鸣

第27课　小小方升显公正

设计教师：上海市浦东新区福山唐城外国语小学　季协妮
指导教师：上海市浦东教育发展研究院　　　　　姚瑜洁

【活动对象】
小学五年级学生

【活动背景】
"公正"作为社会主义核心价值观的主题之一，有着丰富的内涵。公正，即公平、正义，是一种价值理念与制度准则，它与人类文明相伴。国家需要制定精确的制度，这样百姓才有公平可依，才有公正可言，才有百姓齐心协力、步伐一致、坚定前行。

我班学生对于"公正"有着强烈的追求，无论是学科竞赛、活动打卡，或班级建设、各项评比，同学们都希望得到公平公正的待遇。但学生们对何为公正知之甚少，有时甚至出现误用、滥用"公正"的问题。其原因主要是概念不清、认识不明。

【活动目标】
知识与技能：
1. 初步了解社会主义核心价值观中"公正"的含义。
2. 进一步认识"公正"，并在学习生活中讲求公平、守护正义。

过程与方法：
1. 通过体验不公平的游戏规则，激发学生对于公平的追求。
2. 了解故事"商鞅方升"，知道公平公正对于国家的深远意义。结合情境，在公平原则下，做公正选择。
3. 通过辩论，明白人人心中都应有杆公平秤，能做出公正的判断。

情感态度价值观：
1. 树立公平、正义的观念，成为一个有正义感的学生。
2. 对待任何事物都应坚持公平原则。

【活动重点】
学生能树立公平、正义的观念。

【活动难点】

在生活实践中，坚持公平原则，做出公正选择。

【活动准备】

PPT、视频《一碗米面》《守护的国宝"商鞅方升"》、音频《小王竞选》、板贴（公正、小小方升显、求精准、衡公平）、小徽章。

【活动过程】

一、小小比赛，体验公平

1. 师：老师邀请大家参加"计算小挑战"。瞧，这里有两种工具，一种是计算器，另一种是草稿本。你们愿意接受挑战吗？

生：愿意。

2. 师：那我们来挑战第一题：0.68×1.9等于多少？开始计算。

生（用计算器的同学）：老师，我算好了，1.292。

3. 师：答案正确，你的速度真快。没有算出来的同学别气馁，我们再来尝试一题：34.25×9×4=？，开始计算。

生（用计算器的同学）：老师，我计算的结果是1233。

4. 师：你算得又快又准确。同学们，你们还想挑战吗？

生1：老师，这不公平！

生2：老师，计算器计算一定比口算速度快，这样不公平。

生3：老师，这个规则不合理，比赛就不公平了。

5. 师：看来，凡事只有坚持公平、公正的原则，才能顺利地进行。

板书：公正

> **设计意图：** 学生亲自体验不公平的规则带来的不公平的结果，激发学生对于公正的追求，初步感知公平公正在学习生活中的重要性。

二、力求精准，定衡公平

（一）了解古代"公平"

1. 师：人们历来追求公平公正，今天老师就要和大家一起探讨关于公正的话题。先请同学们看一个数字故事。

播放视频《一碗米面》：古代一个士兵每顿的伙食是一碗米面。有一个士兵在雍城当兵，一顿饭的量是一碗米面，来到平阳城当兵，一顿饭的量也是一碗米面，同样也是一碗米面。

2. 师：你们发现了什么？

生：我发现用来盛米的碗大小不同。

3. 师：在雍城的一碗米面和在平阳的一碗米面相比，由于盛器大小不同，同样是一碗，士兵得到的米面多少就有很大的差别。

（二）体验古代量法

1. 师：同学们知道一升有多少吗？
   生：我们学过，1升等于1000毫升。
2. 师：你们知道古人是怎样来量出一升的吗？有一个成语叫"掬手成升"。"掬"是手心向上、两手合起，看，老师双手合起盛米，这一捧的量，就是"掬手成升"中的"升"。小朋友也来试着做一做"一掬"的动作。

（教师和学生都用双手捧起一把米，分别放入盘中）

3. 师：有什么发现？
   生：老师"一掬"的米，量要多一些。
4. 师：为什么？
   生：老师的手比较大，同学的手比较小，同样是"一掬"米，老师的自然多一些。
5. 师："掬手成升"这样的衡量方法，同学们觉得公平吗？
   生：不公平，衡量标准不一样，就会有多有少，产生不公平的现象。
6. 师：你有什么办法能取同样多的米吗？
   生：用量杯来盛。
7. 师：为什么用量杯？
   生：因为大家都用量杯，就有了统一的标准。
8. 师：古人度量时还有"布手知尺""迈步定亩"，这样不精准的度量方式，必定会引发百姓不满意，造成社会不稳定。

设计意图： 通过同学体验"一掬"，比较各自"一掬"的差异，能更直观地感悟由于标准不统一，产生的结果也将不公平。

（三）介绍"商鞅方升"

1. 师：战国时期一个器具的发明，可以说是改变了历史，它就是"商鞅方升"。这是一个怎样的伟大发明呢？

播放视频《守护的国宝"商鞅方升"》："商鞅方升"发明于战国，公元前344年，通长为18.7厘米，内口长为12.5厘米，宽为7厘米，高为2.3厘米，容积为202.15立方厘米，统一了度量的标准，从而使秦国战胜六国，取得统一。

2. 师：秦国时期，商鞅发明了能容纳1升的容器。秦国统一六国，把它作为统一的量器。有了这个小小的方升，农民丈量土地不再以步为单位，商业也有了具体的评判标尺，不再有缺斤少两的现象，减少了因不同度量标准产生的误会争执，社会进一步稳定。这些虽是生活中的小事，但有了这样的标准之后，才有公平、公正可言，这正是当时秦国能一统天下的秘诀，也是现代社会发展不可缺少的根本。

板书：小小方升显
　　　求精准　衡公平

> **设计意图：** 学生借视频了解到方升虽小，却对国家的经济发展、社会秩序做出了巨大贡献，也知道公平、公正对于国家统一大业的深远影响。

三、待人待己，均求公正

1. 师：班级是我们学习生活的"微型社会"，同样需要讲求公平、公正。前段时间，班里进行班干部选举，班委公布了竞选方案。

　　出示PPT《班干部选拔条件》：

　　　　（1）讲文明，有礼貌。
　　　　（2）热爱班级，乐于奉献。
　　　　（3）友善他人，公平公正。
　　　　（4）诚信，有原则。

2. 师：根据选拔条件，每个同学都有投票选举的权利。瞧，竞选演讲马上要开始了，小王很想获选，他想了一些办法。

　　播放音频《小王竞选》："小云，你喜欢这个发带吗，迪士尼款哦，送给你。你可是我的好朋友，记得给我投票哦！""城城，你喜欢乐高玩具，我爸爸从日本带回来的，送给你。记得要给我投票哦！"小王对今天的竞选很是自信，"我一定有很多选票，我可都和他们说好了。"

3. 师：如果你是小云，想对小王怎么说？请你和小伙伴合作演一演。

　　生1：小云，你喜欢这个发带吗，迪士尼款哦，送给你。你可是我的好朋友，记得给我投票哦！

　　生2：我们是好朋友，但发带我不能收。如果你的竞选表现确实好，我一定会给你投票的。

4. 师：如果你是城城，你会怎么说？请你和小伙伴合作演一演。

　　生1：城城，你喜欢乐高玩具，我爸爸从日本带回来的，送给你。记得要给我投票哦！

　　生2：班干部的平时表现才是最重要的，我会公平公正地投票。

5. 师：小王在竞选中没能如愿以偿，趴在桌上哭了起来，你们有什么想和她说的吗？言之有理，就能得到一枚小勋章。

　　生1：班干部应有服务意识，你恶性竞争，对其他同学不公平。

　　生2：你通过礼物收买同学，即使获选，也不光明正大。

　　生3：如果候选人都像你这样，那就不用参考竞选方案了。

　　生4：这次没选上，你肯定挺难过。相信用你的真诚为小伙伴做好榜样和服务工作，下次，肯定会有更多同学投你一票。

6. 师：同学们说得有道理，奖励一枚小勋章。根据班干部的竞选要求，每个同学投票时都要做出公正的判断，这样才能选出最适合的班干部，才能体现选举的公平原则。

设计意图： 根据学生参与班干部选举的经历，创设贴近学生生活的情景，引导学生积极讨论，引发思考，当立场不同时，是否仍能坚持公平原则，做出公正选择。

四、心中有秤，坚守公正

1. 师：不过，如果衡量标准不同，是否会影响公平公正呢？老师就遇到了这样一个问题：

出示PPT《辩论题》：在十分钟队会"有奖问答"环节中，A生声音响亮，表述完整，班干部奖励他一个小奖品；B生平时胆小，此次答题声音很轻，回答也不正确，但班干部也奖励她小奖品。这时，A生马上站了起来，认为班干部的做法不公平，并质问"为什么她也得到了奖品？"

2. 师：你们觉得班干部做得公平公正吗？我们一起来参加小小辩论赛。同学们可以选择认同的观点，表达自己的想法。言之有理，也可以得到一枚小勋章。

出示PPT《两方观点》：正方　班干部公平　　反方　班干部不公平

生1：我认为班干部是公平的，给A奖品是因为她回答正确，给B奖品是因为她超越了自己。

生2：我认为不公平，衡量标准应统一，否则对A同学不公平。

生3：我认为公平，B同学能够挑战自己，这是多么不容易的一件事啊，我们应该给予她奖励。

生4：我认为班干部可以在给予B同学奖品时，讲清楚"B同学的答案并不正确，照理没有奖品，但是她很勇敢，相信以后答题声音会更响亮，也会更正确，所以给一份小奖品以示鼓励"。那么，A同学就不会认为自己受到不公平待遇，B同学也清楚以后要改进的地方。

3. 师：说得真好！大家得到勋章的同时，相信在你们的心里也有了一杆公平秤。心中有"公平"，那么，争执就会少一些，校园也会更加和谐！

设计意图： 通过辩论赛的形式，论证怎样做更公平，强调人人心中都应有杆公平的秤。

五、总结

1. 师：在学习生活中，我们应坚持原则，力求公平，彰显公正。对于我们的祖国，有标准可测，就有公平可言，百姓便会齐心，延续千年的强国步伐，就会继续奋勇行进！

【板书设计】

小小方升显公正

求精准　　衡公平

【点评】

巧选载体善迁移

如何理解社会主义核心价值观中"公正"的含义，老师巧选了"商鞅方升"这个载体。"商鞅方升"发明于战国时代的公元前344年，现在看来它的构造很简单，就是一个长方形的容器，"商鞅方升"规定了一升的量，统一了全国的度量标准，建立了"公正交易"的原则，从而使秦国战胜了六国，统一了全国。季老师通过视频素材，让学生直观地了解商鞅发明方升的意义，同时让学生们体验"掬手成升"，感知"迈步定亩""布手知尺"等古代不够合理的衡量方式，知道由不精准的标准所产生的不公正现象，进一步认同了自古以来人们对"公正"的永恒追求，借此老师把"公正"这个概念刻画得更为具象。

季老师巧妙选取载体的同时，更注重知识的迁移，把人们对于"公正"的追求和学生的校园生活联系起来。学生对"公正"一直有着强烈的追求，无论是学习考评，还是班级建设，都希望拥有公平公正的待遇。季老师选取了班干部选举和班务评分的典型事例，指导学生通过想一想、说一说、演一演、辩一辩等形式进一步理解"公正"的含义和处理事务的原则，激发学生对"公正"的追求，同时也促使学生对其标准开展深度思考。至此，学生对公正的概念更清晰，用法更明确。

上海市浦东教育发展研究院德育教研员　姚瑜洁

第28课　公正在我心

设计教师：上海市浦东新区张江高科实验小学　朱佳珺
指导教师：上海市浦东新区张江高科实验小学　徐留芳

【活动对象】
小学五年级学生

【活动背景】
　　2012年11月，十八大报告首次以24字方针概括了社会主义核心价值观，习近平总书记提出培育和践行社会主义核心价值观要从小抓起、从学校抓起。2019年，他在学校思想政治理论教师座谈会上强调："青少年阶段是人生的'拔节孕穗期'，要给学生心灵埋下真善美的种子，引导学生扣好人生的第一粒扣子。"

　　五年级的学生开始进入少年期，身心由幼稚趋向独立自觉，他们开始以一定的道德标准来评价衡量他人，有一定的片面性。且00后的孩子大多是独生子女，以自我为中心的思想比较普遍，这对于他们今后的成长和发展是很不利的。做人做事公平公正与他们生活、成长密切相关，所以引导学生用公平和正义之心来处理问题、看待他人是当务之急。

【活动目标】
知识与技能：
1. 了解24字社会主义核心价值观中"公正"是指公平正义。
2. 知道公正在日常生活中的重要性。
3. 懂得依法治国才能保证社会公正。

过程与方法：
通过情境辨析、小组讨论等形式帮助学生树立公正意识。

情感态度价值观：
培养公正品格，用公正的心态为人处世。

【活动准备】
多媒体课件、板贴。

【活动过程】

一、识公正

1. 师：同学们，这叫杆秤，是秤的一种。它是我国古代和近代常用的度量工具。它曾因携带轻巧，使用便利，活跃在大江南北，一笔笔交易就在秤砣和秤盘的此起彼伏间完成。看到它，你会联想到什么？

生1：我想到了以前人们在菜场里，买卖东西的时候会用到秤。它能保证买卖的公平。

生2：杆秤可以保证市场的公平交易。

2. 师：大家说得真好！区区一杆小秤蕴含的力量真的是不可小觑，因为它能保证交易的公平公正。那什么是公正呢？让我们跟着镜头去街上听听大家的说法。

播放视频《各行各业说公正》：教育工作者觉得在教育行业中，公正是指给每一位学生提供公平公开合理的升学空间；企业职员认为公正是大家对于公平的一种认可；在校大学生认为公正体现最突出的就是法律层面的公正。法官认为公正是指没有特权，大家在法律面前是平等的，法律会给大家一个公正的判决；工人以为严格地依法办事就是公正。

3. 师：听完大家的想法，结合自己的生活经历，你觉得什么是公正？

生1：我觉得公正就是选举班干部的时候，老师会让我们无记名投票。

生2：我奶奶去菜场买菜，卖菜的摊贩缺斤短两，这就是不公正。

生3：我理解公正应该是指公平正义。

4. 师：同学们都说得很好。社会主义核心价值观社会层面的价值取向就提到"公正"。它又是如何解读"公正"的？让我们一起来听一听。

播放视频《社会主义核心价值观对"公正"的解读》：

《礼记》曰："天无私覆，地无私载，日月无私照。"公平正义就像日月光华一样，朗朗乾坤，让每一个人都能平等地受惠。党的十八大、十八届三中全会把促进公平正义作为全面深化改革的一个重点。中央提出要推动经济更加公平发展，发展成果要更多更公平惠及全体人民。要逐步建立权利公平、机会公平、规则公平的社会公平保障体系，努力营造公平的社会环境。保证人民平等参与，平等发展的权利。我们是共产党领导的社会主义国家，中国共产党是代表最广大人民根本利益，而没有自己私利的。社会主义的本质是与特权、不公正格格不入的。我们一定要实现"公正"这一核心价值观。

5. 师：如果平等是一杆秤，公正就是那个掌秤的人。只有将公平正义之光真正撒在每个人的心间，社会才能和谐稳定，百姓才能安居乐业。

板书：公正在我心

设计意图：对五年级的学生来说，"公正"这个词语较为抽象。课堂上教师引入"杆秤"，可以帮助学生直观形象地了解"公正"。通过聆听不同行业对公正的看法，观看社会主义核心价值对"公正"的解读，同学们可以正确地理解公正。

二、说公正

1. 师："公正"这个词语历史非常悠久,早在公元前200多年,它已经在《荀子》这本书中出现,可见古人早就有"公正"意识了。你认识这个面色如焦炭、额头悬月牙的人吗?

生1:我知道,他是包青天。

生2:他叫包拯。

2. 师："开封有个包青天,铁面无私辨忠奸",说的就是包拯——包青天。请同学们读读学习单上的小故事,说一说包拯是个怎样的人,为什么?

出示学习单《大义灭亲铡包勉》:包拯做庐州知县时,一个老大娘来报案,被告人正是包拯的侄子包勉。包勉打死了老大娘的儿子,摔死了她的孙子,这是一起重大案件。国法难容,包拯最终还是选择将侄子缉拿归案。经过开庭审理,证据确凿。根据《宋刑统》包拯开启了狗头铡,将包勉处以死刑。

出示学习单《包拯亲铡皇亲》:陈世美家境贫寒,与妻子秦香莲恩爱和谐。十年苦读的陈世美进京赶考,中状元后被皇帝招为驸马。秦香莲久无陈世美音讯,携子上京寻夫。但陈世美不肯与其相认,并派韩琪半夜追杀。韩琪不忍下手,只好自尽以求义,秦香莲反被误为凶手入狱。包拯找到人证物证,欲定驸马之罪。公主与太后又赶来阻挡,但包拯最后还是按照宋朝法律将陈世美送上龙头铡。

3. 师:读完这两个小故事,和大家说说你的想法吧!

生1:我觉得包拯是个十分正义的人。侄子犯案,他也能大义灭亲,太令人震惊了。

生2:我觉得包拯依法判案,不留私心,是一个很公正的人。难怪被人称为包青天。

生3:包公令人敬佩,不仅自己不留私心斩杀侄子,连驸马都敢杀,真是一个不畏强权的人。

4. 师:同学们都说得很有道理。包拯为官公平正义,可以算是古代社会中执掌公正这杆秤的典范了。那我们的社会主义国家中,又是谁在执掌公正之秤的?请同学们观看视频了解一下。

播放视频《冤假错案的平反》:2016年4月15日,内蒙古巴彦淖尔市临河区法院以王力军没有办理粮食经营许可证和工商营业执照而进行粮食收购活动,违反《粮食流通管理条例》相关规定为由,以非法经营罪判处王力军有期徒刑一年,缓刑二年,并处罚金人民币2万元。2016年12月16日,最高法就此案做出再审决定书,认为就本案而言,王力军从粮农处收购玉米卖给粮库,在粮农与粮库之间起了桥梁,没有破坏粮食流通的主渠道,没有严重扰乱市场秩序,且不具有与《中华人民共和国刑法》第二百二十五条规定的非法经营罪前三项行为相当的社会危害性,不具有刑事处罚的必要性。2017年2月17日,巴彦淖尔市中院再审,改判王力军无罪。

5. 师:同学们,这段视频让我们认识到不公正的审判会让一个人蒙受冤屈,活在阴影中,而公正的审判犹如阳光洒满心灵,生活充满希望。可见公正是多么重要啊!2014年12月4日,在纪念施行宪法三十周年大会上,习近平主席是这样说的……

播放视频《施行宪法三十周年大会》："我们要依法公正对待人民群众的诉求，努力让人民群众在每一个司法案件中都能感受到公平正义，决不能让不公正的审判伤害人民群众感情，损害人民群众权益。"

6. 师：看完视频，从习爷爷的话中，你知道现代社会中是谁在执掌公正之秤？

生1：我觉得是法院工作人员。

7. 师：是的，法官们工作的这些部门，如审判机关、检察机关等。那他们又是依据什么来做到判决公正呢？

生2：是法律。

8. 师：对，是公正的审判机关和检察机关依据法律保证了社会的公正。

板书：依法办事

> **设计意图：** 通过读包拯故事、品社会真实案例，明白从古至今社会的稳定进步都离不开公正。社会公正都是非常重要的。依法治国是公正的基础，司法是维护社会公平正义的一道防线。

三、辨公正

1. 师：生活中、校园里，公正也无处不在。我们该如何做到公正呢？老师这儿有三个案例，请每组派代表上前抽取。请你们一起读读故事，四人小组讨论，最后请一位同学代表小组谈谈想法，看看谁是那位"公正"小法官。

（一）交流演绎案例一

出示学习单《乘车风波》：A要上一辆载满乘客的班车，敲着门说："我都敲这么久了，里面的人能不能做做好事，让我上去好不好？"结果门开了，A终于如愿以偿地上了车。当车行驶到下一站的时候，同样有一个人B在敲门想上车，而刚上车的A却说："里面都这么挤了，你能不能做做好事，不要上来，好不好？"旁边的C愤怒地望着A……假如你是这个故事中的A，你会怎样做？假如你是这个故事中的C，你又会怎样做呢？

1. 师：相信通过交流讨论，每个小组都有了自己的想法。第一个案例谁来交流一下？

生1：如果我是故事中的A，我肯定会让B上车，因为刚才我得到了别人的帮助，我也要帮助别人。

2. 师：你得到了别人的帮助，用同样的标准去对待别人，这是公平的体现。

板书：同标准待人

生2：我会让其他人往里走走，空出空间让B上车。因为B肯定也急着去上班。

3. 师：你真善良，考虑到了别人的感受。

板书：同理心

4. 师：回味视频中A对B说的话，你是这个故事中的C，你会怎样做？

生3：我会对A说："你这个人怎么那么自私。这样对B不公平，你刚才怎么上车的忘记了吗？"

5. 师：你充满了正义感，见到不公平的事会挺身而出。

　　　　　　　　　　　　　　　　　　　　　　　板书：正义感

　　生4：我会让A往里走，请大家也帮帮忙，然后让B上车。

6. 师：你看到了不公正会站出来主持公道，你是理性的。

　　　　　　　　　　　　　　　　　　　　　　　板书：主持公道

7. 师：下面，就请同学们以四人为一小组，分角色演一演这个故事，碰到这样的事，我们该如何公正对待呢？

　　学生上台表演《乘车风波》：

　　旁白：嘟嘟嘟，一辆挤满人的公交车驶入车站。

　　A使劲敲着车门，说：我都等了十分钟，上班要迟到了。大家能不能做做好事，挤一挤，让我赶紧上车？

　　旁白：车内的乘客努力空出地方，车门开了，A终于如愿以偿地上了车。车继续行驶到下一站，B也焦急地敲门想上车。

　　B大声嚷道：我上班要来不及了，拜托大家帮帮忙，往里挤一挤吧！

　　A说：车上都挤满了人，没地方啦！你等下一班公交吧！别耽误大家的时间了。

　　C惊讶又愤怒地望着A：你怎么这样？刚才，我们都让你上车了，你也应该设身处地为他人着想，让他上车，这样才公平。

　　A听了，涨红了脸，羞愧地低下了脑袋，轻声说：我错了，大家往里挤挤，让B上车吧。

8. 师：生活中有许多事情，有些可以依法办事，有些无法用法律法规来判定，就需要保持一颗公正的心。通过刚才的讨论和表演，我们已经发现了，要做到公正并不难，需要用相同的标准待人、有正义感、能站出来主持公道、有同理心……

（二）辨析交流案例二

出示学习单《工作中受伤了该怎么办？》：老张是美饰家具公司的一名安装工。在安装柜子时候，不幸手部被工具割伤，被鉴定为伤残十级。经过医疗急救，老张在家休养了三个月。可公司老板只肯出五千元的医疗费。老张该怎么办呢？《工伤保险条例》第十四条规定：职工在工作时间和工作场所内，因工作原因受到事故伤害的，应认定为工伤。《工伤赔偿条例》规定，造成伤残的赔偿包括医疗费、伤者住院期间的伙食补助费、生活护理费、工伤期间的工资、交通食宿费、辅助器具费等。

1. 师：关于这个案例，你们是怎么想的？

　　生1：我读了《工伤保险条例》，觉得老张是在工作中受伤的，肯定要老板负责全部的费用，赔偿费用不止五千元。

2. 师：你会根据法规来评判，有理有据。那老板到底该赔偿多少呢？

　　生2：《工伤赔偿条例》有详细的规定，老板应该赔偿老张的医疗费、住院期间的伙食补助费、生活护理费、受伤三个月的工资和交通食宿费。

3. 师：你分析得透彻，看来有做小法官的潜质。

（三）讨论交流案例三

出示学习单《值日生的职责》：芳芳是劳动委员，轮到芳芳做值日生的时候，她自己则在一边玩。

军军一手拿着拖把，大声地说："芳芳，你今天也是值日生，为什么不和我们一起劳动呢？""我是劳动委员，我凭什么要做啊？只要监督你们完成就行了！"芳芳大声吼道。她一脸生气，厉声说话的声音，令军军震惊！芳芳这样做公正吗？为什么？如果你是军军，会怎么回答芳芳？

1. 师：发生在校园中的这一幕，又该怎么评判？

生1：我觉得芳芳不公正，轮到她值日就应该跟大家一起劳动。她还是劳动委员，更应该以身作则。

2. 师：是呀，芳芳没有用相同的标准要求自己。这是不公正的行为。如果你是军军，会怎么做？

生2：我会耐心地劝说她："芳芳，你怎么可以这样？今天你是值日生，你就应该劳动。你作为劳动委员这么偷懒，不觉得有负大家对你的信任吗？"

3. 师：听了你的话，芳芳一定无地自容了，也相信她一定会改正，深刻认识到"公正"这两个字的含义。

> **设计意图：** 对于即将毕业的小学生来说，具备公正的品质也很重要。教师通过三个案例进行小法官游戏，用生活实例，引发学生思考交流，辨别生活中的不公正，了解要做到公正应具备的品质，并将学习到的公正品质运用其中，学会如何公正待人，与他人友好相处。

四、悟公正

1. 师：做完小法官的游戏，相信大家对"公正"都有了更深的理解和认识，让我们拿出纸笔为"公正"代言吧！

出示名片：

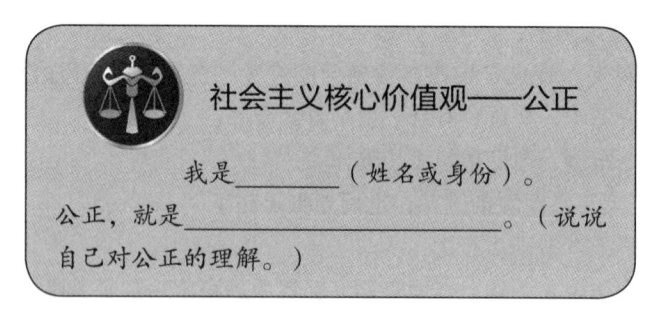

```
社会主义核心价值观——公正

我是_____（姓名或身份）。
公正，就是_____。（说说
自己对公正的理解。）
```

2. 师：我先来交流。我是小学老师。公正，就是公平地对待每一个学生。

生1：我是小公民。公正，就是依法办事。

生2：我是朱墨研。公正，就是有正义感。

生3：我是小学生。公正，就是能用相同的标准对待同学们。

信念·价值观

3. 师：听完同学们的交流，朱老师真为你们高兴！大家都明白了公正就是公平正义的象征。社会公正的实现，离不开我们共同的努力。让我们听一听、学一学《公正歌》吧，在音乐中感受公正的力量。

播放视频《公正歌》：人相亲　心相通　讲公道　求大同　童叟无欺皆平等　一碗清水要端平　无私念　立品行　身影正　自从容　人心是尺量天下　一颗公心放正中

4. 师：这首公正歌虽然词简单，意义却很深。同学们，希望大家牢记：在社会和生活中，心中要有这杆公正之秤，坚持做人的基本准则，因为公正在我心！

【板书设计】

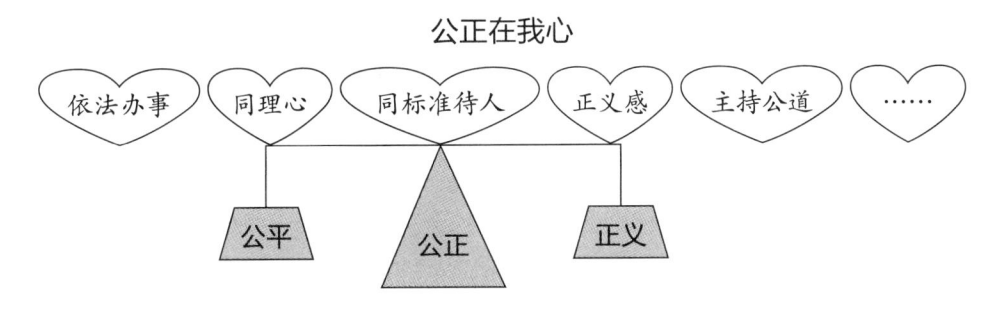

公正在我心

依法办事　同理心　同标准待人　正义感　主持公道　……

公平　公正　正义

【点评】

整节课真实，朴实又扎实，彰显出朱老师的教育智慧和教学功力。朱老师围绕"公正"，重在引导学生用公平和正义之心来处理问题，树立公正意识。

1. **学生心理　把握到位**。一位西方学者曾说：正义有着一张普洛透斯似的脸，变幻无常。朱老师深知五年级的孩子已能认识和掌握一定的道德观念，对社会现象开始关注，会用道德标准来评价人、事和社会现象，但仍有一定的片面性。尤其是在公正问题上，这个词语又较抽象，难以理解。部分学生不仅存在着概念意义的冲突，更重要的是在它的背后还存在着某些利益的冲突。根据以上这些学情特点，朱老师先以实物"杆秤"引入，采用了多种形式，如街头采访、情境表演、辨析讨论、案例分析、创意游戏等激发学生的兴趣。朱老师巧用"公正"案例，引导学生用公平和正义之心来处理问题，树立正确的公正意识。

2. **案例辨析　生动有效**。朱老师紧扣主题和目标，以大视角、广视野、多角度选择了学生们较熟悉的三个生活案例。借此引发学生思考辨析，启发每一位学生认识到：公正如何在生活中体现，公正如何在行为中表现，公正如何能成为雕刻在心间如金子般闪耀的品质。学生们在具体活动中获得的认知，远远超过死板的说教。

3. **感悟公正　升华主题**。最后，朱老师又设计了一个为"公正"代言的活动环节，旨在引导学生以不同的身份总结感悟公正，这与课堂伊始形成首尾呼应。短短三十五分钟，学生们了解了公正的含义，认识了公正的重要性，并将这些都内化为自身的力量。我们相信，学生们通过这节主题教育课，一定能以乐观积极的态度去对待生活中的公正或不公正！

上海市浦东新区张江高科实验小学　徐留芳

第29课 网络自由，你get了吗？

设计教师：上海市浦东新区荡湾小学　　黄春华
指导教师：上海市浦东教育发展研究院　　姚瑜洁
　　　　　上海市宣桥学校　　　　　　祝永华

【活动对象】

小学五年级学生

【活动背景】

"自由"是24字社会主义核心价值观中社会层面的内容之一。它是法律赋予公民在规定的范围内，其意志活动不受限制的法定权利。

五年级学生，普遍有上网的经历，会在网上浏览信息、聊天交流等。据不完全统计，该年龄段学生上网玩游戏的比例已经高达90%。他们普遍认为，上网是他们的自由，大多数孩子没有意识到上网时间过长，没有节制，身体也出现各种各样的问题，这已经成为目前困扰青少年的一大顽症。引导学生正确上网，无疑是一场迫在眉睫的教育，《网络自由，你get了吗？》这一课就此诞生了。

【活动目标】

知识与技能：
理解社会主义核心价值观中"自由"的内涵。

过程与方法：
1. 借助玩游戏、听录音、看视频、讨论等形式了解在网络空间里有上网的自由，但在上网时要会选择，懂尊重，能自律。
2. 初步养成合作学习的习惯、提升合作能力。
3. 学会从自身做起，自觉践行社会主义核心价值观之自由。

情感态度价值观：
感受团队合作的快乐，树立正确上网的意识。

【活动重点】

通过各种情境，理解真正的自由是相对的，是有前提的。

【活动难点】

让学生敞开心扉、畅所欲言，主动表达自己的真实想法。

【活动准备】

1. 收集相关视频。
2. 录音、小诗、便利贴。

【活动过程】

一、热身游戏，揭示主题

1. 师：同学们好，大家都喜欢玩脑筋急转弯吧，我有一道题考考大家，请仔细听题："8-6=？"，那么"8+6=？"呢？"8-6=8+6=2"，这道题目成立吗？充分自由地发挥你的想象力…

生1：是魔术吗？

生2：可以再加步骤吗？

2. 师：都不是，请你换个角度想一想早上八点再过六个小时就是——？

生：下午二点。

3. 师：对，所以"8-6=8+6=2"在某种情况下是成立的。同学们，此刻坐在教室里，你们的行为是受约束的，但思想是自由的。自由包含了许多方面，而网络成了现代人的新宠，今天，就让我们一起走进本课主题："网络自由，你get了吗？"

（板书："网络自由，你get了吗？"）

二、创设情境，理解"自由"

（一）辨明真伪，慎重选择

1. 师：同学们，你们有QQ吗？你们的QQ名是什么？能和大家一起分享吗？

生1：我的QQ名是Bush，这是我的英文名字，我很喜欢。

生2：我的QQ名是小雨，因为我喜欢下雨天悠闲地坐在沙发上看书。

生3：我的QQ名是圆桌骑士，他们是传说中不列颠君王亚瑟所领导的一群优秀骑士。圆桌的含义是"平等"和"团结"，我很喜欢。

2. 师：今天我给大家介绍一位资深Q友：悠悠（出示头像）

播放录音《悠悠讲新闻》：大家好，我是悠悠，我是一个有着五年Q龄的资深网民。我的Q群里有很多好友。啊，最近好友动态都在转这个新闻。同学们，你们知道这条新闻吗？2018年10月28日，重庆市万州区一辆公交车行驶至长江二桥时，与一辆小轿车相撞后坠江。经公安机关初步核实，失联人员15人。很多人纷纷留言："小轿车司机是新上手的女司机，一定是女司机操作不当引发相撞。""这个女司机一定要被判死刑！让她一个人死就好了！干吗连累那么多人！"哇，这可是个大热点，已经有十多万人转发了，同学们，这个新闻我转还是不转？

3. 师：支持悠悠转发的同学请起立，为什么？

生1：我支持悠悠转发，因为这个新闻太震撼了，大家一定很感兴趣。

生2：我不支持转发，因为真相到底如何尚属未知，没有明显证据证明是谁的错。

4. 师：悠悠看到这个大热点的时候一冲动就转了，这个新闻在第一天就迅速在网上蔓延，网民们一致把矛头指向对面小汽车的女司机，说她害死了公交车上的十几条人命。那事实真相到底如何呢？

播放录像：五天后，公交车黑匣子被捞起，新闻大逆转，真相被还原。事实是公交车上一名乘客错过了下车的站，和司机发生对骂互殴，抢夺方向盘，导致车子失控，对面的女司机被莫名撞到，又被万千网民莫名辱骂。

生：原来真相是公交车上一名乘客坐过站，情绪失控和司机互殴导致车子失控的啊！

5. 师：冲动是魔鬼。我们在情绪激动或暴躁的情况下容易在网上跟风，发布不实信息，往往在无形中给他人造成严重伤害，网络暴力真的很可怕。在这里，网民不明真相的冲动转发给这位女司机带来了严重的伤害。你有关注新闻的自由，但请学会慎重选择。

板书：慎重选择

> **设计意图：**"自由"对于小学生而言是比较难理解的，从网络自由切入，设计资深小网民悠悠这一角色，学生一下子有了代入感。随后通过引入最近热点新闻"重庆公交车坠江"各个时间节点网上新闻的戏剧性转变的视频，让学生感知每个人有关注新闻的自由，有转发的自由，但有些新闻不一定就是真相，要学会辨别真伪，学会慎重选择。

（二）尊重他人，保护隐私

1. 情境引入：QQ群里晒成绩

播放悠悠音频：咦，空间里逛那么久，去看看同学们在群里聊什么，我去群里问问大家考得怎么样？

出示PPT：QQ群聊天记录一：

悠悠：妈妈说我这次成绩进步特别大，考了两个A⁺，一个A，终于超过了我的同桌班长，班长考了三个A。哈哈，妈妈给了我大奖励！

悠悠：贝贝，你这次考得怎么样？

贝贝：哭脸

悠悠：@贝贝，你肯定考得比我差吧。

……

师：如果你是贝贝，你会告诉他吗？为什么？

生：如果我是贝贝，我不会告诉他，因为我考得不好，没面子，不想告诉别人。

出示PPT：QQ群聊天记录二：

班长：悠悠，你干吗把我的成绩发出来？

悠悠：班长，你三个A还不能说啊？

信念·价值观

2. 辩一辩：引出尊重隐私

师：3A这样的好成绩到底能不能在QQ群里公开说？

生1：我觉得可以，因为3A成绩很好，发出来有面子。

生2：我觉得不可以，因为这是班长的成绩，要由班长自己决定。

师：经过同学们的讨论，我们达成共识，即使是3A这样的好成绩，没有经过本人同意也不能随意公布，因为这是别人的隐私。

播放悠悠音频：同学们，那你们能告诉我，哪些是隐私吗？

师：请大家四人一组讨论一下，哪些是个人隐私？

生1：隐私包括个人的银行卡、身份证号码。

生2：隐私包括学习成绩、个人资产。

生3：电话号码、家庭住址也是个人隐私。

……

师：你有谈论他人的自由，但请尊重他人的隐私。

板书：尊重隐私

设计意图： 这一环节从大到小逐渐切入，由社会新闻进一步深入到班级QQ群，由大社会到自身所在的小集体，同时又以学生特别关注的成绩入手，以班长和贝贝这两人的成绩引发同学们的思考，让学生了解隐私的具体内容，并认识到每个人有谈论他人的自由，但要尊重个人隐私。

（三）合理安排，学会自律

播放音频悠悠录音：QQ群里这也不能说，那也不能说，看来每个人的隐私真不少啊！尊重，尊重，还是尊重。那让我玩个游戏压压惊吧，作业还没做，先写一点儿，明天早上到学校去抄吧。

1. 师：请大家观看视频想一想："自由"把悠悠变成什么样子了？

播放视频：悠悠在玩游戏。爸爸画外音："悠悠，爷爷奶奶来了，快出来。"悠悠回答："我玩游戏都来不及呢，没空。"又过了一会儿，爸爸喊道："悠悠，九点了，可以睡觉了。"悠悠关上门，生气地说："我作业也做完了，还不能玩游戏，连这点自由都没了。"他躺在床上继续玩，一会儿他玩累了，揉眼睛，一伸懒腰背都差点儿僵住了。一晃，此时此刻时针指在十二点上，悠悠睡在床上，迷迷糊糊地喊着："冲啊，打啊……"爸爸进来一边帮他盖被子，一边说："你这个傻孩子，一天到晚喊着要自由自由，自由把你变成什么样子了？"

生1：无限的网络自由把悠悠变成一个做梦都在玩游戏的人。

生2：网络自由把悠悠变成一个只会玩游戏、不爱学习的人。

生3：无限的网络自由把悠悠变成一个睡眠不足、头昏眼花的人了。

2. 师：是啊，同学们，你们说得太对了。你有玩游戏的自由，但要学会自律。

板书：学会自律

（四）合作讨论，制定公约

1. 师：悠悠也认识到，无限制地玩游戏、上网，已经使他苦不堪言，让我们听听悠悠和爸爸的对话吧。

播放音频：

悠悠：爸爸，无节制地上网玩游戏让我上课没精神，不想做作业，成绩也直线下降。

爸爸：悠悠，现在你知道自由诚可贵，自律更重要。自由的前提是要做到自律。让我们定一个上网公约吧。

悠悠：好的，爸爸。上网公约到底怎么制定呢？同学们，你们来帮帮我吧！

2. 师：同学们，那接下来我们继续四人合作，一起来帮悠悠制定上网公约吧，每组最少要想两个金点子喔，行动吧！

3. 师：同学们合作效率棒棒哒，让我们一起分享上网公约，请分享完的同学贴在黑板上。

生1：我们小组觉得，上网可以了解时事新闻，知天下事，但一定得完成作业再上网。

生2：每天上网时间不超过半小时，可以在论坛里发表自己的看法，这样还能锻炼自己的文笔呢。

生3：不浏览不良信息，不能沉溺在游戏的世界里。

（学生边贴边读公约）

4. 师：自由是指公民在法律规定的范围内，自己的一切活动不受限制的权利。同学们，网络是一个万花筒。你有网络自由，但是请你学会慎重选择转发和评论；你有网络自由，但请你尊重他人隐私；你有网络自由，但请你学会自律！这样，网络自由才会成为你提升自我的武器！

三、课堂拓展，总结提升

（一）推荐书目，拓展延伸

1. 师：自由是一个永恒的话题，越长大越能体会到她的美好，今天我们只谈了自由的冰山一角，希望对大家有所帮助。你们现在临近小学毕业，即将踏上人生旅途的一个新起点，美好世界尽在你们的眼前，也能感受到一股自由的气息扑面而来。在这儿老师推荐给大家一本书：郭初阳的《大人为什么要开会》，它又名《运用规则获得自由》。听上去是不是挺有趣的，相信你读完这本书，一定会深入了解到只有规则，吾方得自由。

（二）创作小诗，总结提升

1. 师：老师即兴创作了一首小诗，送给悠悠和今天在座的所有同学：

出示PPT：自由

有自由，乐悠悠，

绝对自由却没有，

选择尊重讲自律，

网上自由能get。

2. 生齐读小诗《自由》。

3. 师：悠悠，我相信网络自由你一定get到了。同学们，你们get了吗？

> **设计意图：** 我们从网络新闻的转发，班级QQ群聊天，网上玩游戏这三个典型网络事例展开，完成了从社会→集体→个人，由面到点的深入剖析，使学生们有了较广较深的理解和感知。这个环节从无节制玩游戏对悠悠的影响联系到自己，最终小组合作完成网上自律公约，让学生深刻理解我们有玩游戏的自由，但要学会自律。最后的小诗作为本课的总结，把板书内容整合在内，让学生再次感悟，加深印象。

【板书设计】

网络自由，你get了吗？

1. 自由的含义
2. 网络自由　慎重选择
　　　　　　尊重隐私
　　　　　　学会自律
3. 网上自律公约
　　小组合作完成的便利贴

【点评】

一、设计巧妙，丰富三维度切入的有效性

作为"24"字核心价值观中的"自由"，小学生的认识中是有限的，黄老师抓住"网络自由"这个点展开，抓住了当前学生的热点，扣住德育工作的难点。整节课的层次分明，从学生关注的社会层面——热点新闻，到集体层面的班级QQ群，最后集中到个人层面的电脑游戏。由面到点，让学生进行感知剖析，使"自由"这一抽象的概念变得看得见、摸得着、说得出、做得好，从而使学生领悟到网络自由要注意的三个点：选择、谨重、自律。这三个维度的切入点十分巧妙，极大地丰富了教学内容！

二、塑造角色，自然有序串联起整个故事

本节课中，黄老师设计了"悠悠"这一小学生角色，一下子拉近了与学生的距离。同时围绕"网络自由"这一主题营造不同情境，引人入胜，打开了学生探索网络自由的大门。如情境一：悠悠在没有完全了解新闻真实性的情况下冲动转发，类似的行为给有关人员带来巨大伤害，给了学生很直观的冲击，对学生有很大的教育和指导作用。黄老师利用悠悠在网上转发新闻、QQ群随意发成绩、无节制地玩游戏这三个情境，使整节课像一个剧本一样精彩呈现，层层深入，始终牢牢地吸引住学生的学习兴趣，学生全身心投入教学，对问题的理解和剖析也十分到位。

三、职业素养，提升课堂效果且事半功倍

主体性德育的核心是对学生的全面尊重。本节课黄老师不经意间体现的职业素养让教学效果事半功倍，课一开始黄老师问孩子们的QQ名时，班级里有一刹那的静止，黄老师意识到后马上说道，那我先来说说我的QQ名吧。孩子们一下子提起了兴趣，之后纷纷举手发言，老师的随机应变能力真是上课的法宝；当小组合作讨论时，见后排有一个学生独自一人，没有同学和他一起，黄老师马上走到他身边，一手搭在他肩上，俯下身微笑着对他说，我们俩组队可以吗？孩子由一开始的木讷到最后的微笑开口，短短两分钟让这个孩子投入课堂中，也让全班学生的眼神都发亮了，据说这个孩子平常是非常孤僻的。整节课中，黄老师尊重每一个孩子，关注每一个孩子，最终让每一个孩子都参与到课堂中来，课程结束道再见，全班学生自发起立鼓掌，围在黄老师身边不肯离去，这情景让听课的老师们感动不已，足见师生关系的融洽且友好。

上海市浦东教育发展研究院德研员　姚瑜洁

第30课　向抄袭大声say no!

设计教师：上海市浦东新区龚路中心小学　　王　彬
指导教师：上海市浦东新区沪新小学　　　　刘东清

【活动对象】
小学五年级学生

【活动背景】
　　诚信是什么？诚，即真诚、诚实；信，即守承诺、讲信用。诚信的基本含义是守诺、践约、无欺。社会主义核心价值观公民个人层面价值准则之一的"诚信"，不仅是中国优秀传统文化思想精华和道德精髓的重要内容，也是新时代的道德标准和价值判断。
　　学生进入小学的中、高年级后，随着知识层次的提升、学习难度的加大、课业负担的加重，越来越多的学生会对作业产生应付情绪，抄袭现象愈加严重。这不仅会影响他们自身的学习，也会影响整个班级的学风；同时，抄袭现象的出现也是学生不诚信的表现。帮助学生树立诚信意识，引导他们做一个诚实守信的人，杜绝抄袭作业，培养学生的诚信意识，是一个值得重视的问题。

【活动目标】
知识与技能：
知道抄袭作业的危害，明白抄袭是不诚信的表现。
过程与方法：
发现并改正抄袭的不良习惯，提高自我控制能力。
情感态度价值观：
树立诚信意识，懂得诚实守信的重要性。

【活动重点】
发现并改正抄袭的不良习惯，提高自我控制能力。

【活动难点】
通过学习和感悟，学生以小组结对形式用解忧咨询师的身份帮助同学解决实际生活和学习中遇到的困难。

【活动准备】

课件、调查表、板贴、道具等。

【活动过程】

一、课前调查，了解现状

1. 师：同学们，上课前我们做一份"作业诚信度小调查"。请大家打开iPad上的小程序，如实回答下列问题，完成时间为两分钟。

下发调查问卷："作业诚信度小调查"。

问题一：你抄袭过作业吗？

A. 经常抄　　　　　　　　　B. 偶尔抄　　　　　　　　　C. 从没抄过

问题二：当你在作业中碰到困难时，你会选择哪种方式？

A. 请教同学和老师　　　　　B. 抄别人的答案　　　　　　C. 不做

问题三：当你看到别人抄作业时，你会怎么做？

A. 报告老师　　　　　　　　B. 漠不关心　　　　　　　　C. 阻止

> **设计意图：** 课前两分钟让学生在iPad上完成"作业诚信度小调查"，及时了解学生对于抄袭作业的态度，在后面环节中对调查结果进行反馈分析，使教育更具针对性。

二、欣赏歌曲，导入主题

1. 师：同学们，刚才我们做了一份关于作业诚信度的小调查，"诚信"不仅体现在作业中，也体现在生活的方方面面。我们先来欣赏一首歌曲，欣赏后请告诉大家，自己听到、看到了些什么？

播放歌曲《诚信歌》：言必行，行必果，一诺千金，不打折。诚为根，信为本，说话算话，好品德。说了就要做，不做不要说。承诺要比那泰山重，一撇一捺写人格。

生1：我看到了两个幼儿园小朋友在拉钩钩，听到了"言必行、行必果，说话要算话"。

生2：我看到了一位老奶奶在菜场里买菜、买虾，老板都是如实称重后卖给她，没有缺斤少两，弄虚作假。

生3：我还看到一个小孩去买冷饮，急急忙忙给了老板100块钱后就匆匆离开了，老板犹豫了一下后马上叫住他，把零钱找给了他。

生4：一个叔叔看到手机上显示10点开会，于是他就提早出发，准点到达开会地点，说明他是一个非常守时的人。

2. 师：同学们看得非常仔细，你们知道这些行为背后隐藏着哪些做人做事的道理呢？拉勾勾的行为说明要——说话算话；做生意必须保证——货真价实；找零钱的行为又说明了在买卖中要做到——童叟无欺；准时参加会议不误点体现了做事要——恪守不违。这些行为都是诚信的表现。

板贴：诚信

设计意图： 在欣赏歌曲之前，抛出问题，让学生带着问题欣赏《诚信歌》，从而让他们寻找诚信的行为与表现，并形成自己的思考，然后再迁移到学习中，想一想在学习中的诚信表现有哪些，自然过渡到本次主题教育课的主旨。

三、故事讨论，了解危害

1. 师：诚信是我们中华民族的传统美德，也是社会主义核心价值观的主要内容之一，它体现在我们做人、做事的方方面面。你认为在我们的学习中，诚信具体体现在哪些方面呢？

生1：我觉得可以体现在答应老师的事要做到，比如按时完成老师布置的作业就是诚信的体现。

生2：我觉得同学之间借东西，应该在约定的时间还给对方，这也是诚信的体现。

生3：我还觉得在考试中不偷看别人的答案，自己管好自己也是诚信的体现。

2. 师：谢谢同学们精彩的回答！但是我们发现很多事情说起来简单，做起来却不简单。你会不会碰到下面这种情况呢？

播放PPT：大家好，我是一名五年级的学生，名叫曹小睿，在班里成绩还算不错，有一张能说会道的嘴，所以老师和同学都挺喜欢我的。可我有时候也会犯糊涂，但是有些糊涂可以犯，有些可犯不得呀！

有一天晚上，爸爸妈妈有事外出，大约要到10点左右才能回来，就叮嘱我自觉完成作业，我满口答应后暗自欢喜：耶！这下可以做我喜欢的事儿了！等他们走后，我立马把作业拿出来做，想快点儿完成就可以玩了，可做作业时脑子里不断冒出那些好吃好玩的东西。这时我想，那就先吃些东西、看会儿电视吧，过会儿再写作业。自由自在的感觉可真爽啊！平时哪有这种机会呀！不知不觉，时钟已经走到了9点半，我这才想起未完成的作业！完啦！我马上关掉电视机，开始做作业。哎呀！怎么今天的作业这么难啊，心里越急越做不好。马上就到10点了，爸爸妈妈快要回来了，怎么办呢？我的脑子乱哄哄。哎？对了！要不先睡觉，明天早点儿到教室吧！嘿嘿！就这样，我把未完成的作业一股脑儿地塞进了书包，钻进被子就睡觉！

3. 师：同学们，你们觉得曹小睿同学脑袋瓜里想到了哪个主意，让他可以高枕无忧啦？

生1：我觉得他会到教室向同学抄作业！

生2：我觉得他肯定会找个理由故意说作业不见了。

生3：我觉得曹小睿可能会"贿赂"同学，然后向同学抄袭作业。

4. 师：是不是这样呢？让我们接着看！

播放PPT：第二天早上曹小睿到教室后……

曹小睿：小丁，小丁，快过来！我今天带了你最喜欢看的书，要不要看？

小丁：哇！真是我的好兄弟呀！当然要看咯！

曹小睿：既然是好兄弟，那就快点儿解决我的燃眉之急吧，把你的数学作业和英语练习借我抄抄吧，昨晚我有事没做完！

小丁：啊？这样……不太好吧！要是被老师发现的话……那我不就惨啦！

曹小睿：哎呀！想那多干吗！老师那么忙，哪会看那么仔细，再说咱俩又不是一个小组的，老师不会那么轻易发现的。

小丁（犹豫了一下）：那好吧。

5. 师：同学们，你们如何看待曹小睿的这种行为？

生1：我觉得曹小睿的这种行为是不妥当的。

生2：曹小睿这样做就是抄袭啊！

6. 师：那么接下来发生了什么呢？我们一起来看看……

播放PPT：正当曹小睿沉醉于抄作业的紧要关头，班长小静竟然神不知鬼不觉地出现在他的面前。

7. 师：如果你是小静，你会对曹小睿说些什么呢？

生1：曹小睿，你这样抄袭作业是不对的！你这样的行为会给你带来麻烦的！

生2：曹小睿，抄袭作业能一时帮你解难，但你的成绩肯定会下滑的。

生3：曹小睿，今天你抄袭作业的行为真是太不应该了，我会报告班主任老师的！

8. 师：同学们都说得很有道理，现在，我们来听听曹小睿是怎么说的吧。

播放PPT：哎！看来糊涂事真是做不得呀！后来我不但被班主任老师找去谈话，还连累了小丁同学！好兄弟，我真是对不住你呀！以后我一定要对抄袭大声地say no！也请观看我故事的伙伴们不要犯我这样的错误！

9. 师：看来抄袭作业真是要不得呀！曹小睿的行为真是害人害己呀！大家觉得抄袭作业除了害人害己之外还有哪些其他的危害？请小组讨论一下！

第一组：我们觉得抄作业会使人变得更加懒惰，稀里糊涂，成绩会更差。

第二组：我们认为抄作业会使人产生罪恶感，长此以往就会导致心理不健康。

第三组：我们觉得抄作业的行为如果在班级中散播开来，会使更多的同学跟着一起抄，败坏班级的风气。

10. 师：大家分析得非常有道理，正如大家刚才提到的那样，抄袭作业的危害可真不小呀，有百害而无一利！让我们向抄袭行为大声say no吧！

补全板贴：向抄袭大声say no！

设计意图： 同龄人的故事，吸引了学生们的注意力，更有助于引起他们之间的共鸣，从而产生更多的思考，启发学生逐步分析抄袭作业的危害，并通过曹小睿的自述进行正向引导，让学生们深知抄袭作业所带来的严重后果。

四、联系实际，合作学习

（一）问卷分析，联系实际

1. 师：大家都知道抄袭作业是不应该的行为，可这种现象在我们同学之中确实存在，下面就让我们来看看前面所做的"作业诚信度小调查"的结果吧！

播放PPT，出示"作业诚信度小调查"第一题结果：第一题大部分学生的选择都是从来没抄过作业，其次是偶尔抄过。

2. 师：从调查情况看来，首先老师要为你们诚实的态度点赞。看来抄袭的现象确实存在，那么我们来分析一下导致抄袭的原因有哪些吧。

播放PPT：出示动态点赞图

生1：我觉得有些同学上课不认真听，然后就不会做题，就会去抄别的同学的作业。

生2：我觉得因为懒得动脑筋就会去抄别人的作业。

生3：我觉得有时候作业实在是太多了，来不及做，怕被老师批评，就会抄作业。

生4：有时候晚上作业做太晚了，还没做完，就会向同学抄作业。

3. 师：大家把原因分析得非常全面，对自身的认识也很清晰。你们把老师想到和想不到的都说出来了！综合大家的观点，老师觉得导致抄袭现象的原因主要归结为以下三点：作业不会做、作业不想做、作业做不完。让我们再看看后两题的调查结果！

播放PPT，出示"作业诚信度小调查"第二、三题结果：大部分学生在作业中碰到困难时，选择请教同学和老师，当看到别人抄作业时，会报告老师或阻止抄袭行为。

4. 师：从调查结果可以看出，大部分同学在写作业时如果碰到困难就会选择请教同学或老师，当大家看到有同学抄作业时会及时阻止或报告老师，很少有同学对此漠不关心，我非常认同大家的做法。

设计意图：随着《抄袭风波》故事的层层推进，曹小睿身上的问题逐渐暴露出来，结合课前的调查问卷，启发学生从曹小睿抄袭作业的原因过渡到学生抄袭作业的原因有哪些，这样有助于深入地了解学生们的学习状况。

（二）小组合作，解决烦恼

1. 师：看来大部分同学都有着清晰的头脑和正确的价值判断，可像曹小睿这样时而会犯糊涂的同学在我们周围也不少。瞧！我们班级的解忧信箱里装满了各种烦恼信件，它就像一个杂货铺一样，里面的烦恼琳琅满目，光是关于抄袭作业的烦恼就不少。今天，你们愿意做我的解忧咨询师吗，帮助这些同学解决烦恼？

展示实物道具：带上"解忧信箱"，拆开"解忧信箱"，展示里面琳琅满目的信件，并取名为"解忧杂货店"将挂满信件的杂货铺平面图贴在黑板上。

2. 师：请每个小组的组长上来认领烦恼信件！领完信件后，请小组讨论并写下解忧的方案，各组讨论5分钟。讨论结束后，请一名代表读信，另一名代表交流解忧方案。

学生1：亲爱的解忧杂货店：每次写作文都让我很头疼，很难写出400字。我只好在作文选上看别人怎么写，看着看着，就越来越不想动脑筋，然后就把作文选上的作文照搬到我的本子上。时间一久，我的写作水平就越来越差了。你有什么办法帮我解决这个烦恼吗？——写作文困难户。

学生2：我们小组给这位同学以下几条小建议：首先，写作文一定要靠平时积累，关键是要把好词好句记录下来，以后自己写作文的时候就可以用得上了；其次，万一遇到不会写的作文，可以先寻找差不多题材的文章，借鉴别人的写作方法，但不能照搬；最后，可以寻求老师或家长的帮助，让他们提供一些写作思路，这样自己就不至于毫无方向了。

3. 师：你们这些解忧咨询师真是太棒啦！老师定将你们的解忧方案转达给那位同学，相信得到你们帮助的同学肯定会很高兴的！同学们，现在你们有什么感受？

生1：我觉得能够帮助伙伴解决烦恼很有成就感，这样他们就不会迷茫了。

生2：我觉得如果我们的建议能够帮助这些遇到困难的伙伴，那真是太好了，如果他们能够改正不诚信的行为，学习成绩一定会提高的！

4. 师：相信同学们一定会帮助更多的人树立起诚信意识，做一个诚实守信的人！最后，让我们一起欣赏公益宣传片《诚信点亮中国》！看完视频后，说说你的感受吧！

播放视频《诚信点亮中国——各行各业谈对诚信的认识》：陈一冰"人无信则无立"；江一燕"诚者天之道也，思诚者人之道"；王丽坤"马先训而后求良，人先信而后求能"；2017年全国向上向善好青年中国好人祁建光说"全力推进诚信信用体系建设"；2016年中国青年志愿者优秀个人梁锋说"营造激励守信的良好氛围"；2015年度全国青年岗位能手普璐说"有效引导青年注重诚信"；2014年北京榜样中国好人自蓉说"积极践行社会主义核心价值观"，"让青春践行诚信，让诚信点亮中国"。

生1：我觉得无论从事哪个行业，都要讲诚信，否则什么都做不好。

生2：我认为如果每个人都讲诚信，那么我们的社会就会变得越来越美好，中国肯定会越来越强大。

生3：看了刚才的视频，我觉得无论你的职业是什么，明星也好，普通工人也罢，都要讲诚信，诚信会让我们的生活变得更加美好！

5. 师：同学们说得真好！作为学生，诚信就从我们的作业做起吧！让我们用双手托起诚信之心，大声对抄袭say no！

板贴：诚信作业，从我做起

设计意图： 在前面的环节中，学生已对诚信行为和表现做了初步的价值判断。该环节旨在通过学生帮助小伙伴解决他们碰到的实际问题，让他们在帮助同伴解决问题的过程中提高道德认知水平和价值判断能力。

【板书设计】

向抄袭大声Say no！

诚信

诚信作业，从我做起！

【点评】

1. 切入点小，针对性强

社会主义核心价值观中公民个人层面价值准则之一的"诚信"，不仅是中国优秀传统文化的思想精华和道德精髓的重要内容，也是当今这个时代的道德标准和价值判断。借助本次主题教育，王老师旨在帮助学生树立诚信意识，引导他们做一个诚实守信的人。诚信的主题很大，王老师选择了"抄袭作业"这个很小的切入点，全程紧扣"诚信"的主题，将本节课设计得"小""实""新"，把抄袭作业的原因、危害、改正的方法讲深讲透。

2. 源于实际，真实性强

教育家陶行知主张：教育要与生活实际联系起来。源于生活实际的教育才能"接地气"，来自生活实际的教育才能走进学生的心灵。课前王老师设计了一张"作业诚信度小调查"表格，采用无记名方式，请学生如实回答三道选择题，统计出的数据将在活动中使用。从调查情况来看，学生都能如实填写，因为这来源于他们的真实生活。

3. 层层递进，吸引性强

王老师通过设计曹小睿这个主人公，通过一段段短视频引入，层层剖析，点明抄袭的

危害性，极大地引起了学生的兴趣。让学生有亲切感和代入感，而不是干巴巴地说教，这符合学生的认知规律，牢牢地吸引了学生的注意力。

4. 设计新颖，创新性强

王老师设计了"解忧杂货店"这一环节，结合现在的最新热点，让学生做一回解忧咨询师。每个小组派两名同学上台，一名同学读信，另一名同学交流解忧方案，帮助抄袭作业方面的学生排忧解难。巧妙地换了一种形式，让学生帮助解决问题，同时在解决问题的过程中提高自身的道德认知水平和价值判断能力。

这堂主题教育课，学生在交流演绎的过程中，在35分钟智慧火花的闪现中，受到了一次深刻的诚信教育。一个走心的教案设计，一个出彩的教学课件，是上好一堂课的关键。切入点小，设计新颖，加上时尚元素，符合学生实际，终究会成为一堂好课。

上海市浦东新区沪新小学班主任　刘东清

第31课 "吹吹拍"变形计

设计教师：上海市浦东新区华林小学　　罗丽惠
指导教师：上海市浦东教育发展研究院　　姚瑜洁

【活动对象】

小学五年级学生

【活动背景】

诚实守信，自古以来就是中华民族的传统美德。"社会主义核心价值观"及《上海市学生民族精神教育指导纲要》等政策文件都明确地提出了培育、践行的目标。《中小学生守则》也同样要求学生做到"诚实守信有担当"。

五年级的学生有了一定的价值判断能力，同伴之间的影响力极大。通过前期的调查了解，我们发现班级学生中存在着随意承诺、说话不算话、不做口头作业等诚信问题。因此，帮助学生树立诚信意识，践行诚信行动，争做诚信之人，是非常重要而且必要的育德任务。

【活动目标】

知识与技能：

1. 知道生活中说大话、随意承诺、说到做不到等行为都是不诚信的表现。

2. 知晓《中小学生守则》第六条的要求是"诚实守信有担当"，并能按照守则要求与同伴诚信相处。

过程与方法：

1. 在与人物角色"吹吹拍"的互动即兴表演中，了解说大话的危害，并努力去改变自己。

2. 在情境演绎中懂得"要诚实守信，说了就要努力做，并且量力而行"，"超出能力范围之外的事，做不到的就坦诚相告，请求别人谅解"。

3. 认真实践《中小学生守则》第六条"争做一个诚实守信的人"，课后开展"快乐精灵变形计"实践活动。

情感态度价值观：

诚实守信，从身边的小事做起，争做诚信好少年！

【活动重点】

1. 在与人物角色"吹吹拍"互动的各种情境中，了解说大话的危害，并结合生活经验辨析诚信待人的行为。

2. 践行"争做一个诚实守信的人"的守则，在"快乐精灵变形记"实践活动中巩固课堂中所悟的诚信行为。

【活动难点】

在点滴生活小事中，领悟"诚实守信有担当"的要求，并能将诚信的道德品质内化于心，外化于行。

【活动准备】

1. 通过访谈、观察和调查了解学生关于诚信的各种问题。
2. 设计人物角色"吹吹拍"，创编故事情境。
3. 准备课桌、课外书、短绳等可能用得到的道具。
4. 制作课件。

【活动过程】

一、"吹吹拍"说大话

（一）创设人物角色，即兴互动对话

1. 师（唱快板上台）：大家好，我是五年级的学生，名叫"吹吹拍"（手拿"吹吹拍"人物图片，做得意状）。人见人爱的"吹吹拍"，头脑灵活我精明能干；能文能武的"吹吹拍"，大事小事我大包大揽；助人为乐的"吹吹拍"，有啥需求你尽管表态。

2. 师（随机与学生搭戏）：同学们，在学习和生活中，你们有啥需要我帮忙的，尽管开口，包在我身上！（拍拍胸脯）

生："吹吹拍"呀，我总担心英语考试考不好，下次能帮我英语考100分吗？

师（"吹吹拍"）：保证帮你考100分，考试时和我坐一起哦！

生：这次我数学考试又粗心了，这可怎么办啊？

师（"吹吹拍"）：小问题，和我一起复习，包你考高分！

生：我在家里做作业总是个"磨叽叽"，你能帮我作业做得快一些吗？

师（"吹吹拍"）：知道吗？人称我是"飞毛腿"，速度快得不得了，跟我一起做作业吧！

生：我很喜欢吃美食，你能给我很多美食吃吗？

师（"吹吹拍"）：我家里爸爸妈妈买了一大包零食，周末到我家来吃，包你吃个够！

生：你能帮我变得更强壮些吗？

师（"吹吹拍"）：看我的肌肉，跟我一起锻炼，保你变成"肌肉男"。

3. 师（翘起大拇指）：我就是人见人爱的"吹吹拍"、能文能武的"吹吹拍"、助人为乐的"吹吹拍"……

板贴：吹吹怕人物图片

设计意图： 用角色扮演立体式地呈现课堂的核心人物——"吹吹拍"，给人以耳目一新的感觉，在人物自我介绍以及师生互动表演的过程中，让学生充分感受人物的性格——爱说大话，也为"诚信"主题教育埋下了伏笔。师生的互动表演是即兴的，对话设计也是因生而异的，个性化的课堂引入能激发学生更好地融入课堂。

（二）师生即兴演绎校园情景剧（A版），感悟说大话的危害

情景剧一：因舍不得不愿借书给同学

师（"吹吹拍"）：今天是借书的日子，我借到了一本非常好看的书！上次我跟沈*说把这本书借给她看，可是我还没看呢，有点儿舍不得借她。哎呀，沈*在朝我走来了！

生："吹吹拍"，那本书能借我看看吗？

师（"吹吹拍"）：我忘记借这本书了（把书往身后一藏）。

生：我都看见你借了，借我看一下吧！

师（"吹吹拍"）（为难状）：这本书我还没看完呢！

生（恳求道）：这本书挺好看的，就借我看一下吧！

师（"吹吹拍"）：等我看完了再借给你！

（生噘着嘴生气地走了）

情景剧二：答应帮同学英语考100分却做不到

师（"吹吹拍"）：号外号外，告诉大家一个重大的消息，不过这不是一个好消息，今天要进行英语考试。哎呀，上次我答应同桌吴*要帮他考100分。

生："吹吹拍"呀，我对英语有些题一窍不通，我该怎么办啊！

师（"吹吹拍"）：要不你和我一起考，我帮你考100分。

生：真的啊？（喜出望外的样子）

师（"吹吹拍"）：真的真的！哦，Ciccy来了，赶快坐好，快快！

（两人搬好桌椅就座）

师（"吹吹拍"）：啊，Ciccy出的卷子这么难啊！

生："吹吹拍"，这道题怎么做呀？

师（"吹吹拍"）：我好像也做不来！（摸着脑袋）唉，这道题怎么做呀？

生：唉，"吹吹拍"，你应该教我吧，怎么反倒问我啦！你不是答应过我的吗？包我考100分，如果这次考不到都怪你！

师（"吹吹拍"）：这次试卷太难了，下次考试保证帮你考100分。（还拼命偷看同桌吴*的卷子）

情景剧三：答应陪同学快速完成作业，却只顾贪玩

师（"吹吹拍"）：卢**，快跟我一起出去玩吧！

生：不行不行，我还有一堆作业呢，看我这性子，肯定是做不完的！

师（"吹吹拍"）：我不是说了吗，我是"飞毛腿"，肯定能帮你完成这些作业的！

生：好吧好吧，走走走！

（两人快乐地捉蝴蝶、玩游戏）

师（"吹吹拍"）：哎呀，太阳快下山了！我们快回家吧，卢**，再见！

生：等等，你不是说好帮我把作业快点儿完成的吗？你怎么能先走了呢？

师（"吹吹拍"）：今天来不及了，明天我再来找你，和你一起做作业，保证你做得又快又好！速度越来越快！

生：好吧，再见！（情绪非常低落）

师（"吹吹拍"）：在五（3）班的日子真开心！（转而咬着指头，来回踱步，若有所思的样子）最近怎么觉得怪怪的，好像同学们都躲着我？

师（"吹吹拍"）：李**，你陪我一起去还书吧！

生：不好意思，我在图书馆里有很多工作呢，没空陪你。

师（"吹吹拍"）：哼，不睬你，我自己去找图书馆李老师去！张**，你跟我说过这个周末到我家去玩的，你叫上孟**一起去吧！

生：不行啊，孟**今天要补课，我呢，事情一大堆！

师（"吹吹拍"）：孟**，你跟我一起去我家吧！

生：不行，我爸爸刚给我买了一大包零食，等我吃完了再去你家吧！

师（"吹吹拍"）：看到了吧，大家都在故意拒绝我！一个一个的都不睬我！没有朋友的日子真难熬啊！

（三）师生讨论交流

1. 师：同学们，这个原本挺受大家欢迎的"吹吹拍"为什么会失去朋友呢？

　　生1：因为他不讲信用，原本答应同学的事，他都没有做到。

　　生2：因为他一直说大话，同学们都不信任他了！

2. 师：请你们给"吹吹拍"分析分析，告诉他说大话到底会有哪些严重的后果？

　　生1：说大话得不到别人的信任。

　　　　　　　　　　　　　　　　　　　　　　　　　　　板书：失去信任

　　生2：在长大的路上会失去朋友，没有朋友的陪伴会很孤独的。

　　　　　　　　　　　　　　　　　　　　　　　　　　　板书：失去朋友

　　生3：承诺的事情做不到，以后他遇到困难，别人也不愿意去帮他了。

　　　　　　　　　　　　　　　　　　　　　　　　　　　板书：无人帮助

　　生4：他以后说的每句话都没有人相信了，别人总会怀疑他。

　　　　　　　　　　　　　　　　　　　　　　　　　　　板书：受人怀疑

　　生5：他爱说大话，有的时候会让自己难堪，也会让别人难堪。

　　　　　　　　　　　　　　　　　　　　　　　　　　　板书：使人难堪

3. 师：看来说大话的危害真不小！真是说不完道不尽啊！

　　　　　　　　　　　　　　　　　　　　　　　　　　　板书：……

4. 师小结：这个"吹吹拍"总算是吃到说大话的苦头了。

信念·价值观

设计意图： 整个环节，"吹吹拍"这一人物贯穿始终，在不断地与学生进行即兴互动的表演中，引发学生对诚信问题进行思考。而故事情境都来源于学生真实的校园生活。故事的设计者是学生，因而学生有话可说、有故事可演。正所谓戏剧来源于生活而高于生活，学生给"吹吹拍"支招，其实便是在自我教育中剖析问题，在感同身受中激起内心世界的波澜。触动学生灵魂的活动，便是走进了学生内心的好的教育。

二、"吹吹拍"努力变

（一）师再次变身"吹吹拍"，与生即兴搭戏，寻求"老师"帮助

师（"吹吹拍"）：（唱）我总是心太乱，心太烦，没有朋友的日子，真难熬！要不我去找罗老师诉诉苦，看看她有什么好主意让同学们重新和我交朋友。

师（"吹吹拍"）：报告，罗老师！我有事想找您聊一聊。

生：有什么事尽管说吧！

师（"吹吹拍"）：我最近很不开心，同学们都不理我，我觉得在五（3）班不开心。

生：那你以后不要再吹牛了！总是吹牛的话，同学们会排斥你！……

师（"吹吹拍"）：我没有吹牛啊！（面向全体同学）同学们，你们的请求是不是我都答应了？（生听了，七嘴八舌，不屑的样子）就是……就是……有时我没有做到！罗老师，你说我该怎么办呢？

生：你看，像吴*这样的孩子是有能力考到高分的，就因为你，导致她不好好复习。你也应该好好复习，这样她有什么难题，你就可以帮她解答一下了。

师（"吹吹拍"）：哦，我明白了，我再去找找那几个同学，看看同学们能不能再接受我！谢谢罗老师，你去忙吧！幸亏有罗老师，让我明白了答应别人的事，要努力——

生：做到！

师（"吹吹拍"）：是啊，答应别人的事要努力去做，这是罗老师给我支的第一招。

板书：答应别人的事努力去做！

（二）生生即兴演绎校园情景剧（B版），解除"吹吹拍"的烦恼

1. 师：同学们，现在请你们来做"吹吹拍"，受到老师的启发后，你们会怎么做呢？现在请每个小组把刚才"吹吹拍"遇到的三件事重新演绎一遍，看看结局会不会有变化呢？

2. 学生分组即兴表演情景剧

情景剧一：答应帮助同学一起练作业速度

生（"吹吹拍"）：卢**，我上次答应你的事没有做到，我下次一定不会说大话了。

生：真的吗？

生（"吹吹拍"）：嗯，我知道了答应别人的事一定要做到的！我们以后一起抓紧时间做作业，然后再一起痛痛快快地玩。

生：对，我们一起加快写作业的速度，有困难互相帮助。

生（"吹吹拍"）：好呀好呀！

师：这个"吹吹拍"答应了卢**一起练速度，所以两个人脸上都绽开了笑容。

情景剧二：答应帮助同学提高考试成绩

生："吹吹拍"，这题怎么做啊？

生（"吹吹拍"）：别着急，你仔细审题，相信你会做出来的！考试结束后我们再一起讨论好吗？

生：可是我担心我考不好，你就告诉我答案吧。

生（"吹吹拍"）：相信自己一定能行！现在告诉你，就是作弊行为了。如果真的有不懂的题，下课后我来教你。

（师模拟考试结束的铃声。）

生："吹吹拍"，现在你该告诉我那道题该怎么做了吧？

生（"吹吹拍"）：好，我告诉你……

生：谢谢你，"吹吹拍"！以后我也会认真复习，今后遇到难题我再请教你哦！

生（"吹吹拍"）：No problem！

师：从这个"吹吹拍"身上，我们可以看到，如果不负责任地轻易答应别人的请求，他能完成这个承诺吗？所以我们要给"吹吹拍"来支第二招：有的时候要量力而行，不要轻易去答应别人的请求。所幸"吹吹拍"后来努力去做了，去帮助同伴了。

板书：量力而行，不轻易答应别人！

情景剧三：答应借书说到做到

师：面对上次不愿借书给同学的问题，这回"吹吹拍"会怎么做呢？我们拭目以待。

生（"吹吹拍"）：吴*，对不起，上次我没有借书给你，这次我们一起看好吗？

生：真的吗？

生（"吹吹拍"）：这次我保证做到！我用双手发誓！

生：好吧！（两个孩子共同看起书来）咦，这好好玩儿啊……

生（"吹吹拍"）：兔子也会坐船，嘻嘻。

师：在学校里，他们两个一起看书，可吴*还有一个请求。

生："吹吹拍"呀，我可以把这本书借回家看吗？

生（"吹吹拍"）：嗯……（思考了些时间）那你就把书带回去看一天，第二天就还给我，可以吗？

生：好呀好呀，太谢谢你啦！

师：不管怎么样，这个"吹吹拍"跨出了改变的第一步，虽然只借给同学一天，但他也愿意信守这一份承诺。我们给这个"吹吹拍"掌声。

3. 师小结：这三个临时上岗扮演"吹吹拍"的同学，通过自己的生活经验，用即兴演绎的方式让"吹吹拍"知道了说大话的危害，相信其他同学演绎下的"吹吹拍"也能用更多好方法去改变他，所以"吹吹拍"一直在改变，同学们也在慢慢地接纳他，接受他这个朋友。

信念·价值观

> **设计意图：** 这一环节中，学生扮演"吹吹拍"，进行情景剧的再创编，有了教师扮演的"吹吹拍"角色的对比，学生对是非对错辨析得较为清晰了。在生生间的即兴互动表演中，学生们用诚实守信的行为方式解决同伴间的矛盾或困惑，解开了"吹吹拍"的心结，同时也教育了"吹吹拍"这一角色，这种学生间的演绎正好印证了同伴教育的重要性，而效果也是极佳的。

三、"吹吹拍"践承诺

（一）师："吹吹拍"刚和同学们的关系缓和了些，可眼下他又遇到麻烦事儿了，你们瞧（师扮演"吹吹拍"，懊恼状）——

师（"吹吹拍"）：唉，都怪我前段时间夸下海口，说叔叔是城市公园的经理，可以不用买门票就能带同学们进公园看烟花，唉，10月3日就快到了，可我根本搞不定这件事，我到底该怎么办啊！再没有朋友，我这日子怎么过啊！

（二）师：同学们，现在请每个小组再帮"吹吹拍"支支招，用小短剧的表演方式告诉他解决的办法。每个小组在组长的带领下，编排一个小短剧。

1. 每个小组自行设计故事情景，进行排练。

播放背景乐《菊次郎的夏天》。

2. 师："吹吹拍"迫不及待想要知道大家想到了什么好主意来帮助他。

（三）以小组为单位进行小短剧展示

第一组："吹吹拍"用零花钱为同伴买门票，解决夸下海口的问题

1. 学生表演

（第一幕：教室里，讨论国庆节活动）

生：这次国庆节，我们去哪儿玩啊？

生（"吹吹拍"）：我叔叔是城市公园的经理。我不用门票，就能带你们进去看烟花。10月3日，晚上6点碰头，怎么样？

生：好！

（第二幕：10月3日早上，和"吹吹拍"通电话）

生：喂，"吹吹拍"，别忘了今天晚上要去城市公园的哦！

生（"吹吹拍"）：哦，我没忘，我没忘！（搁下电话）哎呀，这下惨了，我叔叔根本不是城市公园的经理，同学们如果再不理我可就惨了。哈哈，有了……

（第三幕：10月3日晚上，按约定到城市公园门口）

生："吹吹拍"，快去搞定门票吧！（同学们都到齐了）

生（"吹吹拍"）：同学们，其实我之前说大话了，我叔叔根本不是城市公园的经理。我就是想和大家一起玩，这样吧，我用自己的零用钱为大家买门票，一起去看烟花。

生：啊，"吹吹拍"，你又说大话啦！做不到的事，千万不能轻易答应别人哦！

生（"吹吹拍"）：嗯嗯，我知道了！那我们去买门票吧！

生：好！（同学们一起快乐地跟着"吹吹拍"看烟花去了）

2. 师："吹吹拍"为自己夸下的海口付出了代价。他用自己的零花钱为同伴们买了门票。我要采访一下"吹吹拍"，你当时夸下海口，心情是怎么样的？

生：我当时特别焦急，而且特别尴尬。

3. 师：生活中，你们有没有遇到过答应别人的事，却无法做到的尴尬呢？

生：我上次答应了表妹，要给她买棒棒糖吃，可是因为太好吃，所以我把它独吞了。结果，等表妹来我家时，棒棒糖已经吃完了，我都不知道该怎么办了！

4. 师：答应了别人的事，最后你没有做到，你是怎么向表妹解释的呢？

生：之后我又给表妹买了一个超大的棒棒糖，将功补过，请求她的原谅。

5. 师：姜**在请求别人的原谅，而刚才故事中的"吹吹拍"也在请求别人的原谅。你们再给"吹吹拍"支支招，当答应别人的事实在做不到时，该怎么办呢？

生：道歉，请求别人的原谅。

板书：无法实现约定时，请求别人的谅解！

第二组："吹吹拍"急中生智，巧选免费宝地看烟花，解决说大话的问题

1. 学生表演

（第一幕：9月30日，在教室里，下课时一起讨论看烟花的事）

生：听说城市公园有个烟花秀，可好看啦！

生（"吹吹拍"）：哦，原来是那个啊！我叔叔是城市公园的经理，不用门票就能带你们进去看烟花啦！

生：是吗？

生（"吹吹拍"）：那当然！10月3日晚上8点，和我一起去看烟花吧！

生：好，不见不散！

（第二幕：10月2日晚上，在家里，想求助父母）

生（"吹吹拍"）：哎呀，怎么办呐，怎么办呐！这下可好，我又吹牛了，我叔叔不是城市公园的经理，我也没钱带他们去看烟花。唉，妈妈，妈妈，我又在同学面前说大话了！

生：你这孩子，怎么又说大话了呀！

生（"吹吹拍"）：你们给我点零花钱吧！

生：不行，不行！自己闯的祸，你应该自己去承担！

生（"吹吹拍"）：我该怎么办啊……（蹲着低头沉思起来）有了……

（第三幕：10月3日晚上8点，城市公园门口，因无法履行承诺向同伴道歉）

生："吹吹拍"，我们来了！

生：要不我们赶快进去吧！

生（"吹吹拍"）：对不起，我之前说大话了，今天进不了公园。（鞠躬认错）

生：你怎么又说大话了！

生（"吹吹拍"）：没关系，没关系。你们看，那里有一块草坪，也可以看到烟花！

生：能成吗？

生（"吹吹拍"）：能成，能成！那是极好的看烟花的地方。真的，来吧，来吧！

（第四幕：10月3日晚上8点，一起看烟花秀）

生：哇，真好看呀！真美啊！

生："吹吹拍"呀，下次可别说大话啦！

生（"吹吹拍"）：我一定会改正的！

2. 师："吹吹拍"还是挺聪明的，虽然他无法实现免门票进园看烟花的承诺，但至少他为同学们选了一块看烟花的好地方，能看到高处的烟花，也总算了了同学们的一份心愿。

3. 师小结：同学们，"吹吹拍"在你们的影响下，更懂得了承诺的重要！当我们实在无法实现约定时，我们一定要请求别人的谅解。

设计意图：生活中的诚信问题有时并不是简单的对与错的判别，寻求更好的方式解决问题更为重要。因此，用一个小案例来解除"吹吹拍"的困扰，学生便能结合自己的生活经历和经验去设计戏剧情境，以他们眼中最妥善的方法避免诚信问题带来的与同伴相处的窘境。在学生们的启发下，学生扮演的"吹吹拍"这一角色，再次强调了无法实现约定时的注意事项，就是主动取得他人的谅解。学生在这一环节中，更深刻领悟了诚信践诺的重要性和必要性。

四、我和"吹吹拍"一起变

（一）活动拓展

1. 师："诚实守信有担当"是《中小学生守则》第六条的要求，在我们身边还有哪些诚实守信的好行为，请和大家一起分享，一起为他们点赞。

生：有一次，我妈妈去游泳，在健身会所里捡到了一条金项链和一个金戒指，我妈妈没有占为己有，而是跟那里的负责人说明了情况，并留下了电话号码，等失主联系她。

2. 师：这是一个拾金不昧的好行为！我们为拾金不昧的好行为点个赞。

生：有一次，我向同学借了10元钱买铅笔和橡皮，后来第二天就还掉了。

3. 师：有借有还也是诚信的好行为，我们为蔡**点个赞。

（二）活动总结

1. 师：今天，我们在和"吹吹拍"一起玩、一起学习、一起生活的过程中，看到了"吹吹拍"在大家的影响下，一直在改变，这就是"吹吹拍"变形计。

板书补全课题：变形计

2. 师：你们今天给他支了三大招（指板书）：量力而行，不轻易答应别人；答应别人的事要努力做到；实在无法做到时，请求别人的谅解。

3. 师生合作读诚信儿歌。

出示儿歌《诚信歌》：同学们，要记牢，诚实守信很重要。承诺的语言要遵守，答应的事情要做到。量力而行不夸张，真诚待人讲信用。从小学做老实人，诚实守信见行动，见—行—动！

（三）"快乐精灵变形计"实践活动

1. 师：从今天开始，让我们和"吹吹拍"一起变，做一个更诚实、更守信的学生。老师要在班级中开展一个"快乐精灵变形计"的实践活动。每个人给自己设定一个诚信目标，一个月内，每天要坚持说到做到，用自己的行为表现集齐同学们或老师的十个点赞，就能收获一枚"诚信章"。

2. 师：我想采访几个同学，说说近期，你准备在哪一方面做一个诚信的学生？

生：有读、背的作业时，我会在家里认真地读和背，不会去欺瞒老师和家长。

3. 师：掌声送给她！其实口头作业，有很多同学会有那么一点儿小偷懒。我相信孟**一定会诚实地对待每一份作业。

生：有时候，我的作业忘记让家长签名了，怕被老师惩罚，我们就会想到去模仿家长签名。如果我以后忘记签名了，我也一定诚实地告诉老师。

4. 师：坦诚忘记签名的事，取得老师的谅解，而且卢**不是经常忘记签名的，所以老师相信她！相信我们每一个同学，都能在自己设定的目标里，努力去说到——

生：做到！

（四）师总结：诚信是一种心与心的交流，信守一份承诺，便能收获友情的芬芳。期待大家与诚信为伴，争做最美的诚信好少年！

> **设计意图**：一堂课的时间是短暂的，学生受教育的空间也是有限的，因此课堂尾声环节，教师将诚信主题跳出"吹吹拍"角色的局限，完全走进学生自身的生活中，引发学生对自我诚信问题进行思考，进而以开展"快乐精灵变形计"为主题的实践活动，将诚信教育生发开去，不断延伸至课堂以外的环境中，巩固所学，推动学生自我教育的行动力。

【板书设计】

失去朋友

失去信任

使人难堪

无人帮助

受人怀疑

变形计

量力而行，不轻易答应别人！

答应别人的事努力去做！

无法实现约定时，请求别人的谅解！

【点评】

一、解读精准目标

正确解读主题是关键，合理设定教育目标是对主题的最好诠释。主题设计不仅基于学校德育整体工作的需要，更要基于对国家、主管部门的文件精神的贯彻和实施。"诚实守信有担当"是《2015中小学生守则》第六条的要求。"诚"更多地指"内诚于心"，"信"则侧重于"外信于人"。"诚"与"信"的组合，其基本含义便是指诚实无欺，讲求信用。罗老师根据班级学生的实际，将教育的落脚点放在了"不说大话，说到做到"这个问题上，一节课就解决一个诚信方面的问题，今后再关注其他内容，可以形成一个系列的教育活动。

二、创新活动形式

学生们的认知离不开直接经验和感性认识，以学生身边发生的故事为题材，以学生熟悉并喜欢的戏剧教育为载体，在互动生成中体验感悟。这堂主题教育课，罗老师塑造了一个五年级大男孩的形象"吹吹拍"——一个爱说大话，却总是无法兑现承诺的孩子，以他为各活动环节的主线，贯穿始末。整堂课分为四个活动环节："吹吹拍"说大话、"吹吹拍"努力变、"吹吹拍"践承诺、我和"吹吹拍"一起变。从问题的抛出，到逐层深入地探讨说大话产生的各种后果，师生始终在即兴的互动表演中感悟和体验，直至解决问题。即兴表演是本课的一大亮点，没有预设既定的故事情境，全是学生依生活而设计、而演绎，课堂在生成中变得更为灵动。

三、注重后续延伸

主题教育课要承担起德育工作方向标和指明灯的作用。这次活动，明确了新的目标和任务，为下一步培育和践行社会主义核心价值观的推进做好了前期准备。在解决了"吹吹拍"遇到的各种诚信问题后，罗老师启动了班级的"快乐精灵变形计"实践活动，引导学生和"吹吹拍"一起变，请学生设定一个需要改正的诚信问题，如"不模仿家长签名""认真完成口头作业"等，每天根据目标努力去做，集齐同伴或老师的十个点赞后，便能收获一枚"诚信章"。

戏剧表演是最好的体验载体。这堂课没有过多的"晓之以理"，几乎都以学生的表演体验去感受说大话的危害，以此改掉说大话的坏习惯。这堂课罗老师抓住了"变形计"这一关键词做文章，不断地在互动表演中请学生为"吹吹拍"支招，帮其学做诚信之人，这样的明理导行直击学生的内心，由学生自己来教育自己，这样的教育效果怎能不明显？

上海市浦东新区华林小学副校长　汤　慧

第32课 言必诚，行必信

设计教师：上海市南汇第四中学　　　　邵如洁
指导教师：上海市浦东教育发展研究院　姚瑜洁

【活动对象】

六年级学生

【活动背景】

"诚信"是社会主义核心价值观在公民个人层面的一个价值准则，是一种道德规范和品质，是中华民族的传统美德。两年一次的全国道德模范评选，涌现了许多诚实守信的模范人物和可歌可泣的感人事迹。在我们身边，也有许多闪耀着诚信底色的先进人物，他们是学生学习的榜样。

在班级中有个别学生不能独立完成作业，考试测验时也有不诚信答题的现象。这不正是缺乏诚信意识的表现吗？班主任利用课余时间多次进行个别教育，但收效甚微。有的学生在谈话后会有所转变，但一段时间之后，又会出现新的类似的问题。诚信精神的培育和践行刻不容缓，必须面向全体学生，提升他们的诚信意识。

【活动目标】

知识与技能：
懂得独立完成作业、诚信考试的重要性。
过程与方法：
树立"诚信"的意识，自觉将诚信精神落实于学习生活中。
情感态度价值观：
懂得"诚信"是一种人生态度，是自身价值的追求。

【活动重点】

了解黄大发的感人事迹，感受模范人物的"诚信"精神。

【活动难点】

反思内省自身行为，将感受到的诚信精神内化为自身品质，落实到日常的学习生活中。

信念·价值观

【活动准备】
收集相关素材资料，制作课件，准备诚信承诺书。

【活动过程】

一、看老师心中的诚信偶像

（一）一张照片话偶像

1. 师：同学们，我们每个人都有自己的偶像，他们是我们的明灯、永不陨落的星。有的同学崇拜自己的父母，有的崇拜比尔·盖茨，有同学崇拜周杰伦、贾斯丁·比伯……老师也不例外，也有属于自己的偶像，看，我的偶像就是他。

出示幻灯片：我的偶像的照片——黄大发

2. 师：有谁认识他吗？猜猜他是谁？他是干什么的？说说你是怎么看出来的？

生1：他是一个农民，我看到他扛着种地用的锄头。

生2：他是一个党员，因为他穿着朴素的衣服，胸前佩戴着党徽。

3. 师：同学们说得不错，那么他为什么是我的偶像呢？让我们一起来认识他。

（二）一段视频识偶像

出示：黄大发时代楷模图片和电影《天渠》宣传海报

1. 师：他就是贵州遵义播州区平正仡佬族乡团结村原支书——黄大发。他被评为第六届全国诚实守信类道德模范。2018年11月，根据他的事迹改编的电影《天渠》上映，引起了极大的反响。他是2017年度感动中国人物，被中央宣传部评为了"时代楷模"。下面就让我们来听听他的故事。

播放视频：这位老人叫黄大发，1958年，他成了草王坝村的村长，那年23岁的黄大发就下定决心要让村里的生活变个样。1962年，草王坝村的引水工程开工了，黄大发带领村民们用铁锤和钢钎，摸索着一点一点开凿，终于凿出了一条水渠。但由于水渠的建造水平过于简陋，不久后就废弃了。正在村民们灰心丧气的时候，执着的黄大发却始终没有放弃自己的誓言。在黄大发不屈不挠的努力下，时隔30年后，草王坝引水工程再次开工了。1995年，这条总长近10千米、地跨3个村10余个村民组、绕三座大山、过三道绝壁、穿三道悬崖的"生命渠"终于通水了。黄大发带领村民艰苦奋斗了36年，终于实现了当初的誓言。

2. 师：看了这段短片，你有何感受呢？

生1：黄爷爷带领村民在悬崖上开凿一条引水渠的举动十分了不起。

生2：他为了自己的目标奋斗了30多年，他有一种坚持不懈的精神。

3. 师：黄大发爷爷为了年轻时的一句誓言，用了30多年的时间，带领当地群众在悬崖绝壁上凿出了一条"天渠"。我们要向他学习这种"言必诚，行必信"的精神。

设计意图： 由偶像话题入手，教师介绍自己的偶像，激发学生的好奇心和探究热情。通过短片了解黄大发开凿水渠的经历，初识诚信楷模黄大发，感受黄大发坚守誓言开凿水渠，执着奋斗36年的诚信精神，导入主题"言必诚，行必信"。

二、探诚信榜样的诚信精神

（一）牢记数据赞不凡

出示有关数据：36   10000   3   10

1. 师：谁能说说这些数字的意义吗？

生1：36是黄爷爷开凿水渠所用的时间。

生2：10000是引水渠的长度。

生3：3和10，是引水渠所经过的村庄数量。

2. 师：黄爷爷前后一共花了36年时间修建了这条10000米长的水渠，给当地3各村10余个村民组引来了生命之水。而这一切，只不过是为了完成一个30多年前许下的承诺，这种"言必诚，行必信"的精神确实令人动容。

（二）想象困难知不易

1. 师：一条10千米的水渠，整整修建了36年，其间经历了多少困难啊！大家能想象一下吗？

生1：他面临着恶劣的自然环境，悬崖峭壁等等。

生2：他的工具十分落后、简陋。

生3：他们的人手不足，因为只有他们一个村子的人来开凿水渠。

2. 师：那事实是怎样的呢？请看视频。

播放视频《黄大发面对各种困难》：黄大发在开凿水渠的过程中遇到的悬崖峭壁等危险环境，在半空中开凿悬崖的危险画面。

3. 师：正如短片中所展现的，黄爷爷在开凿水渠的过程中所遭遇到的困难，远非我们所想象的那样，哪一个情景最让你难忘？

生1：黄爷爷在悬崖峭壁上用铲子、榔头和钢钎一点点开凿水渠的画面令我难忘。

生2：黄爷爷满头白发，年纪那么大，还要吊着一条绳索下去开凿水渠，而且上面还有石头不断落下，实在太危险了！

4. 师：就是在这样恶劣的自然环境里，冒着巨大的危险，靠着简陋的工具，黄爷爷花了36年开凿了这条10千米长的生命之渠，这是一位多么令人敬佩的现代"愚公"啊！

（三）探究抉择明心志

1. 师：高山上，烈日暴雨交替侵袭，恶劣的环境睥睨每一个施工队的成员。陡峭的悬崖上，每一次挥动铁锤砸向钢钎都好似要用尽浑身力气。沿着悬崖峭壁，黄大发爷爷一寸一寸凿，一尺一尺敲，水渠一米一米向前延伸。是什么力量支撑着他实现了当年的梦想？我们再来看一段视频。

播放视频《黄大发为了实现自己的承诺艰苦奋斗》：我的梦想就是要吃大米饭，下定决心，排除万难，争取胜利，我就能把这个水拿上草王坝村，拿生命来换水。我的梦想长期都没有丢，我第一次失败了，我在哪里摔的，第二次就从哪里爬起来，终有一天要把水拿过来，不管时间有多长，不管有多大的困难，不把水拿过来，我死了眼睛都不会闭。

2. 师：看完视频，大家有什么感悟，谁能说说？

生1：黄爷爷诚实守信、言出必行，为了完成当年对村民们的承诺，一直坚持了36年，终于修成了水渠。他是一个重情重义、时刻想着村民的好支书。

生2：黄爷爷不怕困难、坚持不懈，面对恶劣的自然环境，使用着简陋的工具，一点一点地开凿出了水渠。他为了实现诺言默默付出，始终不曾放弃。

板书：诚实守信、言出必行

3. 师：诚实守信、言出必行是为人的基本准则。黄大发爷爷通过自己的奋斗实现自己年轻时对村民们许下的诺言。每个人不能轻易许下诺言，一旦做出了承诺，就一定要一步步为实现诺言而努力。

> **设计意图：** 开展讨论交流。从黄大发面对恶劣环境和生命威胁时的毅然坚持开凿水渠的抉择，到感受身黄大发面对困难恪守诚信、言出必行的精神。明确诚信精神就是诚实守信，言出必行，为了实现自己的誓言而不怕困难、不懈奋斗、坚持到底的毅力和勇气。

三、辩诚实守信的苦与甜

（一）自由辩论明道理

1. 师：我们都了解了黄大发在实现诺言的过程中经历了种种困难，但我们在视频里看到了他露出灿烂的笑容，老师不禁有一个疑问，诚实守信究竟是苦还是甜？

生1：我认为诚实守信是苦的，想要做到诚实守信，实现自己立下的誓言，可能会面对更多的艰难坎坷，可能会付出比他人更多的汗水和泪水。

生2：我觉得诚实守信是甜的，诚实守信，踏踏实实地完成自己的本职工作，努力奋斗，为了完成自己的誓言而坚持不懈地付出，最后取得理想的结果，是幸福的。

2. 师：同学们说得都很好。诚实守信的付出过程是辛苦的，但诚信付出后的收获是甜蜜的，诚实守信的人心中有苦也有甜。有时付出了不一定马上有结果，但只要恪守诚信，坚守为人准则，终究会获得他人的认可。

> **设计意图：** 通过辩论，在辨析诚实守信的苦与甜的过程中，明确诚信付出的辛苦和收获的甜蜜，树立辛勤付出也是一件乐事的观念，加深学生对诚信精神的认识。引导学生理性看待付出与收获的关系，不以一时的得失成败来判断诚信付出是否值得。

四、寻"我"身边的诚信榜样

（一）搜索身边诚信榜样

1. 师：我们身边有没有这样言必诚、行必信的诚信榜样呢？

生1：我的语文老师黄老师是一个诚实守信的人，黄老师有时上课讲错了字的读音，课后如果有同学提出的话，黄老师会在第二节课上向我们道歉并承认自己的错误。

生2：我的爸爸也是一个诚实守信的人。有一次，他答应要陪我去逛动漫展，但单位临时有事，要派他出差。动漫展的当天，爸爸想尽办法及时赶了回来，完成了他对我的承诺。

生3：我的同学小张也是一个诚实守信的人。有一次考试，老师给他多算了10分，小张主动找老师说明了情况，减掉了多加的10分。

2. 师：无论是家长、老师还是同学，都是平凡的人，他们都在平凡的学习、生活、工作中恪守着诚实守信的信念，他们都是值得尊敬的榜样。

板书：诚实守信

设计意图： 学生闭上眼睛，扫描自己的生活，由道德模范黄大发的诚实守信的事迹联想到身边熟悉的言出必行的事例，引导学生静下心来沉浸在这庄严的氛围中，用慧眼去发现身边的诚信榜样，为感悟诚信精神做准备。

五、做诚信小榜样

1. 师：黄大发爷爷为了实现自己的誓言，不折不挠艰苦奋斗36年，终于建成了一条天渠。老师们恪守自己入职第一天立下的誓言，兢兢业业地教育学生们，爸爸妈妈们在自己的工作岗位上，诚实守信、认真完成自己的本职工作……作为一个学生，我们该如何践行诚实守信呢？

生1：我们不能轻易许下诺言，但说了就要做到。

生2：我们要认真完成自己的各项学习和工作任务，独立自主完成作业，不抄袭作业，如果有困难，可以向同学老师求教。

生3：考试时不能偷看别人的答案，不能交头接耳，不能传小纸条，要考出自己真实的水平。

2. 师：请大家进行小组讨论，完成诚信承诺书上的诚信条目，并派一名代表张贴到诚信墙上。

3. 师：最后，请同学们在"诚信墙"上签上自己的名字。希望黄爷爷开凿的天渠中的诚信之水也能流进我们的心田，让我们行动起来，从作业开始，从考试开始，从值日开始，让我们都成为诚信榜样吧。

设计意图： 巩固本次主题教育的内容，让导行过程从课堂延伸到学生的日常学习生活中。从领悟偶像的诚信精神，发现身边的师长同学的诚信精神，到把这种诚实守信的精神落实到自己的学习生活中，到将诚信内化为自己的行动，对学生产生持续的影响。

【板书设计】

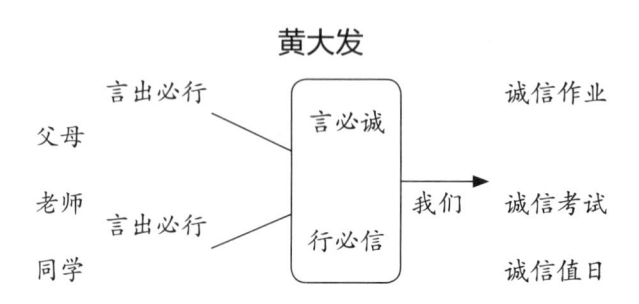

黄大发

父母 —— 言出必行 ——┐
                      ├── 言必诚 ──┐
老师 —— 言出必行 ——┤   ├── 我们 ── 诚信作业
                      ├── 行必信 ──┤   诚信考试
同学 ————————————————┘   ┘   诚信值日

设计意图： 黄大发、同学、父母、老师身上的品质汇聚成一条水渠，源头活水最终汇聚到自己身上，让学生自己也成为一名言必诚、行必信的诚信榜样。

【点评】

1. **精选内容。** 把社会上模范人物的思想观念与学生的实际和发展需求对照结合起来，再挖掘一些学生中的正面积极的素材，成为学生易于接受的规范内容。

2. **注重导行。** 面向全体学生，充分尊重学生，营造良好的教育氛围，让学生自主参与、自主体验。在活动过程中，不断引发和鼓励学生自由展示他们的情感、体验和观点，使他们在活动中学会自主、学会选择、学会创造。学生通过活动得到真切的情感体验，改变了态度，确立了正确的思想观念和道德价值取向，促进了学生道德素质的提高。

3. **设计巧妙。** 活动设计采用学生喜闻乐见的形式，用疏导、讨论的方法，使学生乐于参与，让学生真正动起来，用心去看、去想、去做，增强活动的有效性。用图片、视频、辩论等学生喜闻乐见的形式，设置"近、小、亲、实"的教学情景，取得了良好的效果，给学生上了一节弘扬社会主义核心价值观的思想课。

上海市浦东教育发展研究院　姚瑜洁

第33课　汉字的魅力

设计教师：上海市上南中学南校　　　李维维
指导教师：上海市浦东教育发展研究院　姚瑜洁

【活动对象】
　　六年级学生

【活动背景】
　　党的十八大提出用24个字高度概括了社会主义核心价值观，它是党中央反复强调的精神文明建设的目标和纲领。其中，"爱国"是个人层面的价值准则。教师在教育学生的过程中，应该从小抓起，从小事抓起，不断提升学生的爱国情怀。汉字作为华夏子孙交流思想、传承文明的符号，在中华民族几千年的发展过程中发挥了重要作用。
　　作为一名中学生，要端正书写态度，用正确的姿势书写出优美的汉字就是一种爱国的体现。然而，班级中部分同学书写随意、字迹潦草，对汉字的历史地位、汉字的影响知之甚少，写好汉字、传承民族文化的意识较为薄弱。因此，有必要开展一堂深入了解汉字的主题教育课，为写好、用好汉字打下基础。

【活动目标】
　　知识与技能：
　　引导学生深入感受汉字的魅力，知道汉字的历史地位和意义，激发学生对汉字的热爱，从而产生写好汉字的愿望，将文化自信的种子播撒在学生心中，增强他们认真书写汉字、工整书写汉字的意识。
　　过程与方法：
　　增强学生认真书写汉字、工整书写汉字的意识。
　　情感态度价值观：
　　树立一定能够写好汉字的信心，懂得写好汉字就是爱国的体现。

【活动重点】
　　树立写好汉字的信心，懂得写好汉字就是爱国的体现。

【活动难点】
　　增强学生认真书写汉字、工整书写汉字的意识。

信念·价值观

【活动准备】

多媒体课件、教具、学具等。

【活动过程】

一、导入

1. 师：上课前请大家听一首歌，会唱的同学可以跟着一起唱。

播放视频《中国话》节选：全世界都在学中国话，孔夫子的话，越来越国际化。全世界都在讲中国话，我们说的话，让世界都认真听话！

2. 师：我想听听大家有什么感受？

生1：我觉得这首歌很好听，节奏很快，里面还有绕口令，很有意思。

生2：我听了这首歌很激动，因为歌词里面唱到外国人都来学习中国话，我觉得很了不起。

生3：我听了这首歌也很激动，为自己身为一个中国人而自豪。

3. 师：大家说得真好，为你们点赞！中国话是我们每个中国人日常使用的语言，这些话落实到书面上就是我们的汉字。伴随着这首《中国话》优美的旋律，我们一起感受一下汉字的魅力。

板书：汉字的魅力

二、追溯汉字起源

1. 师：我们从小就学说汉语、学写汉字，我们的生活和汉字息息相关，那大家知道汉字有多少年的历史了吗？

生：我认为至少有5000年，因为我们一直说中华文明5000年。

2. 师：说得很好，有理有据。汉字的"年龄"真的如这位同学说的有5000年吗？请大家看一张图片。

播放PPT：距今大约六千年前的半坡遗址出现的刻画符号。

3. 师：这些碎片上的符号是在距今约6000年前，在半坡遗址出现的刻画符号，初显了简单文字的特征，学者们认为这可能是汉字的萌芽。其实，尽管汉字在6000年前就出现了，但还不是世界上最古老的文字。

播放PPT：埃及圣书文字和两河流域的钉头文字。

4. 师：这两张图片分别是埃及的圣书文字和两河流域的钉头文字，它们比汉字出现得更早，但后来全部消逝了。从这个意义上说，汉字是唯一流传至今仍有生命力的古文字。得知了这个事实，大家有什么感受啊？

生1：我觉得汉字太了不起了。

生2：我觉得更自豪了，我们日常天天使用的汉字竟然有这么悠久的历史。

5. 师：老师也觉得很骄傲，能和有如此悠久历史的文字相遇，是我们每一个中国人的荣幸。请你把你刚才说的"历史悠久"写到黑板上。

学生板书：历史悠久

6. 师：汉字承载了丰厚的中国文化，我们感受到了汉字历史之悠久、生命力之顽强。面对历经6000年历史洗礼的汉字，相信大家内心一定充满了敬畏。

三、了解汉字影响力

1. 师：在世界文字发展史上，汉字不仅是中国人民的交流和文明传承的工具，它也影响着周围其他国家的文字发展。

出示PPT：

中古时期，韩国没有自己的文字，当时，韩国人民使用汉字。公元1443年依中国音韵，创造出母音和子音字母，韩国才有了自己的文字。

日本的文字创制相当晚。长期以来，日本人民以汉字作为表达情感的载体。五世纪初，日本出现了借用汉字的标音文字。至今，日本文字仍保留有1000多个简体汉字。

越南独立后，越南人民无论是进行交往，还是学校教育以及文学作品的创作，均以汉字为工具。直至13世纪，越南才有以汉字为基础的本国文字——字喃，直至15世纪时，字喃通行全国，完全取代了汉字。

2. 师：汉字真的是太了不起了！它对国外的影响可不仅仅发生在古代，它对当代的影响依然不可小觑。首先，请看PPT，大家认识他吗？

出示PPT：汉字叔叔的照片

生：汉字叔叔。

3. 师："对的，就是"汉字叔叔"。谁能简单介绍一下他和汉字的故事吗？

生1：他建立了一个和汉字有关的网站。

生2：他对汉字非常痴迷，花光了自己的积蓄研究汉字起源。

4. 师：你们说得都不错，知识的涉猎也非常广泛。为了让大家更详细地了解一下这个长着大胡子的外国人，老师找到了一段视频，请大家一起观看。

播放视频："开学第一课"中关于"汉字叔叔"的介绍。

5. 师：真是一个了不起的外国人，他对于汉字的喜爱达到了痴迷的程度。为了学习汉字，他只身来到中国；为了研究汉字，他花光所有财产，为了传播汉字，他挖空心思。他的行为既让我们感动，也让我们汗颜。我们要为汉字竖起大拇指，更要为像汉字叔叔一样热爱汉字的人竖起大拇指！哪位同学可以概括一下汉字为什么了不起？

生1：它的影响深远。

生2：汉字的历史悠久。

6. 师：请你把你们组的理解写到黑板上。

板书：影响深远、历史悠久

7. 师：小小的汉字曾经渗透于邻国的文脉发展之中，对周边国家文字的创制起到了举足轻重的作用。如今，汉字受到越来越多外国朋友的追捧，学说汉语、学写汉字已经成为一种热潮。

设计意图： "汉字叔叔"是外国友人痴迷汉字的典型事例，通过对"汉字叔叔"的了解，让学生了解汉字的影响力，感受到汉字的魅力，激发对汉字的崇敬之情。

四、欣赏书法艺术

（一）感受汉字演变

1. 师：如果说写出来的汉字是一种艺术的话，大家会想到什么？

生：书法。

2. 师：看来你对我们的"国粹"有很深的了解。我来考考大家，谁能尝试按照顺序说出书法经历了哪几个阶段吗？

生1：小篆—隶书—行书—草书—楷书

生2：小篆—草书—楷书—隶书—行书

生3：小篆—隶书—草书—行书—楷书

3. 师：最后一位同学的答案是正确的。

出示PPT：小篆—隶书—草书—行书—楷书

4. 师：我们开始增加点难度，请大家仔细观察这五幅不同风格的书法作品，和前面的书法种类连线，简单说说判断的理由。

出示PPT：展示的作品和书法类型。

生1：我觉得第一幅是楷书，因为它方正工整。

生2：我感觉第二幅是隶书，因为它有点儿扁扁的。

生3：我认为最后一幅是草书，因为看不懂，有点乱。

生4：我认为第四幅是行书，因为它的笔画比楷书流动一些，比草书又工整一些。

生5：我认识第三幅是小篆，因为我学书法的时候是从小篆学起的。

5. 师：大家连接得非常准确。

（二）认识书法名家

1. 师：能说出几位书法家的名字吗？

   生1：王羲之、颜真卿。

   生2：柳公权、欧阳修。

   生3：苏轼。

2. 师：你们知道得还真不少。

3. 师：通过这个环节的活动，大家感受到了汉字的什么魅力？

   生1：我觉得汉字是给人带来艺术享受的文字。

   生2：我觉得汉字是一种形体优美的文字。

4. 师：请你写到黑板上。

学生板书：形体优美

5. 师：汉字是唯一一种既能记录语言又能作为艺术品欣赏的文字，书法是我国特有的传统文化，一横、一竖、一撇、一捺，蕴含着中国人的风骨，体现着中国人的智慧。

五、品味汉字内涵

1. 师：如果说刚才的活动让大家对汉字的认识有所加深的话，那么在下面的这个活动中，相信大家能感受到汉字的超能力。老师请大家读一首诗，给大家一点时间，小组内试着翻译成汉语。

   播放诗歌：

   You say that you love rain,

   but you open your umbrella when it rains...

   You say that you love the sun,

   but you find a shadow spot when the sun shines...

   you say that you love the wind,

   but you close your windows when wind blows...

   This is why I am afraid,

   You say that you love me too...

   生：你说你爱雨，但当细雨飘洒时你却撑开了伞；

   你说你爱太阳，但当它当空时你却看见了阳光下的暗影；

   你说你爱风，但当它轻拂时你却紧紧地关上了自己的窗子；

   你说你也爱我，而我却为此烦忧。

2. 师：你的英语学得非常不错。不过，我们的汉字能力可是超强的，刚才只是普通版本的翻译，网友们对这首诗歌产生了极大的兴趣，出现了这些不同的版本。现在我把这些发给大家，以小组为单位，挑选一首你们喜欢的版本，一会儿请几个小组交流一下。

信念·价值观

第一组：我们小组选择的是离骚版的翻译。

出示PPT：君乐雨兮启伞枝，君乐昼兮林蔽日，君乐风兮栏帐起，君乐吾心噬。

第二组：我们小组选择的是诗经版的翻译。

出示PPT：子言慕雨，启伞避之。子言好阳，寻荫拒之。子言喜风，阖户离之。子言偕老，吾所畏之。

第三组：我们小组选择的是七律版的翻译。

出示PPT：江南三月雨微茫，罗伞轻撑细细香。日送微醺如梦寐，身依浓翠趁荫凉。忽闻风籁传朱阁，轻蹙蛾眉锁碧窗。一片相思君莫解，锦池只恐散鸳鸯。

第四组：我们小组选择的是文艺版的翻译。

出示PPT：你说烟雨微茫，兰亭远望；后来轻揽婆娑，深遮霓裳。你说春光烂漫，绿袖红香；后来内掩西楼，静立卿旁。你说软风轻拂，醉卧思量；后来紧掩门窗，漫帐成殇。你说情丝柔肠，如何相忘；我却眼波微转，兀自成霜。

3. 师：请大家把这些版本的翻译放在一起，你有什么感受？

生：汉字真是太有魅力了。

4. 师：它的魅力体现在哪里？

生：汉字的内涵非常丰富。

5. 师：请把你的理解写到黑板上。

学生板书：内涵丰富

6. 师：作为一种古老的文字，每个汉字都拥有丰富的文化内涵，只有孜孜不倦地学习，才能汲取汉字的精髓。

> **设计意图：** 将一首英语诗歌翻译成如此多的版本，激发学生的兴趣，抓住孩子的眼球，感受到汉字文化的博大精深。让他们分组朗诵，更是充分发挥他们的自由度，与魅力汉字来个亲密接触。

六、一起书写汉字

1. 师：汉字有那么深远的影响、那么悠久的历史、那么优美的形体、那么丰富的内涵，但是我们在使用的过程中，尤其是书写的时候表现怎么样呢？

生：态度不太端正，不够认真。

2. 师：老师这里有一首名为《汉字颂》的诗歌，请大家自己读一读。

出示PPT：东方有中国，汉字万年长。文字载信息，文明得传扬。遗泽遍四海，功绩及八方。汉字铸史篇，世代承辉煌。

3. 师：这首诗歌表达了对汉字的赞美之情，大家拿出手中的笔和纸，挑选出两句写一写，希望大家怀揣着对汉字的敬畏之情，写下最美的汉字。

（教师配乐，学生书写汉字）

4. 师：请每一组选一幅写得最好的贴到黑板上。

（学生将挑选的作品张贴在黑板上）

5. 师：汉字是最美的中国文化符号，一笔一画，蕴含着中国人独特的思维方式；横平竖直，承载着中国文明厚重的底蕴和价值。

（教师一边表述，一边沿着黑板上呈现的内容，画出一棵树的形状）

6. 师：我们的汉字文化就像这棵大树一样，只有每一个中国人用端正的态度学习它、认识它、书写它、传播它，我们的汉字文化之树才能根深蒂固、枝繁叶茂！

> **设计意图：** 本环节既是本节课的最后一部分，亦是整节课的高潮部分。这节主题教育课开展的原因是学生在书写中不端正的态度导致书写潦草。现在正是检测此节课教育效果的时刻。

七、拓展作业

师：最后，老师向大家推荐两个地方，学生可以利用假期去参观，了解更多有关汉字的奥秘。

1. 中国汉字博物馆（中国首座以文字为主题的博物馆，收藏的文物涉及甲骨文、金文、简牍和帛书、汉字发展史、汉字书法史、少数民族文字、世界文字等多个方面）。

2. 上海博物馆（其中的中国历代书法馆集中了各个时期的典型名作，系统地展示了中国书法艺术的历史轨迹）。

【板书设计】

汉字的魅力

学生作品1　学生作品2　学生作品3

学生作品4　　　　　　学生作品5

影响深远
历史悠久
形体优美
内涵丰富

【点评】

1. 循序递进，体验文字魅力

本节主题教育课通过探索汉字影响，引起了同学们强烈的民族自豪感；再追溯汉字起源，使同学们萌生了对于汉字历史的敬畏感；接着欣赏书法艺术，提高了同学们对于汉字的审美成就感；最后品味汉字内涵，提升了同学们对于汉字文化的认同感。整堂课环节流畅，同学们透过汉字这个小小的窗口，看到了中国博大精深的文化渊源，循序渐进地让学生体验到文字的魅力。

2. 潜移默化，渗透爱国教育

本节课从学生的书写现状出发，扩展到对汉字知识的讲解、对汉字所代表的爱国情怀的挖掘。当学生认识到如此深刻的内涵后，再反观自己在汉字书写过程中存在的潦草的情况，深刻体会到了需要端正书写汉字的态度，写出汉字的风骨，写出中国人的智慧，认识到为了使汉字文化得到继承和发扬光大，每一个中国人都要尽自己最大的努力，爱国教育在潜移默化中浸润在学生的心中。

上海市上南中学南校学生发展中心主任　蔡　迪

第34课　向"高空抛物"说"不"

设计教师：上海市施湾中学　　　　　　　唐艺荣
指导教师：上海市浦东教育发展研究院　　姚瑜洁

【活动对象】

七年级学生

【活动背景】

我校是一所毗邻浦东国际机场的偏远农村初级中学。学校地处施湾社区，随着机场的开发建设，原有的农田农舍已属罕见，居民们都搬入了新建的动迁小高层居住。但居住条件的变化没有改变一些人的生活陋习，小区内乱扔垃圾、高空抛物的现象时有发生。

"理解基本的社会规范和道德规范，树立规则意识、法治观念"是国家教育部发布的《中小学德育工作指南》中"初中学段德育目标"要求之一，在设计实施的过程中，我以教师为主导、学生为主体，将"教育、体验、感悟、实践"相结合，进一步提升学生文明素养。

【活动目标】

1. 了解"高空抛物"现象及其造成的危害性。
2. 掌握杜绝"高空抛物"的办法，勇于规范自我，劝阻他人。
3. 在活动中增加体验和感悟，学会关爱他人，树立公德意识，做城市文明的倡导者和执行者。

【活动准备】

1. 收集有关媒体资料等。
2. 制订方案，制作课件，准备实验器材。

【活动过程】

一、创设新媒体情境，导入主题

（一）刷朋友圈，引出话题

1. 师：电脑、微信、互联网等新媒体已经融入我们的日常生活中，老师先和大家分享一条好消息，我们学校行为规范系列主题教育课的内容，我都晒到了朋友圈里，获得了很多的点赞。今天，我邀请大家刷刷我的朋友圈，这两张图片，分别是什么地方，你知道吗？

出示PPT：上海国际饭店和上海金融中心

生1：第二张是上海金融中心，我去过。

生2：第一张，我不知道。

2. 师：这是在1950年被誉为"远东第一高楼"的上海国际饭店，它有83.8米高，这是目前中国第三高楼——上海金融中心，它有492米高。我的朋友说：上海的楼越来越高了！曾经的第一高楼，现在成"矮萝卜"了！鳞次栉比的高楼，体现了物质文明发展的新高度，同时也呼唤公民素养的提升。

（二）观看视频，揭示主题

1. 师：我的另一个朋友，发了这样一个链接。

播放视频《高空抛物 危害到底有多大》：西安市，卢女士停在小区内的爱车被砸；西安市桃园小区的朱大妈被空中飞下的一块水泥砸中头部；事隔几天，西安市又一小区，一把菜刀从楼上飞了下来，所幸没伤到人；辽宁丹东一个出生才两个月的女婴被楼上垃圾砸伤头部，生命垂危；时隔几个月，上海也出现居民乱扔生活垃圾逼停轻轨的事件。乱扔垃圾已被人们称为"悬在城市上空的痛"。

2. 师：从刚才的新闻播报中，我们可以看到他们从高空抛下了什么东西？

生1：生活垃圾。

生2：菜刀。

生3：易拉罐。

生4：石块。

生5：塑料袋。

生6：烟头。

生7：酒瓶。

3. 师：真是应有尽有啊！这是现代社会的不和谐音符。今天，我们就来谈谈——

生：高空抛物。

板书：高空抛物

4. 师：高空抛物是一种破坏公共秩序、危害公共安全的不文明的违法行为。高空抛物被媒体称为"悬在城市上空的痛"，它是与"乱扔垃圾"齐名的陋习。

设计意图： 创设情境，激发兴趣。在这个环节中，通过学生喜闻乐见的形式——刷刷我的朋友圈内所发的图片、链接的视频，导出本堂课讨论的话题——"高空抛物"现象，强调"高空抛物"是破坏公共秩序、危害公共安全的不文明的违法行为。

二、认识"高空抛物"的危害及其可能造成的危害性

（一）从身边事，认识"高空抛物"之危害

1. 师：看看，我朋友圈内是怎么评论的？

出示PPT：

娟　子：太不文明了！

雨　荷：伤天害理！素质低下！

阿　东：被砸的人太倒霉了！

小薇爸爸：自由落体的威力好大！

2. 师：同学们，你们周围有这样的事件发生吗？你们遇到过吗？

生：有，遇到过。

3. 师：造成伤害了吗？后果严重吗？

生1：我碰到过，前几天，我在小区就被一个空瓶子砸到，还好衣服穿得厚，没被砸伤。

生2：上次在我们家楼下，我的脚被砸到了，我运气好，也没被砸伤。

生3：上次在学校，我还被楼上抛下的纸砸到了呢，我后来去报告了老师。

4. 师：今年的少代会提案中，有部分代表反映学校存在高空抛物的不文明现象，这是不文明的行为，我们不应该这么做，看到这类行为我们要制止。老师的朋友圈里也谈到了他们与大家类似的经历，我们一起看看吧。

出示PPT：

娟　子：有时会看到对面的邻居往下扔东西！

李　子：我在电视里看到过这样的新闻！

杨老师：上次在小区里，我差点儿被楼上居民扔的垃圾砸到！

笑看今朝：我上次还差点儿被风刮下的花盆砸中，走路小心哟！

雨　荷：高抛到底会造成哪些危害？

5. 师：居民区里、电视新闻上、网络上都能看到此类事件，看来，高空抛物现象确实很普遍，值得引起我们关注、讨论。我的朋友雨荷问道："高空抛物到底会造成哪些危害呢？"

生1：人身伤害。

生2：财物损坏。

生3：破坏环境。

生4：破坏公德。

生5：影响文明。

板书：人身伤害　财物损坏　破坏环境　破坏公德　影响文明

6. 师：来看看我朋友圈里的评论吧，是不是英雄所见略同？
出示PPT：
大力水手："环境污染！"
文化人："造成伤害！"
娟　子："影响人际关系！"
李　彤："影响社会风气！"
小　李："那它到底会产生多大的威力呢？"

（二）参与实验，加深理解

1. 师：刚才我朋友圈里小李问道，高空抛物的力度到底有多大，我们一起来做个实验吧！我们分两组来做这个实验，这是我准备的实验器材，做完实验，请把得到的结论告诉大家。

出示PPT：

实验目的：探究高空抛物的危害程度。

实验器材：带刻度的跳高杆、纸质圆盘、电池（1号、5号）。

实验要求：请使用1号、5号电池，分别在0.5米和1.5米的高度往纸质圆盘上投掷电池，然后根据纸质圆盘的不同破坏程度填写好实验结论。

生1：质量相同的物体，高度越高，其破坏程度越大。

生2：高度相同时，往下抛的物体质量越重，其破坏程度越大。

2. 师：同学们，我们的实验由于受到场地、器材的限制，还不够科学、严谨，不过大家也有了初步的感受。小薇爸爸给我分享了一段小视频，我们一起来看看吧！

播放视频《高空抛物科学实验》：记者分别拿157克的西红柿从4楼、2楼往下砸，玻璃都瞬间变成碎片；后来记者又用19克的核桃从4楼、2楼往下砸，从2楼扔下的核桃没有砸碎玻璃而从4楼砸下的核桃把玻璃砸碎了。人们得出"质量相同的物体，高度越高，自由落体速度越大，其破坏程度越大；高度相同时，质量越大，其破坏程度越大"的实验结论。

3. 师：现在，我们对高空抛物的威力有了更深的感受，请大家来说说你的观后感吧？

生1：高空抛物的危害性太大了。

生2：高空抛物的威力很大，我们要小心。

生3：高空抛物的威力真大，怪不得会砸死人。

生4：我以后走路要小心点了，尽量远离窗户。

4. 师：我们再看看我朋友圈的评论吧！

出示PPT：

雨　荷："我总算见识了高空抛物威力！"

李　彤："高空抛下的的西红柿堪比石头！"

大力水手："核桃变炸弹了，厉害！"

大　李："相同质量的物体往下抛，楼层越高破坏力越大！"

小　李："弱弱地问一句，如此威力，我们该如何防范呢？求高招！"

> **设计意图：** 现象讨论，互动体验。通过请学生讲述身边发生的"高空抛物"现象、刷朋友圈内的评论，并适时对反映学校"高空抛物"的少代会提案予以回应。为了探究高空抛物可能造成的破坏性，学生在老师的指导下完成探究"高空抛物"的危害的实验，并得出实验结论，由此获得对高空抛物危害的感性认识。

三、怎样成为一名懂规范、守规则的好公民？

（一）想办法，出高招，一起防范"高空抛物"

1.师：我朋友圈里，小李被吓坏了，问我们该怎么防范和杜绝呢？我们一起来帮他支招吧！

生1：安装探头。
生2：出门时戴头盔。
生3：自己首先不能往下扔东西。
生4：看到有这样的行为时要劝阻。
生5：不去危险地方。
生6：告诉别人高空抛物的危害性，叫别人不要这么做。
生7：制定法律法规。

板书：装探头、制定法律、不乱抛物、要劝阻

2.师：再来看看我微信朋友圈内他们有什么高招呢？

出示PPT：

小　李："要以身作则，不高空抛物！"
娟　子："可安装探头，监控！"
杨老师："加强宣传，劝阻别人不要做！"
大　李："要是被砸到了，谁负责？"
笑看今朝："自认倒霉呗！"
李　子："砸伤人、砸坏物品都要赔钱！"
皮诺曹："没砸坏东西就算了，严重了就是违法了！"
文化人："我查过了，根据《中华人民共和国侵权责任法》要赔钱，还要追究法律责任！"

（二）学法律，共同杜绝"高空抛物"行为

1.师：哦，我有位朋友提到了《侵权责任法》，看来确实有相关的法律条款，我们一起来学习一下吧！在学习的同时，别忘了思考一下这个问题，高空抛物一旦造成危害，该由谁来承担责任？

出示PPT《中华人民共和国侵权责任法》：高空抛物是一种从建筑物中抛掷物品或者从建筑物上坠落的物品造成他人损害、破坏小区公共秩序、危害公共安全的违法行为。如果发生了高空抛物，造成财产、人身伤害，首先要追究侵权人的责任。难以确定具体侵权人的，除能够证明自己不是侵权人的外，有可能加害的建筑物使用人一起给予补偿。对所

属建筑物管理的物业公司也会受到相应的连带责任。

生1：高空抛物侵权人。

生2：找不到抛物人，就找有可能抛物的建筑物使用人。

生3：还可找物业公司。

2.师：真棒！所以，一旦遭遇，除了上面我们想的办法，我们还可以怎么做呢？

生：我们要寻求法律保护。

> **设计意图**：说法普法，知法用法。通过让学生为杜绝"高空抛物"现象出妙招，掌握通过自律办法，以及安装监控探头、宣传教育、劝导他人、法律约束等他律的办法杜绝"高空抛物"。通过学习《中华人民共和国侵权责任法》，学生了解一旦造成严重危害该由谁来承担相应的责任，并明确了一旦遭遇抛物现象，可寻求法律保护。

四、升华主题，知行合一

（一）课堂总结，提出要求

1.师：刚才大家表现积极踊跃，我们一起来回顾一下今天我们学习的内容。我们知道了什么是高空抛物，明确了高空抛物所造成的危害，掌握杜绝高空抛物的办法，老师希望大家能成为一名怎样的好公民呢？

生1：懂规范。

生2：遵守规则。

生3：会自我保护。

板书：懂规范、守规则、能自护

2.师：同学们，让我们携手一起赶走"悬在城市上空的痛"，向高空抛物说"不"。

生：向高空抛物说"不"。

板书：不

> **设计意图**：课堂总结，升华主题。通过共同回顾前面学习内容，老师向同学们提出做一名懂规范、守规则、能自护的好公民的要求，并通过边总结边粉笔勾线，把板书内容勾成"不"字，归纳出向高空抛物说"不"主题。

（二）课后延伸，知行合一

1.师：寒假即将到来，老师给大家布置一个作业，请同学们以假日小队活动的形式到施湾社区向小区居民进行"高空不抛物，邻里共和睦"宣传，并上传活动照片，评出"优秀宣传员"；同时，每位同学和爸爸妈妈一起以家庭为单位设计"高空不抛物"的海报，并参与评比。评比结束后，我会把活动成果择优晒到班级群，晒到朋友圈。最后，老师把这个"不"字拍下来，把我们今天学习的内容放微信朋友圈，让我的微信朋友们也一起行动起来，向"高空抛物"说"不"！

设计意图： 课后延伸，知行合一。本次校会课后，通过布置课后活动作业，让学生去社区，"小手牵大手"，宣传文明规范，劝阻不文明行为，使学校教育与实践教育、社区教育相结合，共同关注学生文明习惯的养成。

【板书设计】（开学后，请美术老师设计一下，增强美感）

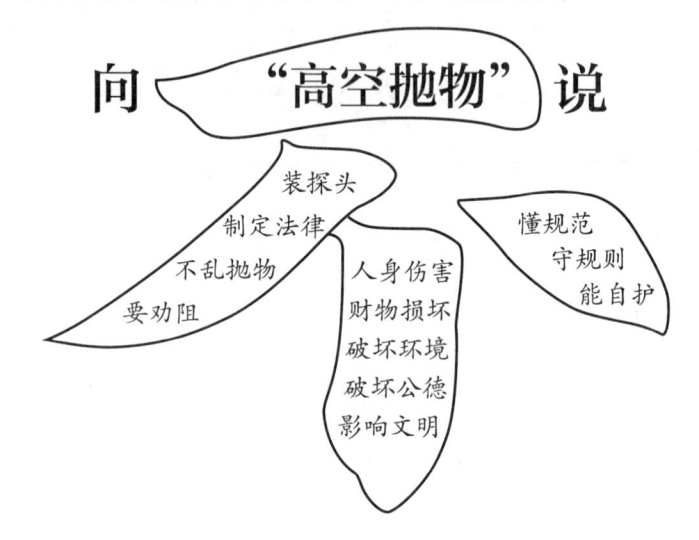

向 "高空抛物" 说

装探头
制定法律
不乱抛物
要劝阻

人身伤害
财物损坏
破坏环境
破坏公德
影响文明

懂规范
守规则
能自护

【点评】

　　唐艺荣老师的这堂课主题鲜明，能紧扣身边事——学生少代会提案中反映学校存在高空抛物的不文明现象来选题——向高空抛物说"不"，从知情意行出发，整体构架此节主题教育课。

　　本堂课，教师通过邀请同学们一起刷自己的微信朋友圈的形式，在一次又一次的刷屏中让同学们学习、体验、感悟，使他们知道了"高空抛物"是一种破坏公共秩序、危害公共安全的不文明的违法行为，明确了"高空抛物"的危害性，学习了"高空抛物"一旦造成严重危害所要承担的责任以及掌握如何杜绝高空抛物的办法。最后通过课堂总结，向同学们提出做一名懂规范、守规则、能自护的好公民的要求，通过共同补充完整课题，向高空抛物说"不"。

　　本堂课活动形式丰富，注重后续延伸，使学校教育与实践教育、社区教育相结合，达到了较好的效果。

上海市施湾中学校长　史惠宝

第35课　诚于考场　信于人生

设计教师：上海市侨光中学　　　　　张晓晨
指导教师：上海市浦东教育发展研究院　姚瑜洁

【活动对象】
八年级学生

【活动时长】
2+40分钟（2分钟预备时间）

【活动背景】
　　诚信是中华民族千百年传承下来的传统美德，也是社会主义核心价值观公民层面的价值准则。诚信是为人之道、立身处世之本，对于构建社会主义和谐社会、和谐校园等有着重要的作用。考试作为当今社会普遍应用的教育测量方法，其有效运作是以诚信为基础的，只有每个人自觉遵守考试规范，才能有效发挥考试的测量与评价功能。
　　近期，在我所任教的班级中，有个别学生因过于看重分数，出现了考试作弊现象，这是对诚信考试的一大挑战。我校目前正在开展实践和研究的区级课题《基于国学经典的初中校园文化建设实践探索》从国学经典切入，培养学生诚信的美德和价值观。

【活动目标】
知识与技能：
1. 理解诚信的含义，懂得诚信比分数更重要。
2. 知道考试的意义，懂得诚信与友谊并不冲突。
过程与方法：
通过创编和演绎学生与孔子的对话，提高学生明辨是非的能力。
情感态度价值观：
树立诚信的价值观，遵守考场规则，诚信应考，说老实话、办老实事、做老实人。

【活动准备】
音频、视频、服装、PPT等。

【活动过程】

一、七嘴八舌话诚信

1. 师:"人而无信,不知其可也。"同学们,你们知道这句话是谁说的吗?

   生:孔子。

2. 师:那你们知道这句话的意思吗?

   生:这句话的意思是,人要是失去了信用或不讲信用,不知道他还可以做什么。

3. 师:说得很好。孔子是我国古代伟大的思想家、教育家,儒家学派创始人。从古至今,中国人都非常注重诚信,因为这是我们中华民族的传统美德。

   板书:诚信

4. 师:但是要做到诚信却并不简单,想一想在我们身边有没有不诚信的现象呢?

   生1:抄作业。

   生2:考试作弊。

   生3:对家长说谎。

5. 师:是啊,在我们的学习和生活中,会有不诚信的现象发生。今天,我们班的一位同学就穿越到了古代,和孔子共话"诚信"。我们用小剧场表演的形式,以《诚于考场 信于人生》为主题,来谈谈考试中的诚信吧。我饰演老师,两位同学分别饰演小文和孔子,其他同学朗读旁白。

   板书:诚于考场 信于人生

(一)小剧场表演·第一幕

老师:小文,关于今天考场上发生的事,你必须好好反省,今天回家把《论语》十二章一字不差背出来,然后写800字的反思,明天交给我!

小文:老师,我错了,我回家写检讨,您不要让我背《论语》了吧,我背不出啊。

老师:不行。《论语》背得一字不差,反思写得深刻,我可以考虑暂时不告诉你家长,给你一次改过的机会。

小文:老师,老师,求求您,不要告诉我父母,我回家好好背、好好写。

旁白:回到家,小文坐在书桌前开始背《论语》。

(二)小剧场表演·第二幕

旁白:泱泱华夏,山高水长,浦江东岸,有一青年学子,意气风发,怀揣理想,跨越时代风尘,穿过时空隧道,直奔曲阜杏坛。

孔子:学而时习之,不亦说乎?有朋自远方来,不亦乐乎。

小文:夫子,晚辈有礼了。

孔子:你是何人?来自何方?

小文:晚辈来自侨光中学,名叫小文,特来向先生请教。【鞠躬】

孔子:免礼免礼,小友请坐。

小文:谢先生。

孔子：你来自侨光？

小文：是！【点头】

孔子：侨光中学，吾曾有耳闻，听闻贵校为一所名校。为何今日小友不远万里、跨越时空来此？

小文：今天学校考试，因为事先没怎么复习，导致好多题目做不出，冒险瞄了几眼同桌的答案，结果就被张老师抓到了。张老师要求我把《论语》一字不差背出来，再写800字反思。我回家背着背着就睡着了，然后就来到了这里。

孔子：哦？那今日小友来此有何求教呢？

小文：先生，我正在背您和您弟子的语录《论语》，我想请教您，我该怎么写反思呢？

孔子：依老夫所见，你的行为是不诚信的表现。什么是诚信呢？你先说说看。

小文：嗯？让我想一想？

1. 师：同学们，你们认为什么是诚信呢？

　生1：诚信就是诚实守信。

　生2：诚信就是说真话、不说谎。

　生3：诚信就是答应人家的事情要做到。

2. 师：大家说得很好，诚信就是诚实、守信。

板书：诚实 守信

> **设计意图：** 以孔子的话导入"诚信"的主题，并将整堂课的内容以小剧场表演的形式串联起来，引导学生全员参与到活动中来。小文考试作弊被张老师批评，梦中穿越至古代与孔子对话，激发学生对本堂课的兴趣。

二、考试作弊弃诚信

（一）小剧场表演·第三幕

1. 师：知道了诚信的含义之后，小文又碰到了什么问题呢？让我们继续借由孔子和小文的对话来了解吧。

小文：我觉得诚信就是实事求是，不能作弊。

孔子：通俗点来讲就是说老实话、办老实事、做老实人。既然你知道这个道理，为何还会做出这种作弊的不诚信举动？

小文：说来惭愧，都怪我平时没有好好复习，只能通过作弊来取得好成绩。

孔子：小友曾想过考试作弊的后果吗？

小文：被老师批评，被父母打骂。

孔子：非也非也。考试作弊的后果远远没你想象的那么简单。

小文：那还有什么后果呢？

孔子：你自己再好好想一想。

2. 师：同学们，请你们一起帮小文思考，考试作弊还有什么不良的后果呢？分组讨论，组长记录组员观点，由组长作为小组代表发言，讨论时间为2分钟。

出示PPT：倒计时gif格式动态图片

3. 师：接下来请各组组长发言。

生1：破坏了考试规则，如果没有被老师发现，那么对认真复习的同学是不公平的，可能还会有同学跟着学，破坏班级学习风气。

板书：破坏考试规则

生2：改变了自己在别人心目中的形象，失去了老师和同学对你的信任。

板书：失去他人信任

生3：对家长、老师和同学有负罪感。

生4：根本不清楚自己真实的学习状态，不知道哪些知识掌握了，哪些没有掌握，影响后续的学习。

生5：受到学校考试作弊处分，以后可能档案里会有记录，影响将来的学习。

板书：影响后续学习

生6：如果总想投机取巧，将来找工作可能也会碰壁。

板书：影响将来工作

4. 师：同学们说得都非常好，其实考试作弊的后果远远不止这些。所以说考试作弊对我们来说有百害而无一利。不要因为眼前的"小利"而丢失了自己最珍贵的诚信。

> **设计意图**：明线是孔子在和小文讨论考试作弊的害处，暗线是全班学生分组讨论，说说考试作弊的不良后果，帮助小文自我教育，起到警示全班的作用。

三、名人轶事扬诚信

（一）小剧场表演·第四幕

1. 师：让我们继续看小剧场的表演。

孔子：你思考得怎么样了？

小文：我知道了，考试作弊破坏了考试规则，破坏了班级学习风气，失去了老师和同学的信任，不利于今后的学习和工作。

孔子：看来你真的是意识到了自己的错误，只要你好好承认错误，保证以后不作弊，诚信迎考，相信你的老师和同学会原谅你的。

小文：谢谢先生教诲。

孔子："吾日三省吾身：为人谋而不忠乎？与朋友交而不信乎？传不习乎？"你听说过这段话吗？

小文：我知道这是您的学生曾子说过的话，意思是：我每天多次反省自身，替人家谋虑是否不够尽心？和朋友交往不够诚信？老师传授的知识是不是还不精通熟练呢？

孔子：小文所言极是！

小文：听了先生的教导，我突然想起张老师曾经跟我们讲过的故事。

孔子：可否道来听听，也好让我与我的那些学生分享分享。

小文：好的。

2. 师：让我们一起跟随小文和孔子来了解一位科学家诚信考试的故事吧！然后说说自己的感想。

播放音频《钱学森的故事》：1933年，一位22岁的姓钱的年轻人在国立交通大学机械系读三年级。一次水力学考试，他发挥出色，所有的试题都回答圆满。班主任金教授对这位学生的表现相当满意，在试卷上全都打上钩，给出了满分100分。但是，当试卷发下来以后，年轻人自己发现了一个不起眼的小错：在公式推导的最后一步，将"Ns"写成了"N"。于是他立即举手发言，指出自己的错误，主动要求扣分。金教授一看，果然这个小错被忽略了，于是扣掉4分，给了他96分。当时，因为考试成绩要记入每名学生的档案，直接左右着每一位学生未来的发展。而主动要求扣分的学生，在金教授的印象中，这是第一人。正因为如此，金教授留下了这份特殊的试卷，打算将它当作教材，教育那些刻意要求加分的学生。4年后，抗日战争爆发，金教授一家被迫逃难，那份试卷却被当作一份重要的行李保存了下来，而且在身边一存就是40多年。时间一晃到了1980年，那位主动要求扣分的学生重返母校，第一件事就是拜会当年的班主任老师金教授，这时候学生的身份，已经是举世闻名的科学家了。

年过耄耋的金教授取出那份试卷，深情地拉住得意门生的手："我知道会有这么一天的，这份试卷早就给了我答案！"

生1：我很佩服钱学森，明明可以得满分，但他发现卷子上的小错后，主动请教授改分数。

生2：钱学森是我们学习的榜样，什么事都要讲诚信，我想这也许就是他能成为著名科学家的一个原因吧。

（二）小剧场表演·第五幕

孔子：这位姓钱的年轻人的举动值得称赞，怪不得后来有大作为！

小文：跟他相比，我做得太差劲了。

孔子：只要你认识到自己的错误，今后改正就可以了。

小文：我一定改。

孔子：相信你以后能做到诚信考试，现在你来说说考试的目的何在？

出示PPT：为什么要考试？

1. 师：我们为什么要进行考试呢？考试的目的是什么呢？

生：测试你对某门课的掌握程度。

2. 师：除此以外还有其他目的吗？请听我们学校的几位老师是怎么说的。

播放视频《老师们谈考试目的》：

张易晨老师：首先，考试是为了检查学生的学习情况，做到查漏补缺。其次，考试用来指导教师的日常教学，做到教学有的放矢，提高课堂效益。最后，考试能够很好地的规范学生的做题习惯和学习习惯，提高学习成绩。

张晓莉老师：考试可以使老师结合日常教学，及时发现学生学习中的薄弱之处，便于有针对性地分析，并制定改进策略；也可以使家长了解孩

子的学习状况，及时开展教育或辅导。

顾燕婷老师：考试能检验学生一段时间的学习成效，有利于找出薄弱环节和未掌握的知识点，起到温故而知新的作用。

3.师：看了视频之后，谁来归纳一下，说说老师们的观点是什么？每人说一点。

生1：检验我们一段时间的学习成效，有利于查漏补缺。

生2：帮助老师更了解我们的学习情况，有利于老师因材施教，改进教学方法。

生3：使家长了解我们的学习状况，辅导或督促我们认真学习。

> **设计意图：** 通过孔子用《论语》中的经典内容来教育小文，做任何事都要讲究诚信；接着以小文讲述钱学森诚信考试的故事，使大家懂得，从古至今，"诚信"都是世人所倡导的美德。

四、反复推敲择诚信

（一）小剧场表演·第六幕

1.师：我们继续小剧场的表演，看看小文还有什么需要解决的问题吗？

小文：晚辈知道了，一次考试能够考查我们对学科知识的识记、理解、运用、拓展能力，更能测试出我们的诚信度！

孔子：孺子可教也！（边捋胡须边点头）

小文：先生，我还有一事请教。

孔子：不妨说来听听。

小文：其实今天作弊的不光我一个人，还有我最要好的朋友小李，如果我要做到诚信的话，是不是还要出卖小李去举报他？

2.师：同学们，如果你是小文，当诚信和友谊难以抉择的时候，你会怎么做呢？

生1：我选择举报小李，因为我懂得了诚信是美德。

生2：我选择不举报，因为我们是好朋友，如果我举报他，我们就做不成好朋友了。

3.师：其他同学是怎么想的呢？赞成前面一位同学观点的请举手，赞成后面一位同学观点的请举手。

（学生举手，老师观察统计人数）

4.师：老师发现我们班大部分同学都赞成第一位同学的观点。让我们来听听孔子会怎么说呢？

生：好。

（二）小剧场表演·第七幕

孔子："三人行，必有我师焉。择其善者而从之，其不善者而改之。"

小文：我知道，这是先生您说过的话，意思是：三个人同行，其中必定有我的老师。我选择他善的方面向他学习，看到他不善的方面就对照自己，改正自己的缺点。

孔子：其实友谊和诚信有时是会冲突的，你理解我说过的话，那么你说说看，你会怎么办呢？

小文：我要改正自己的缺点，也要帮助好朋友一起改正他的缺点。明天我先跟好朋友建议，请他自己去跟老师承认错误，如果他不肯，我再告诉老师。

孔子：太好了。你建议他主动承认错误，既没有伤害你们的友谊，又能帮助他改正错误，一举两得，这才是真正的朋友该做的。

1. 师：同学们，你们觉得小文的想法怎样？

生1：我觉得小文很聪明，以后碰到这样的问题，我也可以借鉴。

生2：我觉得诚信和友谊并不矛盾。

设计意图： 通过讨论友谊和诚信之间的关系，帮助同学们找到了两全其美的办法，既不破坏友谊，又做到了诚信。

五、领悟真谛享诚信

（一）联系实际议诚信

1. 师：同学们，我们跟着小文穿越到了2000多年前，体验了一场跨越时空的对话。小文深深懂得了作弊的害处，明白了诚信的重要性，同时也解决了诚信和友谊冲突的困惑。同学们，在现实生活中，你们自己有没有做过不诚信的事、说过不诚信的话？或者说有没有看到他人不诚信？今后该怎么做呢？如果你愿意，请勇敢地与大家分享。如果你觉得不好意思，那就在2分钟内写下来，放进这个盒子，老师课后再看。当然也可以带回家，自行处理。

生1：我们班有个别同学有抄作业的现象，以前我觉得这不关我的事，现在我懂了是真正的朋友就要提醒他们改正。

生2：我有一次考试考得不好，对家长说谎了，说试卷没有发。我回家一定将我的真实成绩如实告诉爸爸妈妈。

生3：有一次我看到我班一位同学考试时作弊了，但我没有说，以后我会提醒他改正或告诉老师。

2. 师：有没有同学愿意把纸放进这个盒子，课后给老师看？愿意的请上来。

（几位学生上讲台将纸放进盒子里）

3. 师：同学们，诚信是为人之道、立身处世之本，在校园、家庭、社会生活中，学习、生活、工作、人际交往等方面，都需要诚信。诚信比分数更重要，诚信与友谊并不冲突。如果诚信与别的方面有冲突，你难以抉择时，请记住以下原则。

出示PPT：《诚信原则》

（1）坚持实事求是。

（2）涉及利益冲突时，站在多数人利益一边。

（3）眼前利益与长远利益冲突时，站在长远利益一边。

（4）情与法冲突时，站在法律一边。

（二）小剧场表演·第八幕

小文：听君一席话，胜读十年书，晚辈受益匪浅，谢谢先生。现在我真得回去了，我还要写反思呢！先生再见！

孔子：小文再见。

1. 师：同学们，今天我们跟着小文与孔子开展了一场跨越时空的讨论，相信大家对诚信迎考已经有了正确和深入的认识。希望"诚信"能一路伴随你们经历人生大大小小的各种考场。

> **设计意图**：回归到现实，请学生联系现实生活，想一想，写一写、讲一讲自己或他人，有没有做过不诚信的事，说过不诚信的话？当然也考虑到学生的年龄特点，不强求一定要在课堂上交流，而是请学生自己选择课上分享，将写有不诚信的纸给老师看，或者不告诉别人而进行自我教育。

【板书设计】

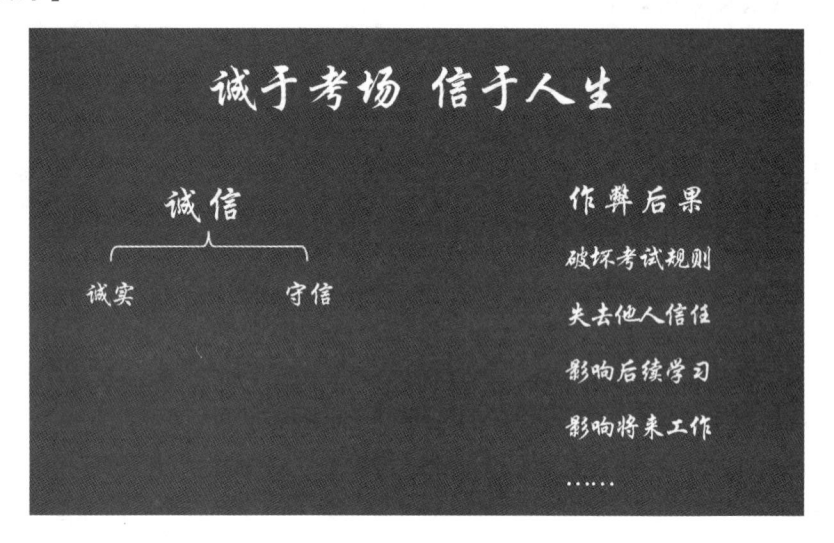

诚于考场　信于人生

诚信：诚实、守信

作弊后果：
破坏考试规则
失去他人信任
影响后续学习
影响将来工作
……

【点评】

古今共话诚信

"诚信"是中华民族的传统美德，也是社会主义核心价值观之一。本堂主题教育课设置了小文穿越到古代与伟大的思想家、教育家孔子进行对话的情景，紧紧围绕"诚信"这一主题开展交流探讨，取得了很好的教学效果。

1. 古今素材真实可信

"人而无信，不知其可也。""吾日三省吾身：为人谋而不忠乎？与朋友交而不信乎？传不习乎？"这是大家熟悉的《论语》中记载的古代教育家孔子及其弟子的言论，为本堂课提供了强有力的思想支撑。《钱学森的故事》是现代大科学家的故事，真实且具有说服力，在"联系实际议诚信"环节，老师请学生联系生活实际，分享自己或他人说过的不诚信的话，做过的不诚信的事，今后如何做等，使学生懂得诚信要从自己做起、从小事做起。

2. 古今场景切换自然

本堂课，小文穿越到古代，与孔子进行对话是明线，课堂中师生对话是暗线，明暗两条线交替推进，古今场景切换自然。学生们跟随演员们的表演，逐渐入戏，共同探讨诚信的含义、不诚信的后果以及如何解决诚信与友谊的冲突等，分享所思所悟，对培养诚信的价值观起到了积极作用。

上海市侨光中学副校长　顾继军

第36课 "双11"狂欢话富强

设计教师：上海市东林中学　　　　　　曹　培
指导教师：上海市浦东教育发展研究院　姚瑜洁

【活动对象】
八年级学生

【活动背景】
党的十八大报告提出，要积极培育和践行社会主义核心价值观，"富强"是社会主义核心价值观国家层面价值准则的首要内容。十九大以来，中国特色社会主义进入新时代，这意味着久经磨难的中华民族迎来了从站起来、富起来到强起来的伟大飞跃，迎来了实现中华民族伟大复兴的光明前景，"富强"这个词在新的时代也就有了崭新的诠释。

因为十三四岁的初中生的人生阅历有限，想真正理解"富强"还比较困难，他们所认识的"富强"大多只停留在经济富裕层面，对国家在各个领域取得的重大成就虽有所了解，但不够全面，缺乏深层次的认知。同学们对当今社会新生事物比较熟悉，但对各个时代的发展变化缺乏了解，很难从社会变化中感受"富强"的含义，更加难以体会"富强"与自身的关系。

【活动目标】
知识与技能：
理解"富强"的含义，知道"富强"包括物质和精神上的富足，科技、国防、外交等方面的强大。

过程与方法：
通过分组讨论，体会国家富强的各个方面，知道国家富强是人民幸福的基础。

情感态度价值观：
1. 感受国家的富强，增强民族自信心和自豪感。
2. 树立为实现中华民族伟大复兴的中国梦而努力奋斗的信念。

【活动重点】
进一步加深对"富强"的理解，确立为实现国家富强而奋斗的信念。

【活动难点】

理解"富强"的含义。

【活动准备】

多媒体课件、学生活动卡、游戏道具。

【活动过程】

一、购物狂欢聊"富强"

1. 师：同学们，今天我们的课从一串神秘数字开始，让我们一起来破译数字背后的奥秘。首先看到"1111"，大家想到了什么？

生1：光棍节。

生2：淘宝"双11"购物节。

2. 师：这是中国民间新兴的一个节日，发展到今天已成为全国乃至全球性的一场购物狂欢，那么老师想了解，"双11"，你或者你的家人购物了吗？都买了些什么？到今天快递都收到没，收到几个？

生1：我爸妈买了很多东西，快递大都收到了，还有的也都已经到上海了。

生2：我妈买了一堆东西，快递盒把门都堵住了。

3. 师：这么多同学和你们的家庭都参与了"双11"的购物活动，让我们来看看这一天电商的成绩单吧！以阿里巴巴为例，和过去十年的销售数据做对比，2009年销售额为5200万，而2019年达到了2684亿元。再看它的具体数据："双11"当天，刚过12点，1分36秒时，销售额就突破100亿元；12分49秒，达到500亿元；1小时3分59秒，已经超过1000亿元！大家看到这些数据震惊吗？然而，这还只是阿里巴巴一家的战绩，如果把各大电商平台的数据相加，销售额更是达到了1.48万亿。这组庞大的数字摆在同学们眼前，你们最大的感受是什么？

生1：大家都好有钱。

生2：中国人好厉害，都是土豪！

生3：阿里巴巴太强大了，太夸张了！

4. 师：同学们的回答可以归纳为一个词，那就是"富强"。"富强"是我们社会主义核心价值观国家层面的内容之一。今天这节课，我们就一起从"双11"狂欢中聊一聊"富强"这个话题。

板书："双11"狂欢话富强

设计意图：从贴近学生们生活的"双11"入手，激起学生学习的兴趣，让他们有话可聊，初识"富强"。

二、人民生活"富"起来

1. 师：大家看第二个数字密码"1000"。我们提到"双11"各大电商的总营业额为1.48万亿元，平均每一个人都为"双11"狂欢贡献了约1000元。如果你拿到1000元，最想买什么呢？接下来，让我们通过游戏来感受一下。同学都收到了"1000元"的购物红包，可以推着"购物车"在列表中"选购"三件商品。然后，把你的选择告诉各组组长，组长统计每位组员的购买情况，统计小组成员选择居于前三位的商品。最后，老师统计每个小组的购物结果。清楚规则了吗？好，接下来"选购"开始！学生"选购商品"，并向组长汇报。各组组长统计购买居于前三位的商品。我来统计每组购物选项，按"物质"和"精神"分为两类贴在黑板上。

组长1：我们组购买最多的商品是零食、电影票、游戏。

组长2：我们组的组员选择了零食、旅游、数码产品。

组长3：我们组是演出、服饰、文具。

组长4：我们组选了书籍、旅游、零食。

组长5：我们小组买得最多的是零食、文艺演出，还有数码产品。

组长6：我们组同学买了化妆品、书籍和文体用品。

2. 师：同学们选购的商品非常丰富。原以为大家会把这1000元都花在零食和穿着上，没想到有很多同学选择了电影、文艺演出、书籍这样的商品来提升自己。其实，大家的选择也从一个侧面反映出大众消费的习惯。随着生活水平的提高，越来越多的人从原先追求基本物质需要，比如零食、服饰等，转变为追求更高的精神文化需要，比如书籍、文艺演出等，这就是一个国家富有的表现。

板书：富有（物质、精神）

设计意图：通过体验游戏增强参与度，将同学们选购的商品分为物质和精神两个方面的需要，通过游戏反映出当今社会人们的消费需求的变化，帮助同学理解"富"的含义，是物质和精神两个方面的富有。

三、综合国力"强"起来

1. 师：如今，"双11"购物狂欢已经成为世界上最大规模的购物节了，我们都知道每个事物成功的背后，都有人为因素。消费者为"双11"贡献了自己的口袋，还有很多人贡献了他们的劳动和智慧，你们能想到有哪些人吗？请各小组讨论，想想他们是谁，做出了什么贡献。

生1：我们觉得有快递员，他们非常勤劳，工作也很辛苦，帮我们把来自全国甚至世界各地的商品送到我们手中；还有马云，他很聪明，总是有很多想法，并且付诸实践，给我们的生活带来了许多便捷；最后，还有程序员，他们设计开发的程序，让我们更加智能、便捷地享受购物带来的快乐。

生2：我们组认为，贡献特别大的是客服，他们不知疲惫，24小时在线，为顾客提供各种服务；还有服务器维护员，在"双11"这一天，服务器的运算量相当大，要保证服务

信念·价值观

器不瘫痪，他们工作压力非常大；还有各类商品的生产制造商，因为我们国家制造能力的提升和工人们的辛劳付出，才使我们今天能用到琳琅满目、质优价廉的商品。

生3：我们认为，网络工程师和信息服务工程师的贡献也很大。我们购买商品，大部分人会使用手机，所以对家里的WiFi以及三大运营商的网速要求较高，工程师们维护了这样一个快速的网络环境，帮助我们在线完成购物。

2. 师：同学们的思维非常开阔，一下子就点出了其中的关键人物。我们看到，以快递员、客服、生产者为代表的劳动者群体，最近可辛苦了！听说很多快递员一天只睡三个小时。据统计，今年"双11"的总快递量是28亿件，也就是每天要处理3.5亿件。这都离不开快递员们的辛勤付出，"双11"的成功他们要记一个大功！

板书：劳动者（辛勤创造）

3. 师：不知道同学们有没有发现，近年来快递量与日俱增，派送速度却越来越快，老师听说"双11"最快的一个快递从下单到收件，只用了8分钟，是什么原因才能如此迅捷呢？

生：应该是我们的科技水平越来越智能、越来越发达，快递的工作效率越来越高。

4. 师：不错，人工智能及机器人技术在物流行业的应用，大大提高了工作效率。据说，未来我们还会出现快递通过管道传输、无人机派送的场景，那购物就更加便捷了。有一群人，他们最近压力也很大，那就是以程序员、网络工程师为代表的科技工作者们。同学们，你们谁能讲一讲科技工作者们都为双十一提供了哪些方面的助力吗？

生1："双11"极其考验计算机和服务器的计算能力，它的瞬间运算量是平时的很多倍，如果没有科学家们的贡献，可能服务器会一下子崩溃，甚至烧毁。

生2：我觉得网络技术和通讯能力也是非常重要的，如果买东西时突然网卡了，那就抢不到要买的东西了，所以我认为这些网络工程师和科学家很重要。

5. 师：同学们说得很对。"双11"考验着我们的科技综合实力，前面我们提到过1分36秒成交100亿元的例子，这些数字既是"双11"的成功，更是对计算能力、通信能力和支付能力的肯定。

板书：科技发达（智慧）

6. 师：科学家和工程师们搭建了钢筋混凝土的"框架"，快递员和客服组成了其中四通八达的"电梯"，让我们得以享受便捷。可你们知道，一座摩天大楼最重要的是什么吗？

生：是地基。

7. 师：那么同学们，你们觉得"双11"成功背后，最重要的因素是什么？

生：我们的国家。

8. 师：不错，你们的回答让老师想起了一部电影。请大家看这张海报。你能说出这是哪部电影吗？

生：《战狼2》。

9. 师：请问"双11"购物如果发生在影片中那个经历战火、满目疮痍的国家，还会这么成功吗？

生：不会。生命得不到保障，不会有心思买东西的。

10. 师：电影的最后，有一段话让人印象深刻。同学们，我们一起来念一遍。

师生齐读："中华人民共和国公民，当你在海外遭遇危险，不要放弃！请记住，在你身后，有一个强大的祖国！"

11. 师：读完之后是不是感觉热血沸腾？祖国永远都是我们的依靠和支撑。只有祖国在经济、科技、国防、外交等领域都强大了，才能给我们营造一个和平、稳定、繁荣的家园。所以说，国家的富强是一切的基础。

板书：国家强大（基础）

12. 师：学到这里，你可以告诉老师"双11"成功靠的是什么？

生：我觉得"双11"的成功不是偶然，生活的富有、国民的劳动创造、科技的发达、军事和外交的强大，这些因素共同作用，才有了这场"双11"的大狂欢！

13. 师：回答得非常棒，如果我们把"双11"看作人民幸福的一个小点，我们就会发现国家富强就是实现人民幸福的前提和基础，这恰恰是实现中华民族伟大复兴中国梦的基本内涵。

板书：国家富强→"双11"成功（人民幸福）

> 设计意图：通过合作学习，完成任务单，感悟"双11"成功背后的原因，加深对富强的理解，体会国家富强是人民幸福的基础前提。

四、"富强"代言"晒"出来

1. 师：同学们，让我们继续看黑板上的最后两组数字——2035、2050。我想问问大家，到了2035年和2050年，那时候的你，几岁？

生1：到了2035年，我30岁。

生2：2050年，我45岁！

2. 师：有同学知道2035和2050这两个数字的意义，或是在哪里见到过？

生1：经常在新闻里听到，但具体是什么不是很清楚。

生2：我在我爸手机里的"学习强国"APP上看到过，好像是到了这两年，我们国家会上一个新的台阶。

3. 师：同学们，党的十九大是这样勾画中国的明天的：2035年，基本实现社会主义现代化；2050年，把我国建设成为富强、民主、文明、和谐、美丽的社会主义现代化强国。那时候，同学们正值青壮年纪，你们是幸运的一代，更是重任在肩的一代。今天我们享受着祖辈父辈为我们创造的富强，那么明天我们为祖国进一步富强能做些什么呢，这就需要我们从现在开始准备。共青团中央曾发起"我为'社会主义核心价值观'代言"的话题。关于富强，老师先抛砖引玉——我是曹培，是一名少先队辅导员，我将爱岗敬业，做好队员们学习知识、锤炼品格、创新思维、奉献祖国的领路人，孩子们能健康成长，实现梦想，就是我为祖国富强尽的最大的力量，我为"社会主义核心价值观：富强"代言！请大家在任务单上完成为"社会主义核心价值观——富强"代言。

播放背景音乐《强国一代有我在》：我们站在舞台中央，肩上扛着使命荣光。仰望星辰大海方向，内心拥抱超越力量。芳草青青最美时光，汗水泪水一样闪亮。召唤着春天一

信念·价值观

起远航，扬帆在人生海上。这是一个新时代，中国正在强起来。这是我们的时代，谁都有机会出彩。青春就是搏击沙场，豪情壮志在我胸膛。如果我有什么不一样，是改变世界的主张。强国一代有我在，我要秀出我厉害。幸福人生奋斗来，我要献出我的爱。强国一代有我在，这种精神有未来。奋进伟大新时代，谁都有机会出彩。

生1：我是尹**，富强就是财富充裕，力量强大。为了把我们的祖国建设得更加富强，我将好好学习、天天向上，学习科学文化知识和本领，将来在工作岗位上展现自己的才能，履行自己的责任。我为"社会主义核心价值观：富强"代言。

生2：我是徐**，富强就是在经济、科技、文化、军事、政治、外交等各个方面的强大，为了把我们的祖国建设得更加富强，我将从现在开始练就过硬的本领，学会尊重他人、与人合作，把自己融入集体中去，把自己的成长与祖国联系在一起。我为"社会主义核心价值观：富强"代言。

生3：我是一名少先队员，富强就是人民安居乐业、国家繁荣稳定，为了把我们的祖国建设得更加富强，我将努力学习文化知识，努力锻炼强健体魄，关心国家大事，培养家国情怀和国际视野，争取成为一名合格的建设者和接班人。我为"社会主义核心价值观：富强"代言。

播放轻音乐 *For the Win*。

4. 师：同学们的代言非常精彩，很多同学都提到了"好好学习"。作为学生，这是我们的主责主业，是为未来成为合格的建设者和接班人所打下的坚实基础。同学们的志向也很远大，少年富，则国富，少年强，则国强。老师从你们身上看到实现祖国明天富强之希望，备受鼓舞。2035年，我47岁，2050年，我62岁，未来的我也大有可为。最后，引用60多年前钱学森归国时的一句话，与大家共勉——"我将竭尽努力，和中国人民一道建设自己的祖国，让我的同胞过上有尊严的幸福生活"。同学们，今天我们每一个人都是"双11"狂欢的参与者，明天你们将成为它的设计者，或是一个崭新富强时代的创造者，你们有没有信心？

生：有！

设计意图：通过为"富强"代言把同学们的个人成长与国家、与所处的时代相联系，增强同学们的历史使命感，从小学习立志，并以名人的话与同学共勉，激励他们树立为祖国富强而奋斗的信念。

【板书设计】

"双11"狂欢话富强

"双11"成功　←　富有（物质、精神）　┐
（人民幸福）　　劳动者（辛勤创造）　├ 国家富强
　　　　　　　　科技发达（智慧）　　│
　　　　　　　　国家强大（基础）　　┘

【点评】

　　"社会主义核心价值观"是一个宏大的德育话题，其中的"富强"更是涵盖了社会的方方面面。初中学生对于"富强"的理解，还处于一个懵懂的阶段，光是阐述大道理或描述大事件，很难使学生内心产生共鸣、引发思考。曹老师的这堂主题教育课将抽象的话题化虚为实，找准了抓手与着力点，将教育成果真正做到入脑入心。

　1. 化大为小

　　首先，在认识上，曹老师切实领会和把握了"社会主义核心价值观"丰富而具体的内涵，在操作上，将大话题转为小细节，从生活体验出发，以同学们最熟悉、当前最火爆的"双11"购物狂欢为切入口，结合丰富多彩、具体生动的课堂活动，避免了空洞说教和生硬灌输，采取中学生喜闻乐见的形式，逐步阐述"富强"的内涵。"双11"购物节成功的背后有着很多原因，经过曹老师的解释，反映出其中的一个个要点，同学们听后恍然大悟，不仅知道了什么是富强，更体会到富强与自己的生活原来如此之近。

　2. 以小见大

　　本堂课在节奏把握上循序渐进、由浅入深，不仅阐述了"富强"的内在含义，还引申到社会主义核心价值观层面，并升华到实现两个一百年奋斗目标的"中国梦"，再将"中国梦"与每一个学生相联系，由此小中见大，帮助同学们认识"富强"、理解"富强"，更带领同学们思考"富强"与自己、与祖国未来的关系。"随风潜入夜，润物细无声"，同学通过代言"富强"学习立志，增强使命感、光荣感和归属感，树立为祖国富强而奋斗的信念。整节课立意深刻，富有启发性，体现了立德树人的核心理念。

上海市浦东教育发展研究院德育教研员　姚瑜洁

后记 *Afterword*

2021年7月，中国共产党喜迎百年华诞之际，《扣好人生第一粒扣子——理想信念主题教育36课》集结成册了，这是浦东德育人多年上下求索的见证。

理想信念是教育永恒不变的主旋律。浦东新区德行千里团队以《中小学德育工作指南》为指导思想，以"内化于心树理想、外化于行展信念"为根本目的，立足每周一节的主题班队会课，充分发挥其在未成年人思想道德建设中的主阵地作用，开展"知"理想信念、"谈"理想信念、"树"理想信念等经常性的主题教育活动，引导青少年扣好人生第一粒扣子。

本书从近百节区级研讨课中精选出36节方案，入选的课都历经备课磨课、观课议课等实践环节，目标适切、内容详实、形式新颖，探讨了理想信念对个人、对集体、对国家的意义，关注价值观在不同人、事、物上的体现或作用，引导学生认识到树立正确的世界观、人生观、价值观的重要性。

参与本书编撰的有德行千里团队成员与众多执教老师。德行千里团队的核心力量是区德育中心组教师，执教老师中有上海市郊区优秀班主任研修班、浦东新区班主任高级研修班、浦东新区姚瑜洁德育教师培训基地和工作坊的学员，还有各校优秀班主任、德育工作者的代表。在统稿阶段，大家通过大声朗读、互相审阅等多种方式，再三校对、修改，以期将方案更完美地呈现在读者面前。

本书由上海市浦东教育发展研究院姚瑜洁老师策划组稿，上海市宣桥学校祝永华、上海市实验学校东校凌洁敏、上海市浦东新区明珠临港小学唐华英、上海市浦东新区晨阳小学谈冰、上海市浦东新区华林小学罗丽惠、上海市浦东新

区观澜小学曹丹红、上海市浦东新区浦明师范附属小学陆春华担任编委。

最后，衷心感谢市级专家、导师，感谢浦东新区教育局和浦东教育发展研究院领导，感谢各位德育同仁的关心和指导，感谢展卷阅读的各位读者朋友的厚爱！

鉴于编者水平有限，恳请专家、同行和读者不吝斧正！

本书编写组
2021年7月